صورة الأرمني في الأدب العربي

أسعد آل فخري
ASAAD AL FAKHRY

صورة الأرمني في الأدب العربي
THE ARMENIAN'S IMAGE IN ARABIC LITERATURE

دراسة تحليلية

الطبعة الثالثة

SAMEH Publishing
دار سامح للنشر

حقوق النشر

صورة الأرمني في الأدب العربي © أسعد آل فخري 2024.

الطبعة الأولى، دار الحوار– سوريا، 1995.

الطبعة الثانية، دار الدراويش– ألمانيا، 2020.

الطبعة الثالثة © دار سامح للنشر– السويد، 2024.

جميع الحقوق محفوظة للناشر

SAMEH Publishing | دار سامح للنشر

البريد الإلكتروني: info@sameh.se

الموقع الإلكتروني: www.sameh.se

لوحة الغلاف: محمود شيخاني

تصميم الغلاف: كريم محمد

التصميم الداخلي: ياسمين

الطبعة الثالثة، 2024

ردمك:
978-91-988306-2-0

•••

The Armenian's Image in Arabic Literature © Asaad Al Fakhry, 2024.
© 2024 Sameh Publishing.
info@sameh.se
www.sameh.se

Cover Painting: Mahmoud Shekhani
Cover Design: Karim Mohamad
Interior Design: Yasmine

ISBN: 978-91-988306-2-0

مقدمة الطبعة الثالثة

على الرغم من مرور سنواتٍ عديدة على إصدار الطبعة الثانية من كتاب «صورة الأرمني في الأدب العربي»، تأتي أهمية الطبعة الثالثة بعد اجراء الكثير من التعديلات والمزيد من الإضافات، كتتويجٍ لرحلةٍ ثقافية استثنائية، إذ كان الطموح عندنا منذ البداية أن يكون هذا الكتابُ جسراً معرفياً يربط بين الأدب العربي والحضور الأرمني داخل سياقاته، ليسجل تاريخاً وثراءً لا يمحى من التفاعل الثقافي بين الشعوب، ولكن الظروف السياسية، والاجتماعية التي شهدتها سورية والعالم، ابتلعت الكثير من الأحلام والمشاريع.

مما لا شك فيه أن أهمية استكشاف صورة الأرمني في سياقات الأدب العربي بمختلف أجناسه الأدبية، مسألة احتاجت منا الكثير من الجهد، والمزيد من البحث والتقري، ضمن كم هائل من الروايات والقصص والأشعار، والعديد من المسرحيات. وذلك من أجل ملامسة الصورة الحقيقية لحضور الشخصية الأرمنية، وتوضُّعاتها المبثوثة داخل النصوص التي تم الاشتغال عليها من قبلنا وتقصيها وتحليل أبعادها الإنسانية من مختلف الاتجاهات، والمناحي التي تؤكد من جديد على أهمية الترابط بين الشعوب وتعزز الفهم المتبادل والاحترام بينها على الرغم من كل التحديات والمعوقات.

لا بد لنا في سياق هذه المقدمة من توضيح مفهوم «الحنين» الذي تكرر كثيراً ضمن مبثوث أحاسيس الشخصية الأرمنية داخل النصوص الأدبية، وهو الأمر الذي أضفى عليه مزيداً من الأهمية، حيث تحول مفهوم «الحنين» من كلمة متداولة يتم التعبير بها عن حالة من الاشتياق والتمني، إلى مفهوم نتحصل من خلاله على قدرة استحضار الماضي الجميل لحيوات الشخصية الأرمنية ومفاعيلها، وذلك ما جعل من تلك المفردة- أي «الحنين» أو ما

اصطلحنا على تسميته بـ«الحَنينيّة»- أداة للتعبير عن هواجس ترسم حال الغربة والابتعاد عن الأماكن الأصلية، والتي نتقرى من خلالها أشكال إدراك ماهية العواطف، وأهمية الروابط التي كنا نحتفظ بها تجاه تلك الأمكنة والأشخاص. في النهاية، يمكن أن يكون الحنين إلى البعيد تجربة مؤلمة، لكنها تساهم في تطويرنا كأفراد وتعزيز تواصلنا مع العالم والمجتمعات التي نعيش بين ظهرانيها.

ولا يفوتني هنا أن أتقدم بخالص الشكر إلى الأستاذ سامح الخلف مدير دار سامح للنشر وكل العاملين فيها، وإلى كل من ساهم في إعادة طبع هذا الكتاب في طبعته الثالثة، كما أنني أخص بالشكر والامتنان كل من بذلَ الجهد من أجل ترويج ونشر الفكر والمعرفة رغم كل التحديات. وأنا أعتبر هذا الكتاب جهداً جماعياً، وأتمنى أن يكون له الأثر المرجو في تعزيز التفاهم والتقارب بين الثقافات والشعوب.

أسعد آل فخري

فرنسا، 2024

مقدمة الطبعة الثانية

كان من المفترض – وبعد أن صدرت الطبعة الأولى من هذا الكتاب «صورة الأرمني في الأدب العربي» عام 1995 عن دار الحوار في سورية، وبالتعاون مع نادي الشبيبة السورية بمدينة حلب – أن يُصار الى إصدار الجزء الثاني منه، والمتعلق «بصورة الأرمني في الأدب الأوربي»، إلا أن الظروف التي مرت بها سورية حالت دون إصدار الجزء الثاني على الرغم من توفر العدد الكبير من المصادر الأدبية التي برزت فيها صورة الأرمني وحضرت فيها شخصيته.

لكن ما حصل في سورية منذ العام 2011 دفعني لتأجيل الكثير من مشاريع الكتابة والإصدارات، إضافة الى أن مسودات شخصية الأرمني في الادب الأوربي التهمتها نيران الدمار التي ابتلعت كل شيء. ذهبت المكتبة والكتب في بطون الحرب بعد خروجي من مدينتي الرقة إلى تركيا ثم إلى فرنسا.

ولأن كتاب «الشخصية الأرمنية في الادب العربي» مازال، على الرغم من انقضاء أكثر من ربع قرن على إصداره، المرجع الوحيد الذي درس ظاهرة الشخصية الأرمنية وصورتها في الأدب عموماً. وهذا ما جعلني أتعاون مع دار الدراويش للطباعة والنشر في ألمانيا على إصدار طبعة ثانية من الكتاب، بعد إجراء تصحيحات وتصويبات عديدة عليه، إضافة إلى بعض التعديلات على فكرة الكتاب ولغته النقدية باعتباره جزءًا من المشروع الثقافي الذي حرصنا من خلاله على التنوع واحترام آراء الآخرين وتوجهاتهم.

أسعد آل فخري

فرنسا، حزيران 2020

9 "

مقدمة الطبعة الأولى

بقلم الروائي السوري إبراهيم الخليل

أن تختار التصدي لموضوع أو فكرة بالفحص أو الدراسة في أيامنا هذه غير العادية عليك أن تستعد وتبادر، وتدقق كل أدواتك فليس بالحبر وحده- وما أرخص الحبر- تبني عالماً من عوالم الرؤيا وفضاء يتسع بكل خطابك، أو على الأقل تلامس مكامن الخلق والإبداع لتستجيب لفيض دفق هدّار، أو تستبد بدُنيا من الغواية- لا أحلى- والكتابة غواية مثلها مثل الخبز للجائع، والمرأة للرجل، ولغة الله للإقناع، والماء للصخر يتفجّر منه ولا يختلط بغباره فيعطيه صفاءه، بدل لون الطين العكر، ويلازمه أليفاً بارداً ليغفو ويركد، ويصهل بعد كل ذلك فوق صلابته متوهجا في تِدْفاقِهِ.

من هنا يلحُّ أسعد آل فخري على موضوعته، ويصطفي أجمل ما عرفه لغة، وأحلى ما خبره توصيفاً، ليقول كلمة توختّاها «حاقة» وقد رآها تعبيراً عن رحلته في مفازة نخل وبراءة نُسميها رحلة الباحث في مسالك سرية، ومسامّ، وعصب، ودم توردُّ جوريتين في هذا الوجه؛ الوجه الحزين، الأليف، المتفائل، الصابر، الغابر، والباقي شاهداً، وجه الأرمني بمعالمه، وصورته التي لازمت الذاكرة العربية- حصراً- فكونته كما شاءت لها أدواتها الفنية، وخياراتها المتاحة، وذاكرتها التي فاضت بدفق آسر.

تلك الصورة التي كانت حميمة مع الذاكرة، فاختارت الذبح على الخنوع، والموت على الذل، والإيمان على الوثنية، والإنسان على الذئب، والصحوة على النوم، والله على الحجر، والحرف على الوهم، وما قبلت أن تساوم على نبض الإنسان، والقلب مهما كان.

فكلما ذكرت أرمينيا امتدّ بساط من اللون في ساحة البال، ونأى سرب من اللقالق والغرانيق، وهفت نفس إلى مجد غبر، وجيرة ما زالت في الوجدان رفّ عصافير. يوم كانت الدنيا بستان هشام... وما هشام؟

والأيام تمرُّ بسلام وأمان هاجع كسرب من الكراكي... في بحيرة وان، وها نحن اليوم تجمعنا محنة واحدة، وعاصفة واحدة، ويلمُّ شملنا ألم واحد، يعلن عن نفسه للكل، كل من غابوا وقالوا نلتقي. وقد يجمعنا- ربما يجمعنا- جنون لا بدّ مـــشترك، وولع مشترك، وهيام مـــشترك بـذلك العشق؛ عشق الحرية كما نراها في جنون وليم سارويان أو خليل حاوي أو البسطامي في شطحاته وابن الفارض في خمرته الإلهية، وهل يمكن أن تكون غزليات «سيفاك» سوى توأم الروح لنزار قباني.

إنه الشعر المُرُّ الواحد..

والفرح الغائب الواحد..

والقلب النابض الواحد..

والعصب الحساس الواحد..

والرأس المتطلع إلى الحلم الواحد.

الخبز

والحرية

والوطن

بينما العدو المشترك الواحد، يختبئ مع خناجره، وكلابه، بانتظار الظبية الوحيدة في سهول روحنا... روحنا الحرية، ومحبوبتنا جميعاً، وصديقة شعبنا وكل الشعوب الحيّة.

وأسعد آل فخري- مشكوراً- أراد أن يعيد ما رسمته أقلامنا العربية

لصورة «الأرمني» في نثرنا مبتدئاً بالجرح المشترك، والفرح المشترك، والعيوب المشتركة، كما الإنسان في كل حالاته، مرتئياً في خطابه التوثيق بتقليب المواجع، وفتق الجروح، لشفاء أو تذكير أو تحذير من القادم، وهو في أطروحته يلتقط الحارّ، والحرّيف، والناجع ليقول ما يريد قوله دون أن يَعدُلَ عن موضوعيته، ونهجه الذي أراد أن يكون صادقاً، وذاك أبلغ الجهد.

وبعد، هل يمكن أن يعرف معنى الألم غير من قاساه؟ وهل يمكن لغير الحزين أن يدرك مبلغ عمق الحزن؟ وهل لغير الغيم أن يعرف مرقد البذور تحت لحاف التراب؟ رغم المنهج الصارم الذي يمكن أن تفترضه عادة خطة البحث أو الدراسة. ستسمع حتماً نبض قلب خفاق بين السطور، وستشم بالتأكيد دماً بدل الحبر، وستلمس أرضاً بدل التضاريس؛ أرضاً تكوّنت، وجرت فيها الأنهار فراتاً عذباً، فأحيت بشراً وشجراً ومدناً عامرة ثم سالت فيها الدماء فعمدتها حتى باتت عصية على الفناء.

وهل أروع من قول فرانز ويرفل في روايته «الأيام الأربعون لجبل موسى» حين يرى «أن عيون الأرمني واسعة بسبب ألف عام من الرعب». وأيّ رعب هذا؟

من هنا تأتي أهمية مثل هذا العمل، وما أشد الحاجة إلى مثله لِيَسدّ نقصاً في مكتبتنا العربية لأن فيه استمراراً لجهود كل من قاموا مخلصين لإغناء مكتبتنا ليس العربية وإنما الإنسانية خاصة، وقد تحول العالم اليوم إلى منزل صغير فاسد الهواء، يزدحم بنزلائه الذين يحاولون الوقوف على رؤوس أصابعهم بحثاً عن نسمة من الهواء الصافي والنظيف لكي يستمروا في الحياة.

تلك هي فضيلة جهد أسعد آل فخري. لرسم تلك الصورة، صورة الوجه الأرمني، يهدهده أنين السرو الحزين، وهو يشهر إبره في وجه الريح، وعتمة الليل الذاهل.

سورية، الرقة 1995

تجليات الشخصية الأرمنية في الأدب العربي

مدخل:

ليس ثمة شك في أن سياق مشهد «النقود الأدبية العربية»[1] عبر اشتغالاتها، القديمة، والحديثة إضافة إلى تنوع وتباين مناهجها فإننا لم نلحظ البتة في تقصينا المتأني حضوراً ما لبحوث أو دراسات عكفت بصورة خاصة على توضُّعات الشخصية الأرمنية كصورة «للآخر الأقوامي» داخل سياقات وسرود النصوص الإبداعية بأجناسها المختلفة والمتعددة.

من نافـل القـول لا بدّ أن نحـدد مفهومنا عما نقصـده بصورة الأرمني في إطـار تأثيث البعـد المستقل للآخر الأقـوامي داخل سياق الأدب العربي وتنوع أجناسه.

والجواب هنا باختصار شديد أن ما نعنيه (بالآخر الأقوامي) هو ما يأتي تحت مفهوم الشخصية غير العربية التي تتوضّع في الأعمال الأدبية المختلفة من قصة قصيرة، وشعر، ورواية، ومسرحية. حيث سنحاول عبر هذا البحث النقدي المتقصي تلمّس «الآخر الأقوامي» لصورة الأرمني في الأدب العربي عبر نماذج مختارة رأينا فيها المعادل الذي سيمكننا من رسم صورة موضوعية عن شخصية الأرمني وتجليته في الأدب العربي.

إن أهم السمات التي تميز الشخصية الأرمنية عن غيرها من الشخصيات

---

(1)   نستثني من هذا الحكم دراستان: الأولى: للدكتور نعيم اليافي في كتابه مجازر الأرمن، دار الحوار 1992. والثانية: نجم الدين السمّان، مجلة دراسات اشتراكية ع 96، ص87، 1989 ص 118.

الأقوامية هو ذلك التجلي التاريخي الذي أُحيطَ بها جراء ما أصابها من مِحن وما تعرضت له من قتل وتشريد فقد استأثر ت باهتمام الكثير من «المؤلفات التاريخية»[2] التي أفصحت عن العلاقة العميقة التي تربط الأرمن بالعرب وأكدت وشائج المحبة، والتعاطف فيها بينهم.

أما السمة الأخرى لهذا التمييز الأرمني حسب ما نرى، فهي أن الأرمن لم يعيشوا حالة صراع مع العرب عبر التاريخ، تتعلق بحقوق لهم بأرض عربية أو احتكاك أو مساس على حدود مفترضة أو طبيعية.

لكن شتّان بين حكاية التاريخ، وحكاية الأدب فالتاريخ قصة، وواقعة مدونتان ضمن حدود يرسمها المدون لتصبح بعدئذ تأريخاً، أما الأدب في هذا الإطار فإنه التجلّي الذي لا مناص، ولا فكاك من حريته المطلقة في التعبير عن ذاته دون قيد أو شرط.

إن صورة الأرمني في أدبنـا العربي حديثـة العهـد إذا مـا استثنينا من هـذا الاعتقـاد قضية لافتة وجديـرة بالاهتمـام مفادها أن الأرمن احتلوا حيز إحدى مقامات «بديع الزمان الهمذاني»[3] (المقامة الأرمنية)[4] منذ ما يزيد عن ألف عام.

وبتقديرنا أن هذه المسألة لها أهميتها التاريخية والأدبية في استشراف كينونة وبنية الشخصية الأرمنية في الأدب العربي تاريخياً، لكنّ المسألة لا تنتهي عند هذا الحد، بل تسهب توضّعات الشخصية الأرمنية وتناثرها في أدبنا العربي، متجاوزة حقبة أخرى، لتحتل بعدئذ حيزاً هاماً في أدب جرجي زيدان[5] وعلى

---

(2) للتوسّع في معرفة المؤلفات التاريخية التي استأثرت سياق الأرمن التاريخي يمكن العودة إلى كتاب مروان مدور «الأرمن عبر التاريخ»، منشورات دار نويل، سوريا ط2 ص 615- 616.

(3) مقامات بديع الهمذاني، دار الآفاق، بيروت، 1982 ط1.

(4) المصدر السابق ص259.

(5) سلسلة روايات تاريخ الإسلام: شجرة الدر، عروس فرغانة، الانقلاب العثماني، المكتبة الأدبية، بيروت.

الجارم[6] ونجيب الكيلاني[7] وكذلك سعيد جودة السحار[8] وأيضاً محمد فريد أبو حديد[9] وغيرهم.

وإذا كان لهذا التنوّع من دلالة فإنه يشير إلى تعبير بائن، وإشاري يحدّد، ويرسم السياق التطوري، والتاريخي لاندماجية الشخصية الأرمنية وصورتها في أدبنا العربي الذي يظل شاهداً حقيقياً على حضورها المتميز.

لكن الشخصية الأرمنية ظلت قلقة وعائمة في الأدب العربي ولم تستقرّ داخل سياق الأعمال الأدبية إلا بعد الفترة التي تلت حقبة جرجي زيـدان ومردُ ذلك يعود بتقديرنا إلى أن الشخصية الأرمنية باتت تفرض، وجودها في المحيط الذي ينهل منه الكاتب العربي موضوعاته.

وذلك ما جعل وقائع حضورها متنوعاً، إذ تَزامَنَ وجودها مُتَساوقاً مع الصراعات في المنطقة العربية، وكذلك الشرخ الكبير الذي حصل إبان تلك الفترة ما بين الشرق والغرب، وتداعي الكثير من القيم، والنـواظم الاجتمـاعية والسيـاسية، وهذا ما ساهم في دفع صورة الأرمني، وتجلياته إلى احتلال موقع متميّز في التلوينات الأقوامية في المجتمع العربي.

ولكي نذهب إلى تحديد القيمة الفنية، والأدبية للشخصية الأرمنية في أدبنا العربي آثرنا أن ننوّه إلى مرتكز أساسي يرسم مفهوميتنا لبنية تلك الشخصية، ومكامن حضورها في الأدب.

وإذا كان لا بدّ لنا من أن نحدّد الأبعاد الرئيسة لنشوء تلك الشخصية في أدبنا فقد أصبح لزاماً علينا سبر مكانتها التاريخية بإيجاز، هذا من جانب، أما الجانب الآخر فهو استنطاق مكوّناتها الإنسانية كشرط أساسي لبلوغ أفق يمنحها الدخول إلى عوالم الأدب كشخصية ذات أبعاد فنيّة وإبداعية وإنسانية.

---

(6)   رواية «غادة رشيد».

(7)   رواية «طلائع الفجر».

(8)   رواية «قلعة الأبطال».

(9)   كتاب مع الزمان «قصة بدر الدين بيليك».

15

1- الشخصية الأرمنية وتجلياتها التاريخية:

إن اللافت، والمستوقف في صورة الأرمني هو ما يكوّنه القارئ المُتأنّي للتاريخ الأرمني الذي طحنته الحروب والصراعات وخيم عليه جغرافياً التقاسم والاحتلال كما داهمته الغزوات من كل صَوبٍ وحَدٍ، حيث لم يكن أمام الامبراطوريات (البيزنطية أو الساسانية أو الميدية أو الرومانية) إلا أن تحتل أرمينيا كهدف أَوَلِيّ يحقق الشرط الاستراتيجي للحرب المنتصرة، ومن ثم تقوم تلك الامبراطوريات بغزو بعضها البعض كمرحلة ثانية لتحقيق أغراضها في السيادة والسيطرة.

ومن المفارقات الهامة التي يبينها التاريخ المكتوب للأرمن يبن يدي قارئه لوحة الاحتلالات والتقاسم، والإبادات المريعة، فمنذ 610 ق. م وحتى 1923م[10] يحيا الشعب الأرمني مثلثاً من الرعب، والهلع، والخوف وصل إلى درجة «الذبح والقتل الجماعي»[11] حتى بات مثلثاً للعنة داهمت هذه الأمة، وتركت بصماتها، وآثارها المريرة على البشر والحجر.

لقد كانت ذروة هذا المثلث المأساوي المذابح التي قام بها الأتراك بمراحلها الثلاث منذ عام 1894م وحتى 1923م وهي:

1- مرحلة السلطان عبد الحميد (الإمبراطورية العثمانية) من 1894م - 1909م

2- مرحلة الأتراك الشباب (جمعية الاتحاد والترقي) 24 نيسان 1915م

3- مرحلة تركيا الكمالية، بدءًا من عام 1919م حتى عام 1923م[12]

---

(10) للتوسع يمكن العودة إلى «الأرمن عبر التاريخ»، مروان المدور.

(11) مذكرات فائز الغصين.

(12) «مجازر الأرمن»، د. نعيم اليافي، ص21.

لقد تناقلت أجيال الأرمن هذا الإرث الملعون، وأعادت صياغة أحداثه من خلال حقب وأجيال، وعبر ذاكرة لا تنضب حباً لوطنهم أرمينيا، إنه الإرث الذي يرتديه الأرمن لبوساً لهم في حلهم وترحالهم، جماعات وافراداً، إذ غدا لهم سلوكاً يتناقلونه بالطبع، والتطبع، وكذلك أصبح لهم سمة وإشارات نافرة لسلوكهم داخل حيوات مغتربهم.

2- الأبعاد الإنسانية للشخصية الأرمنية وشروط الأدب:

ربما يكون البعد المأساوي هو الطاغي على الشخصية الأرمنية في إطارها الاجتماعي عبر أمكنتها المختلفة، قد ساهم ذلك في منحها أفقاً تفاوتت ملامحه من مجتمع إلى آخر من تلك البقاع التي تشتّتت فيها تلك الجموع الأرمنية بعد المذابح المريعة بمراحلها الثلاث التي سبق ذكرها مما جعلها شخصية جذابة وتراجيدية تحمل في طيّاتها ومضامينها حيازات وملكات دفعت الكثير من المؤلفات الروائية والقصصية وباقي الفنون الأخرى إلى استقطابها عبر محاور مختلفة، ولأنها أيضاً تتمتّع بأبعاد وتقاطعات سيكولوجية جعلت لها سلوكاً مختلفاً إلى حدّ بعيد تَمَيَّز بالقلق والتعويض عن شيء مفتقد تعددت صور التعبير عنه عبر توليفات وإشارات بارزة داخل سياق الأدب عموماً. ذلك ما جعل لها خصوصية محددة ذات بعد تاريخي واجتماعي احتلت من خلاله الأفق الاندماجي لتصبح جزءًا من السياق التاريخي للأقواميات المختلفة التي اندمجت، وتعايشت مع العرب. كما أنها استطاعت أن تؤكد لها حضوراً كشخصية اجتماعية ساهمت ضمن الحيّز الذي شغلته قدرة التعبير عن نفسها، وهذان بتقديرنا السببان الأساسيان اللذان جعلا منها شخصية ذات أبعاد إنسانية احتلت موقعاً متميزاً في أدبنا العربي. إذ تنوعت صورها، وتجلت وقائع سلوكها وحيواتها وفق تنوع سياق الأعمال الأدبية التي توضّعت فيها كشخصية لها حضورها المختلف محقّقة بذلك الارتقاء النوعي الذي جعلها حالة متميزة في السياق الفني وأساليب الكتابة الإبداعية بأجناسها المختلفة.

في الأدب العربي.

نعتقد هنا أن ثمة إجرائية لا بدّ من القيام بها نتقصّى من خلالها بنية الشخصية الأرمنية بعين فاحصة قبل مداخلة النصوص الإبداعية التي احتلت فيها تلك الشخصية حيزاً مهماً، وذلك من أجل تحقيق الشروط الموضوعية التي ستساعدنا على تحليلها ورسم الصورة الحقيقية لها.

3- بنية الشخصية الأرمنية:

إن البنى التي قامت عليها الشخصية الأرمنية في أدبنا العربي تميزت بتعدد صورها ومشاهدها، وكذلك تنوع مناظير الرؤية فيها، ومردُّ ذلك يعود إلى أن هذه الشخصية تماهت في المأساوي الذي تحياه بصورة شديدة الالتحام والتماسك، حيث كانت المذابح والتهجير والقتل والتشريد والغربة هاجساً ملازماً لصورة الأرمني يرافقه في الحل والترحال، ويرتقي نحو صفات تلامس السلوك الإنساني ما يجعله حالة جاذبة ضمن سياق الأدب، وشروط استقطاب الشخصيات في الرواية والقصة والمسرحية.

إن أهم الملامح التي استوقفتنا في بنية الشخصية الأرمنية ملكاتها العديدة والتي آثرنا نسميها بما ندعوه بـ«المستويات»، وهي آلية ستساعدنا على تفكيك أولي وشامل لبنية الشخصية وتناثرها داخل نصوص أدبنا العربي، إذ يحقق هذا التفكيك من منظورنا التحليلي غرضا أساسياً لرؤيتها من جوانب مختلفة، وذلك من أجل الكشف عن ماهيتها الفنية كشخصية ذات أبعادٍ وآفاق إنسانية.

وبتقديرنا أن سياق «المستويات» القادم سيأخذ شكله النهائي من خلال تحليل النصوص التي أثرنا اختيارها لنتمكن بالتالي من رسم مشهد لصورة الأرمني في أدبنا العربي.

إنْ التصنيف الاولي لسياق «المستويات» يرسم حسب اعتقادنا ملامح، وحدوداً تفصل بين ما هو سياقي يعتمد على وقائع، وأحداث ومجريات،

وبين ما ندعوه «طغيان التداعي الحنيني» في سلوك الشخصية الأرمنية التأملي، ولكي نوضح ما ذهبنا إلى تحديده في هذه المقاربة، لا بدّ أن نسوق المستويات وفق الآتي:

1- المستوى السياسي

2- المستوى الاندماجي

3- المستوى المهني

4- المستوى السلبي

5- المستوى الأقوامي، «ثنائية أقوامية».

إن منظورنا التحليلي للمستويات الخمسة آنفة الذكر أعلاه يصوغ حسب تقديرنا الشكل الاجتماعي، والسياسي للشخصية الأرمنية، ويقدمها أنموذجاً متوازناً إلى حدّ بعيد مع المحيط الذي استَجدَّ في حياتها بعد فقدان الوطن الأم، أرمينيا.

أما الملمح الآخر في بنية الشخصية الأرمنية فهو ما دعوناه بـ«التداعي الحنيني» إذ رغبنا عبر هذا المِفصَل رؤية الشخصية من جانب يخالف المستويات إلى حدّ التباين بدافع إقامة شكل إجرائي يفُك تلك الشخصية إلى نحوين كان التداعي الحنيني نحوها الثاني تحقيقا يحقق لنا آلية التأمل الإنساني لهذا الجانب الهام جداً في إطار فحص وتحليل الجانب المتواري داخل طبائع الشخصية الأرمنية وتجلياتها المختلفة.

4- طغيان التداعي الحنيني:

إن أبرز المرتكزات في التـداعي الحنيني تستنـد بصورة أساسية على النقاط والإضاءات التالية:

1- التداعي والاستذكار (حنينه أرمنية)

2- التداعي والاستذكار (حنينه عربية)

3- ثنائية العشق والإسقاط.

4- النسق العصابي.

5- النسق التعويضي.

سيكون الشكل البانورامي لهذه المرتكزات معادلاً جديداً في هذا الفصل، لكنه حسب ما نعتقد يظل محدوداً وخاضعاً لجملة من المعايير الإنسانية التي تجعل من مقاربته، وتساوقاته محطة تتناغم فيها المضامين متجاوزة معانيها المحدودة نحو لحظة إنسانية ترسم من خلالها صورة نضرة، وشفيفة لهواجس الشخصية الأرمنية، وخطوات ارتقائها إلى أفق يرسم بالكلمات هاجساً صاخباً يتم من خلاله تظهير صورة الأرمني وتَبَديها، إذ أننا وقبل أن نبادر إلى فحص المعايير التي أسلفنا ذكرها على النصوص الأدبية التي اخترناها، لا بدّ من وقفة سريعة نتلمس فيها آلية التعامل مع الشخصية الأرمنية، وملامح رسومها ومشاهدها في أدبنا العربي.

5- رؤية الأدب العربي لصورة الآخر الأرمني:

حينما تكون الكتابة عن «الآخر» سياقاً محورياً كان أم طارئاً، فلابد من مناظير ورؤى لهذا المؤلف أو ذاك، أو هذا الجنس الأدبي أو غيره، ونعتقد بأن آلية اشتغال الأدب على «الآخر الأقوامي» مسألة فيها من الصعوبة الكثير. إذ لا بدّ من استلهام هذا الآخر، واكتشاف مقوّمات طبائعه، وسلوكه، بل لا بدّ من التماهي به وفق رؤى كاشفة تحقق شرط فنياً، وإبداعياً يحفظ سياق الكتابة من الإقحام والزائد وتحميلها أكثر مما تحتمل. أو بمعنى آخر تلمّس المتناغم في السياق الإبداعي نحو هذا «الآخر الأرمني» الذي يختلف في الكثير من جوانب حياته وتطلعاته عن محيطه المستجد، ومن هذه النقطة بالذات نتمكن من اكتشاف كنه حكاية المعايير الفنية، والجمالية وسياق اشتغال الأدب العربي

على إيقاع الشخصية الأرمنية وتواترها داخل النصوص التي آثرنا الاشتغال عليها.

لقد تعرضت الكثير من الأعمال الأدبية لصورة الأرمني وتوضعت تلك الصورة في أعمال مختلفة حيث احتلت في البعض منها حيزاً محورياً ورئيساً، وفي البعض الآخر كانت عابرة، بل طارئة– إن صح التعبير– لكنها لم تفقد توازنها المنسجم في أن تكون مؤشراً على الآخر الأقوامي وحضوره اللافت.

كما أن العديد من النصوص اختلفت رؤيتها لصورة الأرمني وتباينت في استلهامها وتقمّص دوره السياقي كشخصية ذات أبعاد إنسانية وكذلك تباين في المواقف الأدبية، وأبعادها الأخلاقية في هذا النص أو ذاك، ولكي لا نستبق المعايير في آلية اشتغالها، ومقاربتها وفق النصوص المختارة سنحاول إقامة التحليل على المستويات بصورة لا تخلو من المقارنة وفق مقاربات نصية محددة.

القسم الأول

المستويات

1- المستوى السياسي

النصوص المختارة:

1- رواية مدارات الشرق- «بنات نعش»، نبيل سليمان

2- رواية رياح الشمال- «سوق الصغير» (1917) رواية من جزأين، نهاد سيريس.

3- رواية بيت الخلد، وليد إخلاصي.

4- بائع التماثيل- قصة قصيرة، فاتح المدرس.

لعل القاسم المشترك في هذا المستوى يشير إلى ذلك التناوب الشفيف في التمظهر بين شخصيتين أرمنيتين معروفتين وبارزتين هما: «أرتين ما دويان»، و«بير شدرفيان»، حيث ثابرتا على ظهور أقرب ما يكون إلى تجليات تصويرية أحياناً، وتسجيلية أحياناً أخرى، إذ استأثرت الشغل عليهما رواية «رياح الشمال» بجزأيها كما انفردتا بالسرد والتداعي رواية «بيت الخلد» وقصة «بائع التماثيل» في حين استلهمت «مدارات الشرق- بنات نعش» حكمة المقاربة بين الضياع العربي، والمغامرة الأرمنية التي احتلت أفقاً أشبه بشريط ملون

تناغمت فيه ثنائية السياسة والتاريخ إلى درجة التماهي.

إن التاريخ الذي حفلت به شخصية أرتين ما دويان في الواقع لم يجد له موقع قدم في رواية رياح الشمال بجزأيها إلا في إطار إبرازه كشخصية سياسية لامعة، وقيادّية في حزب اشتراكي تقدمي. لننظر:

«تكتف صالح اتقاء البرد وهو ينظر في وجه أرتين الذي كان قد انتهى من كتابة الجواب للتو فأعطاه لصالح ثم تكلم بعربية مكسرة جداً:

‒ إنني أراك لأول مرة، ما اسمك؟

‒ صالح

‒ ماذا تعمل يا صالح؟ هل تعمل شيئاً؟

‒ قبل الحرب كنت عامل نسيج، أما الآن فأنا حطّاب.

‒ م، م، م.. هذا جيد إنك عامل، هل تعلم ماذا يعني الأول من أيار؟

‒ لا يا سيد أرتين... لا أعرف.

‒ سوف تعرف فيها بعد.[1]

إن المفارقة التي نجحت فيها رواية «رياح الشمال» هي التصوير الدقيق للمرحلة السرية التي عاشها هكذا حزب تقدمي، وكذلك الإشارة إلى السلوكين «الأوامري والتهكمي» داخل سياقات الرواية، وسؤالها التهكمي، إذ كيف ينتسب «صالح» إلى حزب «شيوعي» دون أن يعرف ما الذي يعنيه الأول من أيار؟ في الوقت الذي يبقى الحوار بين صالح وأرتين حواراً تسجيلياً في سياقه الفني، والجمالي لكونه جزءًا من العمل الروائي المباشر على الرغم من أن الإشارات فيه تكاد تكون ذات اتجاه واحد من خلال المشاركة الأرمنية في الفعل السياسي الذي يعود بتقديرنا إلى إيصال إشارية جميلة تنسجم وبنية الشخصية الأرمنية في رواية «رياح الشمال».

____

[1]   رياح الشمال «سوق الصغير»، ص 224

لكن الحقيقة هي أن هذا الارتباط اكتفى بإبراز الشكل التقريري والتسجيلي لتلك الشخصية عازفاً عن الغوص في مضامينها، بالرغم من إسهاب السرد الروائي في إبراز سياق مطاردة أرتين الأرمني لكنها، أي رواية «رياح الشمال»، حسب ما نعتقد، لم تستطيع الوصول إلى أعماق تلك «الشخصية في أبعادها السياسية»[2] والتي كان لها الأثر الهام على المسرح السياسي العربي إبان تلك الفترة الحرجة حيث بقي مادويان في النسق العام للرواية ضحية لإضاءات فوتوغرافية صرفَّة في سياق سرد تاريخي اختلطت فيه المداليل، والاستنتاجات.

لقد حاولت رواية «رياح الشمال»[3] أن تدفع بشخصية أرتين مادويان إلى نحو أكثر أهمية من خلال الإشارات السردية المركبة عبر البحث عنه وهروبه إلى بيروت ولقائه مع عبد الجليل والأستاذ خليل، لكنها بقيت مثل الذي يغمد سيفه بالماء. لننظر:

«في المساء جاء أرتين... كانت مفاجأة فعلاً. قبَّلا بعضهما بعضاً، وتعانقا. كيف هي سانتوس؟ ماذا تفعل زينب؟ كنا ننتظركم منذ زمن بعيد، الطريق غير مأمون، والبريد مقطوع! لقد أصبحت أكثر رشاقة يا أرتين. فقال أرتين الذي نحل كثيراً: حقاً؛ العمل كثير والطعام قليل. هيا فالأستاذ خليل في انتظاركما! خرجا يتبعان أرتين عن بعد. الاحتياط واجب»[4].

لا شكّ في أن السرد الذي هيمن على «سوق الصغير» قد تطور إلى نحو أكثر تجلياً وأكثر عمقاً ونفاذاً في (1917)، لكنه أبقى الضوء مسلطاً من وجهة نظرنا على شخصيتي «أرتين» و«سانتوس» كصورتين بلا إيقاع لمشاركة الآخر الأرمني في فترة تاريخية اتسمت بالنهوض الوطني، ومقاومة الاحتلالات، والبحث عن منافذ للاستقلال. شخصيتان للآخر الذي لم يتناظر وسياق فعله كوقائع، وأحداث، وشواهد. حيث لم تبدُ لنا أية محاولة من الروائي

---

(2)   للتوسع بمعرفة أهمية أرتين مادويان السياسية يمكن العودة إلى مذكراته.

(3)   رياح الشمال 1917

(4)   رياح الشمال 1917، ص 183

نهاد سيريس لجعل النسق السياسي والتاريخي في رواية «رياح الشمال» بجزأيها، وآلية تمظهر الشخصيات فيها متوازنا وفعلها الذي رسمه التاريخ المدّون والشفاهي.

في «بيت الخلد» لوليد إخلاصي تختلف الموازين والمعايير بل ينحو السياق الروائي في هذا العمل إلى أفق مغاير يتجلى فيه «الشيخ بير» كمعادل للآخر الأرمني ضمن إطار المستوى السياسي متناثراً في ذاكرة أكثم الحلبي، وكذلك كظل يأنس إليه هذا الأخير الذي غادر قريته صوب المدينة، مطروداً أو هارباً، فالأمر سيّان كما أن علاقته بـ«الشيخ بير» كانت تصنعها في كل مرة الأحداث، وفقدان النبراس الذي يلجأ إليه أكثم في غربته، وضياعه: «ظهر الشيخ بير ليجعلني أفكر بالتغيير، وفي كل الأحوال كانت ذكرياتي عن القرية تفقد بريقها يوماً بعد يوم». [5]

بالتأكيد لم يكن «الشيخ بير» شيئاً عابراً في حياة أكثم السياسية، كذلك تلهف هذا الأخير لاكتشاف الأدوات الفكرية التي يصبح من خلالها حصول التغيير ممكناً، وهذا ما جعل أكثم ينقلب رأساً على عقب بعد أن اكتشفت أدوات التغيير على يدي الشيخ العجوز، لكنهما في النهاية لم يستطيعا تغيير أي شيءٍ في الواقع الذي كان كما صخرة هائلة تجثم فوق الصدور، لننظر: «الشيخ بير. ذلك العجوز الجميل الذي وقع في غرام النضال وتعلق بحياة الحزب فأعطاه حياته بسخاء». [6]

لقد تميزت شخصية «الشيخ بير» في مسألة مهمة جداً من خلال علاقته السياسية مع أكثم الحلبي التي تتكشف خيوطها عبر السياق الروائي كشخصية ذات بعدٍ إنساني بلبوس سياسي اجتماعي.

وبتقديرنا أن العلاقة بين هاتين المسألتين أقامت صورة أخرى تختلف عن

(5) بيت الخلد، ص 13
(6) بيت الخلد، ص 81

الصورة التي لمسنا آثارها في رواية نهاد سيريس [7] إذ بدت الشخصية الأرمنية التي عند وليد إخلاصي أكثر حرارة وأقل رتابة، بل ربما أكثر صوفية وتنسكاً. فهي كما نرى صورة الآخر الأرمني المتصوف في فكره واعتقاده، ومن هذه النقطة بالذات كان لـ«بير شدرفيان» حضوراً كاد أن يطال الرواية برمتها ذاكرة، وتداعياً. على الرغم من أن حياة بير شدرفيان إطلالة على نفق عميق تضج به حرفيّة الفكر، واستحالة تطبيقه على واقع عائم وغير مستقر في اختيار ما يريد. مع العلم أن هذا المستحيل كان يدفع بالشيخ بير إلى زهدٍ أكبر وعزلة أكثر مما يجب إلى درجة من الانسحاب الاجتماعي في بعض الأحيان. لننظر: «الشيخ بير عاشق لم أعرف من قبل أحداً يرقى إلى عشقه. وقد لا أعرف أبداً. هو يحدثني عن المستقبل الذي ينتظر الفقراء المحرومين وكأنه يقرأ في دفتر الحب عن ظهر قلب» [8].

على حين يأتي عزوف الشيخ عن الزواج منسجماً تماماً مع سياقه التأملي، والصوفي في سرود الرواية عبر حكمة لها من الوقع مالها، ذلك ما يدفع بأكثم الحلبي إلى الإيمان، والتماهي بها لتصبح بعدئذ «طوطم» [9] يكرس حضور هالةٍ للشيخ بير واعتباره شخصية لا تُمَس ولها مقدارها، وقيمتها السياسية والإنسانية. لننظر: «ولم يتزوج من الخوف على أسرة ترتبط به. فلا يقدر على تقديم شيء لها لأن الحزب أخذ قلبه، وعقله» [10].

ربما يكون الزهد الذي عاشه بير شدرفيان زهداً جعل له عالماً لافتاً، ومسألة تشير أكثر من غيرها إلى تلك الشخصية التي نذرت نفسها من أجل الفكر التقدمي ورأت فيه الخلاص الوحيد لعذابات الآخرين، كما أن الألم الذي عايشه الشيخ بير جعل منه شخصية لها مصداقيتها للتعبير عن صورة الأرمني المتميزة في المستوى السياسي، وهذا يعود إلى رؤيته الحادة والصلبة تجاه سياق

---

(7)   رياح الشمال «سوق الصغير»، ص 17-19
(8)   بيت الخلد، ص 81
(9)   الطوطم المقدس
(10)   بيت الخلد، ص 81

الحياة الاجتماعية وتنوعها، وبالتالي إحساسه بما قد يحصل في المستقبل إذا ما أدرك الناس المصائر التي ستحل بهم، ولأنه رهن نفسه لتخليص هؤلاء الناس من بؤسهم، «عاش وحيداً، وقرأ وحيداً، ونام في غرفة ضيقة أخذت شكل جسمه الدقيق، ومات وحيداً فلم يشيعه أحد».[11] وعلى الرغم من التاريخ والأحداث المشرفة والهامة التي تركتها شخصية أرتين مادويان في المشهد السياسي العربي، فقد استطاعت شخصيته أيضاً أن تترك أثراً متميزاً في نص أدبي يعود الفضل فيه إلى «سيمفونية التأمل» التي أبرزت الجانب الهام لصورة الآخر الأقوامي وآفاقه السياسية.

لقد تناغمت سياقات الزهد، والتصوف الفكري عند بير شدرفيان لتوقد النيران من حولها كاشفة عن ذات شفافة كما أنها عميقة الإيمان بما تعتقد به. في الوقت الذي نجد فيه أن شخصية بير شدرفيان عند وليد إخلاصي ليست كما هي الحال عليه عند فاتح المدرس في قصته «بائع التماثيل»[12] ليبوح عبرها بشعرية «سهاقيان»[13] دون أن يخفي فاتح المدرس إعجابه بالصحافي اللامع بير شدرفيان الذي كان يتحدث عن مأساة شعبه الرهيبة، من دون أن يتخلى عن شفافيته، ولطافته، وهدوئه الجميل «فيذكره الصحافي اللطيف بير شدرفيان بالملحمة الرهيبة التي أحاقت بشعب جمّ الحضارة كالشعب الأرمني ولم يحرك العالم المتحضر ساكناً».[14]

بتقديرنا إن أهمية الرؤية النقدية العربية لهذا الجانب عند الآخر الأقوامي سياسياً تلعب فيها دوراً نافراً في مسألة اختيار النموذج الأدبي الذي سيتم الاشتغـال عليه قبل أي مسألة أخرى. لذا سيكون من الضرورة بمكان البحث في جوانب الشخصية قبل تقصيها داخل النص الأدبي واعتبارها شخصية تعبر عن جانب من جوانبه كما انها تلعب دوراً يتيح لها على الأقل أن

(11)   المصدر السابق، ص 82
(12)   مجموعة رحيل اللقالق، ص 125
(13)   سهاقيان، شاعر أرميني معروف
(14)   مجموعة رحيل اللقالق، ص 127

ترى النور من جوانب مختلفة تحفظها من التلاشي في اختلاطات أهداف النص وتعمية مقاصده.

في مدارات الشرق «بنات نعش» يتجلى نبيل سليمان مفتوناً بالسرد الذي لا ينتهي حيث الحكائية، ومتوالياتها التسريدية التي تنبني عليها مدارات الشرق بقضها وقضيضها فهي عتيقة كما الزمن ومعاصرة كما الحاضر يتبدى المكان موتوراً، وقلقاً يحتضن بين ذراعيه الكبيرتين الواسعتين كل شيء، الحقب، الأجيال الأقوام، وكذلك كل الطوائف والعشائر وأديانها أيضاً، أسماء كبيرة، وصغيرة في بنات نعش تختلف جوانب النظر إليها في المستوى السياسي «للآخر الأرمني» وذلك لاختلاف مفهومة التاريخ عند نبيل سليمان، الروائي الذي ينظر إلى التاريخ بمناظير سياسية، وبذلك يخالف الرؤية التي تسوق التاريخ من منطلق التأريخ. كوقائع، وأحداث، وحروب منها الخاسر ومنها المنتصر، في مدارات الشرق يتجلى أيضاً الآخر الأرمني سياسياً عبر مسرد تاريخي لافت لننظر: «والله يا ابني عزيز عمري ما شبهتلك العرب إلا بالأرمن في هذه الأيام».[15] ويتابع السرد لمحه الذكي ليوقظ التاريخ العتيق للتآمر على «الآخر الأرمني»: «الأرمن اتفقوا مع الفرنسين قبل الحرب ونحن اتفقنا مع الإنكليز... فرنسا وعدت الأرمن بكليكيا كلها. لا بنصفها ولا بربعها. لعبت فيهم وقالت لهم أرجع لكم سلطانكم وساعدوها في الحرب... ساعدوا الحلفاء... ولكن فرنسا بدأت تماطل. من ضرب ضرب، ومن هرب هرب، ومصطفى كمال بدأ وكما لحس الإنكليز كلامهم المدهون بزبدة وعسل لحست فرنسا. طلعت برأس الأرمن وعملوا حكومة في أضنة! حكومة عمرها ساعة؟ جاءت فرنسا وقالت: برة. حبست الحكومة ونفتها. وجماعتنا طلعت برأسهم وعملوا مملكة. فرنسا تركت الأرمن للأتراك والإنكليز تركونا لفرنسا... كلنا في البلاء سواء الغريب يحكم فينا وأعناقنا يقصّونها وبلادنا يقسمونها كأنك

<hr>

(15) مدارات الشرق- «بنات نعش»، ص 256.

خروف بيد جزار».[16]

والمزاوجة هنا بين العرب والأرمن تأخذ شكل المقاربة بين رؤية الآخر، والآخر في رؤيته لنفسه، إذ لم تكن هناك شخصية أرمنية بعينها، بل كان سياقاً أرمنياً بلبوس سياسي، جعل للرواية دوراً بارزاً في تمظهره وتبين دوافعه نحو أفق تتناظر فيه رؤية الأدب في إطار وجهة مناظير ترى الوقائع والأحداث وقائع تنتمي إلى تاريخها السياسي وأبعاد تحولاته.

<hr>

(16) مدارات الشرق- «بنات نعش»، ص 256 - 257.

2- المستوى الاندماجي

النصوص المختارة:

1- «في سبيل الحرية»، رواية عبد الرحمن فهمي.

2- «موجز تاريخ الباشا الصغير» و«أوراق الليل والياسمين»، روايتان لفيصل خرتش

3- «النخلة والجيران»، رواية غائب طعمة فرمان.

4- «مدن الملح (التيه)»، رواية عبد الرحمن منيف.

5- «مدارات الشرق»، رواية نبيل سليمان، بأجزائها: «بنات نعش»، و«التيجان» و«الشقائق»

6- «المصابيح الزرق»، رواية حنا مينه.

7- «صخرة طانيوس»، رواية أمين معلوف.

8- «الهدس»، رواية إبراهيم الخليل

9- «الخوري زينوب» و«الجدب والطوفان» قصتان قصيرتان لعبد السلام العجيلي

10- «أفو»، قصة قصيرة، الياس فركوح.

11- «ذلك الصديق»، قصة قصيرة لدياب عيد

12- «أرتين»، قصة قصيرة لعبد الرحمن سيدو

13- «بائع التماثيل»، قصة قصيرة لفاتح المدرس

14- «حرائق صغيرة»، قصة قصيرة لحسين ورور

ثمة شيء ما يداهم النصوص والذاكرة، ويعبث بالأوراق العتيقة كما هي آثار تتركها الرياح، بل قل إنّها وقع أقدام الحكايات وشريط الذكريات التي لا تنضب. حكاية شعب، بل أحدوثة ألم وهجرة وغربة. أمكنة غير تلك التي عرفوها. وأناسٌ غير الذين كانوا يلقون على بعضهم سلام الصباح وسلام المساء. دخلوا أرضاً غير أرضهم وناموا بحذر وحيطة على وسائد تأنس رؤوسهم الجميلة إغفاءة هانئة.

هكذا شيئاً فشيئاً تتمظهر حكاية الآخر الأرمني في المستوى الاندماجي بمذاقها الذي له طعم رغبة احتواء الآخر، وفتح القلوب، والأبواب على مصاريعها. مذاق إنساني لم يغِب عن ذاكرة الآخر الأرمني في الحل والترحال في البعد والقرب، في الحياة والموت.

في رواية «في سبيل الحرية» يؤثر عبد الرحمن فهمي إضاءة هذا الجانب من زاوية مختلفة بعض الشيء خاصة عندما تفلت «نورهان»[1] من قيد أبيها الوهمي «قطان»[2] وذلك ما جعلها ترجع عن موقفها العدائي تجاه المصريين بعدما كان قطان قد دفعها إليه عندما انتصر المصريّون في معركة رشيد ضد الإنكليز حيث يهرب قطان ونورهان إلى الإسكندرية، وحين تهدأ نفسها القلقة وتستعيد ذاكرتها ووعيها «عادت تفكر بالأمر، وهالها أن تكره النصر، والخير لقوم لم يسيئوا إليها قط. بل آووها مع أبيها عشرين سنة، ووقوفهما التشريد الذي حكم به عليهما الغاصبون»[3] لكن نورهان في رواية «في سبيل الحرية» لا تقف عند حدّ، بل تعمق موقفها من المصريين أكثر وذلك بعيد المؤامرة التي يحيكها لها والدها قطان والجنرال الإنكليزي كما أنهما يرسمان لها دوراً للتجسس على «الفارس الملثم إبراهيم»[4] الذي كان يُرهِب جنود الإنكليز.

تبدأ المؤامرة بحجة أن الإنكليز سيساعدون الأرمن على استعادة بلادهم

---

(1)   «نورهان»: الاسم المكتسب. «صوفيا»: الاسم الحقيقي

(2)   «قطان»: الاسم المكتسب. «آرتين»: الاسم الحقيقي

(3)   «في سبيل الحرية»، ص 437

(4)   المصدر السابق، صفحة 437 و449

من الترك حيث تَقبل نورهان تحت ضغط هذه الحجة بالزواج من إبراهيم، حيث تكتشف بعد زواجها منه أنه الرجل ذاته الذي أنقذها من الجنود الإنكليز عندما اعتدوا عليها، وكذلك بعد أن ترى عن كثب وتلمس عن قرب معاملة أهل إبراهيم وذويه الطيبة، والإنسانية لها سرعان ما تتخلى عن القيام بمهمة التجسس التي تزوجت «إبراهيم الأدكاوي» من أجلها. عندئذ تقوم بمصارحة والدها قطان باشا بالحقيقة: «إنَّهُم ليسوا أعداء أحد على الإطلاق. ليسوا أعداءك أنت بالخصوص فها هو الأب يدعوك إلى الغداء، والأم تصرّ على هذه الدعوة، بل إنهم ليسوا أعداء الإنكليز أنفسهم، كل ما في الأمر أنهم يدافعون عن بلدتهم، أَهُم الذين ذهبوا إلى الإنكليز في جزيرتهم ليقاتلوهم؟». [5].

وعلى الرغم من بساطة اللغة الروائية وضحالة التعبير السردي، وتقريريته أحياناً كثيرة، إلا أن الرواية تبقى مساهمة تضيف شيئاً مهماً إلى بنية المستوى الاندماجي عند الآخر الأرمني وتجلياته في الوقت الذي نجد فيه شخصية نورهان الأكثر تعبيراً وإلفاتاً للنظر داخل سياقات الرواية، إذ تتبدى في أحد مفاصلها، اللحظة التي تواجه فيها نورهان والدها الوهمي (قطان باشا) قائلة: «وإننا لم نكن نفهم هؤلاء الفلاحين من قبل لقد عشنا هنا حقاً عشرين سنة، ولكننا كنا نعيش خارجهم. لم يكونوا في نظرك إلا عملاء تُقرضهم وترتهن أرضهم ثم تصارعهم لتضع يدك على الأرض». [6].

لا شكّ في أن ما لم يتحصل على التوهج عند عبد الرحمن فهمي فإنه قد أخذ فرصته في الإضاءة اللافتة عند الروائي فيصل خرتش في سياقات رواية «موجز تاريخ الباشا الصغير». وإذا كانت لغة السياق عند عبد الرحمن فهمي لم تستطع أيضاً أن تحثنا في سرودها على الإصغاء والتمتع. فلعلها برأينا تعاني من عوز في تأثيث الشخصية الأرمنية داخل سياقاتها السردية وهذا ما جعل

(5)   المصدر السابق، ص 538

(6)   المصدر السابق، ص 538

الروائي عبد الرحمن فهمي يقول كما يشاء ويعتقد بعيداً عن مفاهيم ومقاربات بناء الشخصية بصورتها الأرمنية الحارة لتقديم مقاربة الاندماج والتماهي الاجتماعي كما لا بدّ أن تقدم.

في «موجز تاريخ الباشا الصغير» تتنافس الأبعاد الاندماجية في الظهور والتكشف، وتتناغم الحكايات في سياقاتها لتحدثنا عن الآخر الأرمني، ولكن بصورة الاندماج المختلف والمغاير كمشهد يلملم الأشياء التي بعثرتها حكايات الدم، ويستجمع ما تبقى من تلك الصورة المريرة في الذاكرة المتعبة، لننظر: «شد رأسه إلى الأعلى مرتين، من يعرف ماذا سيفعل هذه المرة؟ وهل يعرف أن العجوز الأرمنية أم جميل وصلت إلى هذا القصر الكبير رممت فيه غرفتين وسكنت وسط هذا الخراب»[7] في الوقت الذي نجد «أم جميل قبل أن تحبل بجميل عندما كان اسمها «مريم» الأرمنية التي جاؤوا بها من أرمينية حافية وضعوها هنا أمانة ورحلوا والذين هنا وشَموها بدقات بدوية وأصبحت ابنتهم»[8].

تذهب سرود حياة الباشا الصغير في الرواية بعيداً في رسم «الأفق الاندماجي» كما انها تنثر الكثير من الحكايات لتبعث في مشهد الأفق الاندماجي العديد من التفاصيل الدقيقة التي يغلفهما الإحساس والفطنة، وذلك ما جرى عندما تزوجت «مريم» من «حسين الشامي». كانت صغيرة «أحضرتها أمها دارت بها كل الحارة، دقت البيوت بيتاً بيتاً حتى وصلت إلى بيت علي الشامي، رأت هيبته وشكله الذي يدل على معرفة الله وإيمان كبير به وهكذا قالت: ابنتي أمانة يا حاج عندك، ابنتي مثل ابنك وأكثر. أنت تعرفي الله... بكت كثيراً ثم قبلت الفتاة الصغيرة وحضنتها إلى صدرها وذهبت»[9].

هكذا ببساطة شديدة كانت حكايات التَبَنّي ومنح الأبناء والألقاب

(7)   «موجز تاريخ الباشا الصغير»، ص 16
(8)   المصدر السابق، ص 22
(9)   المصدر السابق، ص 43

والأسماء عند فيصل عند خرتش تتواشج القصص والمرويات في «موجزه الصغير» كي تستبيح الحديث وتدلي بدلوها، حيث صورة «الآخر الأرمني» الذي ترك بصماته على الحكايات وعلى الوجوه وشماً، لا فكاك منه، كما تناثر ذاكرة في القرى والمدن والطرقات لننظر: «وظلت الصغيرة أياما لا تكلم أحداً كأنما كانت تعرف هذا القدر الذي ركب عليها... ثم عاشت مع أهلها الجدد تلعب مع أبنائهم، وتأكل وتنام معهم، لكنها ظلت مميزة بشدة بياضها وحُلتها السوداء، وظل بالإمكان تمييزها وبسرعة عن البقية رغم الدقات البدوية التي وشمت بها يدها ووجهها ثم حين نضج صدرها وأصبحت تستحي من رؤية الرجال، دعا علي الشامي أمها من قرية إعزاز فجاءت هي وأخوها وابنها الصغير. خطبها منها لابنه حسين، فوافقت وانتظرت حتى بنى بها الولد».(10)

لا شكّ في أن رواية «موجز تاريخ الباشا الصغير» واحدة من الروايات والقصص التي تكاثرت في سياقاتها الحكايات المتنوعة والعديدة وهذا ما جعلها برأينا تساهم في وضع خطوط هامة في لوحة الآخر الأرمني في إطار المستوى الاندماجي وهي لم تخفِ كما هي الأعمال والنصوص الأخرى أحدوثة الصبايا اللواتي تزوجن من رجالٍ ما عهدت عيونهن الملونة بالخضرة أو الزرقة رؤيتهم من قبل حيث حضورهم ثقيل الطبع وبشرتهم السمراء أو السوداء وجهامة ملامح وجوههم. إذ ذاك تختلط الحكايات لتَستَحيل غرائبية الأثر تخلف الحيرة في قبول تصديقها حيناً، ولا معقوليتها أحايين كثيرة.

تبدأ السردية في تأثيث حضورها حيث يكون البدء من «مريم» التي كان اسمها «ديجين»، ثم غدت «أم جميل» ولهفتها اللافتة وحرصها الشديد على «الباشا» في قدومه وكذلك في تخفيه وفراره. لننظر: «قامت إلى أولادها تسوي غطاءهم، وحملت غطاءها ألقته عليه: إلى متى يظل هكذا مثل الذيب؟ عليه أن يقعل عند أولاده وأمهم حرام... الله يُخلصه!».(11)

<hr>

(10) المصدر السابق، ص 43

(11) المصدر السابق، ص 84

34

لم تكن ديجين- مريم- أم جميل هذه الواحدة المتعددة بأسمائها فاصلة عابرة في السياق الروائي للباشا الصغير التي تكلف فيها بناء شخصية أرمنية اهتماماً لافتاً من الروائي حيث تحولت أم جميل إلى ميناءٍ ترسو فيه كل مرة سفينة الباشا الذي تطارده الحكومة وتلاحقه الثارات القديمة والعسكر الباحثين عنه في كل مكان، فكما تقول الرواية أنها هي التي ربته وعلمته كيف يأكل ويشرب بل كيف يعبث ويلهو، وهي الوحيدة المسموح لها بأن تحمله وتداعبه من بين كل نساء الحي بعد وفاة أمه، لننظر: «لم يكن لها أطفال، أحبته ورعته ولم تعطه إلى أحد من أهله قالت: أنا ربيتها كانت جارتهم، ومنذ كان صغيراً أسمته الباشا. «جاءت باشا... راحت باشا» تشتري له من عند دكان الحاج خليل «تعالى باشا كلي». وهكذا أصبح الباشا لقبه الطاغي عليه».[12]

إنها حكاية التعايش والاندماج وسط محيط فتح ذراعيه للقادمين من كل صوب دون أيما تلكؤ أو ازدراد، ذلك ما تمظهر في حكاية «مارو» في رواية «أوراق الليل»[13] تلك الصبية التي لم تأنس رعاية الأغنام فكانت تنتفض كملسوعة عندما يطلب منها ذلك، لم يفهم عليها أحد إلى أن جاء الشيخ حمدان وشاهد منظرها فقال: «يا جماعة هذه المرأة بنت أصل وناس أجواد ورعاية الأغنام ليست من شأنها! ثم أنهضها عن الأرض وأخذها إلى الديار وطلب منها أن تهتم بنظافة غرفته وفهمت عليه سريعاً ولم تمض ساعتان إلا وأصبحت الغرفة تلتمع بالرائحة النظيفة، مما جعل حمدان الناصري يضحك ضحكة عالية ويقول لها: خوش، خوش، خاتون».[14]

لكن الشيخ حمدان الناصري لم ينفك عن متابعتها ليدرك من بعد ذلك أن الصبية لن تستطيع التلاؤم ضمن هذا الوسط النافر والمختلف عن طباعها وما كانت تعيشه من قبل لننظر: «صادقت الدجاجات في البداية ثم جلست بجانب اللواتي يخبزن أو يطحن. تكلمت معهن بالأرمنية، لم يفهمن

<hr>

(12) المصدر السابق، ص 42
(13) «أوراق الليل والياسمين»، ص 169
(14) المصدر السابق، ص 170

35

عليـها»⁽¹⁵⁾. وكل ذلك لم يكن مجدياً مما دفع الشيخ ان يرسل «وراء أصغر ابنائه ويطلب منه أن يُعَلم مارو الأشياء... تابعت مع الولد محمد معرفة الأسماء وأصبحت جزءًا منه وأصبح جزءًا منها فلم تعد تنفك عنه»⁽¹⁶⁾.

لقد كانت السرود التي أثثت سياق اشتغـال حكاية «الصبية مارو، والصبي محمد» موفقة إلى حدّ بعيد، إضافة إلى لونٍ، بل ألوانٍ شكلت فيها شكلته تعابير جديدة ولافتة في لوحة الاندماج والتواشج للآخر الأرمني وصورته في أدبنا العربي.

لكن الصبية مارو التي خلفتها قوافل الدم والتشرد ورعاها الشيخ حمدان الناصري فما إن يقع الصبي محمد فريسة الحمى حتى تبدأ بالبكاء والنحيب، وتصرّ على مرافقته إلى حلب. لننظر: «قالت: أنا أذهب معه، أخذها حمدان لأنها بكت عليه كثيراً سهرت عند رأسه وتمتمت، ورفعت رأسها وعينيها إلى السماء. جهَّزت عربة، ساقها حمدان بنفسه وكورت مارو الولد بصدرها، وكانت حلب عند أيديهم بعد ساعات قلائل»⁽¹⁷⁾.

في رواية «النخلة والجيران»⁽¹⁸⁾ تتبدّى شخصية «خاجيك» الأرمني من خلاله استثمار سردي لافت أراده الروائي غائب طعمة فرمان أن يكون سياقاً يمر أمام العيون كشريط سينمائي يخلف آثار الآخر الأرمني كما هي صورته الحقيقية عبر معادلة سردية غاية في الصعوبة يدير من خلالها أبعاد العلاقة الإنسانية بين مصطفى وخاجيك تكون فيها بعد إضافة مهمة ومؤسسة للوحة الاندماج استعداداً لرسم خطوط مغايرة لما هو عند الروائي فيصل خرتش في روايتيه «موجز تاريخ الباشا الصغير» و«أوراق الليل والياسمين». إذ إن ثمة خطوط وإشارات «اندماجية» تقاطعت وتباينت وتمظهرت من خلال الحديث عن فترة الاحتلال الإنكليزي للعراق لكنها تميزت بالرهافة والود

<hr>

(15) المصدر السابق، ص 171
(16) المصدر السابق، ص 171
(17) المصدر السابق، ص 172- 173
(18) «النخلة والجيران»، غائب طعمة فرمان

والانسجام، وكذلك لم تغب عن مفاصلها رايات الآخر الأرمني الذي تلاءم ومعطيات حيواته في الغربة. لننظر: «استقبلهما الساقي بترحاب واختار لهما مائدة فرش عليها مفرشا جافاً، وسأل مصطفى: أشو اليوم خصبة؟ الليلة مو ليلة جمعة قال الساقي ولهجته لا تنم عن شكوى: عمي يا يوم ما بيه خصبة؟ جلسا على كرسين متقابلين. وأحنى الساقي رأسه متسائلاً فقال مصطفى: نص إليَ، وربع للأخ من الأصلي. قال خاجيك معترضاً: أني يشرب نص ربع، نص ونص ربع، ومزه من أخ لا خوه». ⁽¹⁹⁾ وذلك ما يجعلنا ندرك بأن ما تضمنته الواقعة، على الرغم من اعتياديّتها إلا أنها تقدم الحالة الصادقة والمنسجمة بين مصطفى وخاجيك وتشير إلى أن صورة الآخر الأرمني لها حضورها في إطار محيطه وعلاقته بالآخرين.

عند عبد الرحمن منيف في روايته «التيه» ⁽²⁰⁾ تختلط الأوراق وتتباين معادلات ومعايير تحدد قيم جديدة «للمستوى الاندماجي» وآفاق حضوره حيث تتمظهر من خلال وقائع «آكوب» هذا الآخر الأرمني النافر بصورته التي تغير موازين الاندماج في هذا المستوى وتغدق عليه حسّاً جديداً محدثاً فيه صخباً أرمنياً خالصاً يتسق مع ما حوله من أناس لفحتهم الشمس القاسية؛ أناس يحملون الغيب فانوساً ينير لهم الطريق من «حرّان» إلى «عجرة»، حيث تنقلب المفاهيم الصغيرة والعابرة إلى عوالم لافته يرسم حدودها المفتوحة أفق ملوّن متناغم: إنه آكوب سائق السيارة البارع (مدبرها) أو جالب الأمانات والوصايا. أحبه الآخرون وبقي عالقاً وثابتاً في أذهانهم، لننظر: «الأشياء التي يحملها إلى دار الإمارة أو إلى دحام وإلى آخرين كثيرين كانوا قد أوصوه عليها في سفراته الماضية أو أرسلها أحد من عجرة، بما في ذلك الرسائل وبعض المبالغ، كل ذلك لا بدّ أن يصل إلى أصحابه». ⁽²¹⁾

إن ما تتميز به شخصية آكوب بساطتها لذا نجدها متّسقة ومنسجمة كما

<hr>

(19)   المصدر السابق، ص 67
(20)   «مدن الملح التيه»
(21)   المصدر السابق، ص 435

ان مواكبتها لسياق الشخصيات من حوله، وخصوصاً شخصية «راجي أبو راسين» الذي كان نداً حقيقياً لآكوب كل ذلك جعل من آكوب ضرورة لحرّان وناسها لننظر: «إذ بات آكوب ضرورة لحرّان تزيد يوماً بعد يوم، وأصبح أصدقاؤه يتكاثرون باستمرار فالذين جاؤوا على سيارته إلى حرّان، وبالرغم من كل ما حصل من تأخير وشتائم، ثم التعب الذي حل بهم أثناء الطريق، خاصة وهم يفرغون السيارة من حملها أثناء التغريز، كل هذا يمكن نسيانه. الشيء الوحيد الذي يبقى عالقاً في أذهانهم ولا يمكن أن ينسوه أبداً أن آكوب هو الذي حملهم إلى حرّان». [22]

عندما يتقلص عمل آكوب بعد تعبيد الطريق بين حرّان وعجرة، وتبدأ السيارات الجديدة بالعمل عليه، يدبّ في سلوك آكوب حنينية الآخر الأرمني لمن حوله ثم تبدأ شخصية آكوب تتضح أكثر من قبل. لننظر: «فأصبح يشاهَد في المقهى يغني ويشارك الآخرين طعامهم ويشرب الشاي أيضاً». [23]

لعل آكوب هذه المرة يستشرف خطراً محدقاً يخطو صوبه وصوب من أحبوه وأحبهم فالسيارات الجديدة بدأت كمواكب تلتهم الطريق الجديدة بسرعة لا تستطيع سيارة آكوب ولا حتى سيارة راجي أن تفعل شيئاً أمام هذا السيل الجارف، فما كان منه إلا أن ارتدّ نحو ناسه الذين ربطته بهم وشائج الماضي، ومرارة السفر وقساوته والانتظار الطويل على الطرقات قبل أن تتحول إلى ثعبان أسود رأسه في عجرة وذيله في حرّان.

أما «مدارات الشرق» فهي الأخرى ما انفكت تؤثر سردية التاريخ عن سواها وتسوق الحكايات، والوقائع إلى بقعة الضوء الكاشف دون أن تحدث تأثيراً لافتاً يضيف إلى مشاركتها في إطار المستوى الاندماجي تمايزاً تستطيع من خلاله رسم الأبعاد الاجتماعية للآخر الأرمني دون اللجوء إلى شخصية محددة بعينها. ذلك ما تمظهر في «بنات نعش» حيث تؤكد الرواية في هذا

(22) المصدر السابق، ص 437 - 438
(23) المصدر السابق، ص 450

المضمار على نقطتين مترابطتين، تتجلى النقطة الأولى من خلال واقعة تشرّد، «هند» و«ياسين» عن قريتهما لننظر: «وتقدمت نحو البيت المواجه الذي دخله الشابان، ومنذ تلك اللحظة صارت هي التي تقوده. هلّل البيت لهما وعرفت هند قبل ياسين أن القرية أرمنية».[24] وذلك يدلل على إشارة هامّة أسهبت سرود «بنات نعش» في إثارة ملمح مائز ضمن سلوك الآخر الأرمني وممارسته الإنسانية تجاه الواجب الاجتماعي. لننظر: «حَمَّلت العجوز ياسين صرّة صغيرة من الخبز والتين اليابس وشيعت الطفل متضرعة للعذراء وابنها».[25] كما نجد أيضاً أن تلك المسألة تُعدّ تعييراً آخر يقدم صورة مضيئة لحالة الاندماج والتماهي ضمن الطقس الاجتماعي الذي يشير إلى صورة الأرمني وعلائقه الاجتماعية التي يعيشها ويحيا بين ظهرانيها.

أما النقطة الثانية فتعبّر عن نفسها من خلال ارتباطها بقضية الاحتلال ومقاومته من قبل بعض الوجوه العشائرية أو الوجوه الوطنية، عندما يقوم راغب بتوزيع سيارة السلاح على الثوار الذين قاموا ضد الفرنسين والأتراك كان السائق الذي يقود تلك السيارة «أرمني». وكانت الطريق طويلة، إذ يبدأ حديث لا يخلو من الحزن بين العبد، والسائق الأرمني. «خاطب العبد السائق الأرمني: لو تعرف ما عملوا بجماعتك أيام الأتراك. كانوا يسوقونهم ويموتون مثلهم بالحمى»[26] تطوعوا مع الأتراك ولبسوا البدلة. «ويمكن مات معهم بالحمى بعدد من مات من هذا ومن هذا».[27]

لا شكّ في أن السياق السردي هنا يلفت إلى مشاركة فعلية «للآخر الأرمني» في التصدي للاحتلال الفرنسي، وبقايا الترك، ويدل على تماهٍ حقيقي داخل مشكلات وتحولات ما يطرأ على المكان من تطورات تشير إلى التعبير الصادق للدفاع عن الأرض التي فتحت ذراعيها للأرمن دون قيد أو شرط.

(24) «مدارات الشرق بنات نعش»، نبيل سليمان

(25) المصدر السابق، ص 118

(26) إشارة إلى الشركس

(27) «مدارات الشرق بنات نعش»، ص 481

أمــا في روايــة «التيجـان»(28) فإن الآخر الأرمني يتبـدى داخـل مستواه الاندماجي في صورة ومذاق مختلفين حيث تظهر الصورة الأكثر نصاعة وتبايناً بشكلها المباشر، وأثرها الحنيني المتساوق، والمساهمة الوجدانية لعلاقة الآخر الأرمني بمحيطه وكذلك رهافته التي تتفتّق غربةً وضياعاً؛ يستجمع كل ما لديه ليفعل شيئاً ما يساهم من خلاله بكل ما يملك.

عندما يلتقي «سركيس» و«وليف» في الحانة يبدأ فصل الحزن، وتنتشر رائحة البخور بينهما يبوح وليف إلى المعلم سركيس بسرّ فقدان صديقه «مديح» واختفائه. لننظر: «ما بك يا وليف، احكِ لي أنا أخوك الكبير. كنت أظن أنها نوبة من طيش الشباب أصابتك، أنت شاب عاقل. احكِ، قد أقدر أن أساعدك. رفع وليف الكأس، وهو يعتصره، ويعتصر الكلمات: لا شيء يا معلم. لا تهتم. أنا بخير، والدنيا بألف خير. أين كأسك؟ من دهر ما اشتهيت أن أشرب مثل اليوم». (29)

أما «مدارات الشرق (الشقائق)»(30) فإنها التعبير الآخر والمختلف عن شكل الاندماجيّة عبر كشفها عن شخصية «العم مادويان» هذا الرجل العجوز الذي بات ملجأ لشخصية «ترياق الصوان» ومجيباً بارعاً عن أسئلتها الكثيرة. ترياق الصوان تلك الأنثى التي تقلبت على جمار كثير من الرجال، منهم من تطارده الحكومة ومنهم من كان «فراري» يجوب الأصقاع من الشمال إلى الجنوب. إنها ترياق الصوان؛ ترعرعت في أحضان ذلك البيك أو هذا الخواجة، وكلهم في فَلكِ ترياق يسبحون. لكنها، وبالرغم من كل هذه الدوائر التي تحيط بها، كانت تعود العم مادويان عندما تزور بيروت ويسلبها البحر هيبتها، فتتأمله بصورة العائدة إليه بعد غيبة طالت بعض الشيء. تشرع بنظرها نحوه وفي خاطرها بناية «ثابت الخواجة»، بل قصره ومسرحها، ودكان العم

<hr>

(28)   «مدارات الشرق التيجان»

(29)   «مدارات الشرق التيجان»، ص 53

(30)   مدارات الشرق الشقائق- الجزء الرابع

مادويان. وحين تلتقيه تسأله من جديد عن بديع الطارة. لننظر: «وضحكت وهي تسأل العم مادويان عن صديق اسمه بديع الطارة، وتركت العجوز يتذكر ووقفت تسوّي شعرها وفستانها، لكن العم مادويان. باغتها:

– بديع الطارة. ارتحم. مات في الشام، ما اجتمعتما فيها؟

نفت بهزة من رأسها، واستعادت العجوز ما قاله، وجزمت أنه يُخرف. وعندما صدقته سألت: «هل تعرف أين دفنوه؟»

قال العجوز: «سمعت في الشام وسمعت في زحلة».[31]

صحيح أن العم مادويان لم يكن شخصية هامّة كأهمية شخصية ترياق الصوان، لكنه كان تعبيراً وشاهـداً على تنـاغم الأثر المتعـدّد الذي يقدم صورة الآخر الأرمني «اندماجياً ومتماهياً» عبر سرد روائي يستلهم التاريخ ويوقظ مَسكوتاته.

أما «مصابيح حنا مينه الزرق»[32] فإن صورة الآخر الأرمني كانت فيها سياقاً اجتماعياً أكثر مما هي شخصية متفردة ذات أبعاد متنامية، وملامح يشار إليها، على الرغم من تأكيد الروائي حنا مينه على ذلك بتسمية الشخصية اسماً أرمنياً (أرتين)، لكنها من وجهة نظرنا لم تستطيع أن تخلق حضوراً لصورة الأرمني كما هي عليه في أعمال روائية أخرى حيث بقي حضورها اجتماعياً داخل فترة مفصلية بالنسبة لزمن كانت البلاد تخضع للاحتلال البريطاني. لننظر: «اشربوا الخمر ولا تدعوها تشربكم... فيبتسم بائع الخمر أرتين ويقول: «خوش محمد». وكان محمد من جهته، يفرض شبه اتأوه على أرتين، وهي أن يسقيه عرقاً غير مغشوش.[33] ربما يكون هذا السياق مفتاحاً نتبين من خلاله العلاقة – علاقة الآخر بمن حوله – ولربما أيضاً تكون كياسة أرتين إشارة هامة من الإشارات التي نتفحصها في هذا المستوى إذ نرى فيها روح

(31)   المصدر السابق، ص 380 و381

(32)   «المصابيح الزرق»، حنا مينا

(33)   المصدر السابق، ص 164

التواشج والمودة، بين المحيط والآخر الأرمني، حيث تستحيل المسائل إلى نحو أكثر إشراقا وأكثر لحمة.

حين تستدعي حكاية «الاندماج» موقفاً من هذا الآخر الأرمني، فإن أرتين لا يتوانى عن إغلاق خمارته والامتناع عن بيع الخمر إلى الجنود الإنكليز. بل يصرّ على فتح فرع لخمارته في حي الانصاري على إثر الحادثة التي اعتدى فيها جندي إنكليزي على بنت مصطفى الصيداوي، وعند اعتقال محمد الحلبي. لننظر: «أفرِج عن الحلبي، فغادر إلى دكانه وعادت في الليالي التاليات الزجاجات الفارغة تتحطم على باب الخمارة وفهم صاحبها أنه المقصود هذه المرة... فرفض بيع الخمور للأجانب ثم افتتح فرعاً آخر في حي الأنصاري، وأرسل زجاجة عرق إلى الحلبي فردها... وقال له وهو يربت على كتفيه: ما أردنا قطع رزقك، لكننا لم نعد نحتمل. فقال الرجل فهمت عليك. وامتنع بعد ذلك عن بيع الخمر في الحي إلا لأهل الحيّ».[34]

وكذلك يأخذ الآخر الأرمني الصورة الاندماجية وشكلها عبر ارتسام سردية الإفراج عن فارس، حيث يتَقَد أرتين فرحاً. لننظر: «وتوقف أرتين الجمار عن غسل الكؤوس، وقال بلغة عربية محطمة: يا هو فارس (محبوسية) خلاص؟ وقاطعه الحلبي، كأن له ثأراً معه من أمس، وانتهره بنفس لغته المحطمة: محبوسية خلاص. هات عرق... أجاب أرتين متظاهراً بالكياسة: على رأس... على رأس.. بس، والتفت حواليه، وإذ وجد الشارع مقفراً من الشرطة أسرع فملأ كأساً وضعها في طربوشه وحملها إلى دكان الحلبي التي كان فارس قد وصل إليها».[35]

هكــذا يمر الشريــط الســردي كأنه ذاكرة متّقــدة عند حنا مينه، حيث تنتشر تفــاصيل صورة الآخر الأرمني وتمــاهيـها واندماجها مـع الشخصيـات الروائية الأخرى. وكأني بالروائي يحمل كل شيء ويلقيه دفعة واحـدة في

(34)   المصدر السابق، ص 171
(35)   «المصابيح الزرق»، ص 185

مسرد روائي شفيف.

وبالمقابل، فإننا نجد عند أمين معلوف في روايته «صخرة طانيوس»[36] أن الآخر الإندماجي يتشكل بصورته المختلفة، حيث يتمظهر المترجم «هوفسبيان» ليحسم انتظاراً كان يعانيه طانيوس، معيداً إليه الاتزان والطمأنينة، مخلصاً إياه أيضاً من قلقه على أخبار الجبل والقسّ الذي كان يتلهف للقياه. طانيوس، الذي ما إن رأى عربة ترفع العلم الإنكليزي حتى سارع إلى الصراخ بالإنكليزية: «سير... سير! أحتاج إلى التحدث إليك. توقفت العربة ومن بوابتها أطل الشخص الذي كانت تقله وهو يمط شفتيه علامة الحيرة»[37]. لكنّ طانيوس يتساءل مسرعاً: «هل أنت من الرعايا البريطانيين»[38]. فوجئ طانيوس بشدّة بكلمات هوفسبيان، الذي قال: «اسمي هوفسبيان وأنا ترجمان قنصل إنكلترا. وأنت لا بدّ أن تكون طانيوس. وما إن جحظت عينا مخاطبه الشاب، حتى أردف قائلاً: ثمة من يبحث عنك يا طانيوس وقد أعطى القنصلية أوصافك، إنه قس... لسوء الحظ لقد رحل في سفينة الأمس بالذات من ليماسول»[39].

مهما تكن المعايير التي آثر أمين معلوف بثّها في سياقات سردية طانيوس وعلاقته الطارئة بهوفسبيان كشخصية أرمنية تمثّل الآخر بصورته الاندماجية في هذا المستوى، فإنها قد استطاعت إيجاد الحلقة المفقودة بين طانيوس والقسّ، هذا من جهة، ومن جهة أخرى، كانت وسيطاً لنقل أخبار الجبل والأهل إلى طانيوس المتعطش لسماعها.

أما الملمح الأكثر أهمية فهو ما كان مدوناً في مذكرات القِسّ نفسه. الذي يولى ثقة كبيرة بالمترجم الأرمني. لننظر: «لذا سلّمت بعد يومين بأن أوكل هذه المهمة الدقيقة إلى رجل على قدر كبير من البراعة هو السيد هوفسبيان،

(36)   «صخرة طانيوس»، أمين معلوف

(37)   المصدر السابق، ص 235

(38)   المصدر السابق، ص 236

(39)   المصدر السابق، ص 236

ترجمان قنصليتنا الأرمني، قبل أن أتابع سفري» [40]. من هنا ندرك أن ثقة القِسّ بهوفسبيان لم تكن آتية من فراغ، وإنما كان اعتقاده دقيقاً ومرهفاً للغاية. فالمترجم الأرمني له صلات واسعة بالمجتمع، بحكم عمله من جهة ومن جهة أخرى لتنقله الدائم والمستمر في اتجاهات وأمكنة مختلفة. ذلك أن البحث عن طانيوس مهمة تحتاج إلى تنقل وبحث في أمكنة عديدة، ومهمة العثور على طانيوس أوكلت لهوفسبيان عبر سياق سردي «مذ كراتي» (إن صح التعبير)، يوازي عملياً الوقائع الروائية لتلك المهمة الصعبة والتي حددت بإبلاغ طانيوس عن موعد قدوم القِسّ.

برأينا، أن الروائي أمين معلوف منح حضور أبعاد الحلقة المفقودة بين القِسّ وطانيوس إلى سردية المترجم هوفسبيان ضمن السياق الروائي، لتشير بدورها هي الأخرى إلى الاعتقاد بأنها التعبير الخفي عن اندماجيّة الآخر الأرمني وتمظهر صورته داخل نسق التاريخ المنظور للرواية. لننظر: «في الوقت ذاته ظل يترقب عودة القِسّ ستولتون. وكان لا بدّ من انتظار مطلع الصيف حتى يتلقى منه رسالة بواسطة السيد هوفسبيان يؤكد له فيها أنه سيمرّ إلى قبرص ليراه. وبعد ثلاثة أشهر، وصل القِسّ إلى الجزيرة. إلى ليماسول حيث ذهب طانيوس لملاقاته بعد أن كان الترجمان قد أخطره بقدومه» [41].

ويثابر هوفسبيان على الظهور لمرات عديدة. وعلى الرغم من رتابة إيقاع ظهوره– وتناوب ذلك الظهور بين الحين والآخر– يبقى لهوفسبيان أهمية بارزة كتعبير صريح عن الآخر الأرمني. لكن الإيرلندي الشيطان يسارع إلى طمأنة طانيوس بأن صديقهم الترجمان الأرمني هوفسبيان سيعمد إلى التصدي لمهمة غيابه بعد إبحار السفينة «فإذا كان لديك أغراض تركتها في فاماغوستا، أو أية فاتورة غير مدفوعة، قل لي؛ فصديقنا هوفسبيان سيرسل من يتكلف الأمر» [42].

(40)   المصدر السابق، ص 238
(41)   المصدر السابق، ص 263
(42)   المصدر السابق، ص 267

يبقى مشهد هوفسبيان تعبيراً ملوناً ونافراً يلفت النظر إلى الآخر الأرمني كجزء مشارك في الإيقاع التاريخي وسردية السياق الروائي في «صخرة» أمين معلوف التي بدت فيها بدت عليه ترنيمة حزينة في كنيسة عتيقة تقرع أجراس صلواتها في أذن الغرب وصخب ما وصلت اليه فتوحاته العلمية.

في رواية «الهدس»(43) سيكون الأمر مختلفاً بالتأكيد، حيث هدير النهر بعيداً عن ضجيج الغرب عند أمين معلوف. يضاف إلى ذلك حقيقة الموت، وحرارة الكلمات في رسم صورة الآخر الأرمني الاندماجية، وفق نمط بياني تواشجت فيه الأحلام والأوهام. لننظر: «أهلاً أبا ليلى. قال آرو بلكنته الأرمنية، وطربوشه المائل وعينيه الصغيرتين الما كرتين، فردَّ باحترام:

- أهلاً أبا فارس.

- هات عرقك الأصلي أبا فارس.

- تكرم أبا ليلى.(44)

تلك سردية الهدس التي تروي حكاية توأم من التمازج، وامتداد لذاكرة ما انفكَّت تبثها «الهدس» منذ مطلع كلماتها الأولى، لتؤكد حميمية المحيط الذي أثثته الرواية بناسه ومعالمه، ليتمظهر الآخر الأرمني بصورته الاندماجية التي يعلوها الانسجام المتناغم مع الغربة والتشرد والبحث عن الغائيين ممن ابتلعتهم البراري وضاعوا في القفار. لننظر: «جلس أحمد الفياض على الدكّة الحجرية المفروشة، ولم يكن معه في الخمارة سوى آرو. أبا فارس، لماذا لا تحضر لوكساً للمحل؟ فكّرت. لكن القنديل أنسب فالشراب، والضوء القوي لا يجتمعان، قال وهو يبتسم ويهزّ رأسه الأشيب، ويضع المشروب أمام أحمد الفياض بخفة صاحب الكار.

- اليوم خالية أبا فارس.

(43) «الهدس»، إبراهيم الخليل
(44) المصدر السابق، ص 58

- اليوم جمعة.

- نسيتِ. صرنا لا نعرف الجمعة من السبت». (45)

هكذا كنشيش الماء، بطيئاً يستلهم آرو، وساكو ذاكرة أحمد الفياض، ويقدمان صورتهما على هيئة تماه كما معزوفة من الأرق والغربة. لننظر: «عند باب الخمّارة توقف، ثم دلف إلى الداخل:

- مساء الخير.

- أهلاً ساكو. عندي ابن العم، عندي. واتجه مسلوباً إلى جانب أحمد الفياض». (46)

قد تكون المباشرة هنا إفصاح جلي لسردية ثابر إبراهيم الخليل على بعثها، وكلما أصاب تداخل الأزمنة وتنوع الأمكنة والأحداث، ينبعث الصدق في التجلي لترتسم في سردية السياق ثلاثية أحمد الفياض وساكو وآرو، ذلك الثالوث المقدّس الذي قدم الصورة الأبهى لرحلة الاندماج وشفافية صورة الملامح عبر سرد تعمّد أن يكون واضحاً إلى درجة المباشرة والتقريرية.

لا شكّ في أن رحلة ساكو في السهول المنبسطة، عند إبراهيم الخليل، رحلة نحو وادٍ ذي زرع. لكنها ليست كما هي حكاية عصا «الخوري زينوب» (47) في ذلك الوادي السحيق التي أراد لها عبد السلام العجيلي أن تكون ثقيلة ودامية ومرثية، رغب من خلالها أن يقصَّ كعادته حكاية لافته لها طعم السرد، ومذاق التوصيف والحكمة التي عهدناها في أدبه المقروء.

حكاية «ملايين الخوري زينوب» ملهاة أراد منها العجيلي أن تكون أفقاً متناظراً لصورة الآخر الأرمني. وقد رأينا فيها ما يعبّر عن جانب هام داخل المستوى الذي نحن بصدد بحثه، حيث نلمس أسلوب العجيلي في مقام

---

(45)   المصدر السابق، ص 58 و59
(46)   المصدر السابق، ص 62
(47)   «الخوري زينوب»، من مجموعة «في كل واد عصا» لعبد السلام العجيلي، ص 111

الوصف التعبيري، حين تتمظهر شخصية «البارون كريكور» في حكاية «الخوري زينوب»، محددة لمعايير اندماجية جديدة؛ بمعنى أنها تقدم البارون كريكور مصحوباً بذاكرته العتيقة عن الأجداد. لننظر: «أنت تعلم كم أحبك وأقدّرك. ثم إنني صديق أهلك، ورفيق لأعمامك منذ القديم. فلماذا تقصّر عن مساعدتي؟». [48] ولا يتوقف العجيلي عن مساعدتنا في قصته الثانية «الجدب والطوفان» [49] عبر دفق جميل يتسامى فيه الآخر الأرمني ليعبر عن صورة اندماجه، ولكن بشكل مغاير تتساوق فيه الأحداث والمواقف، لتفصح عن مشهد الآخر الأرمني متناغماً مع ما تخلقه الطبيعة من تبدلات مناخية، مثل القحط جرّاء شحّ الأمطار حيث تخيّم المأساة على الإنسان والحيوان.

تظهر شخصية «المعلم كرنيك»، صاحب الجرّار الذي اتجه نحو مدينة حلب بعد أن فقد بوارق الأمل في فلاحة أرض من تلك السهول التي تمتد إلى ما لا نهاية، محكومة بسماء صافية تشرق الشمس فيها وتنثر وهجها في كل مكان. وفي طريقه إلى حلب، يلتقي المعلم كرنيك صاحب الشياه الستّ التي كانت على وشك النفوق لانعدام العشب في المراعي الواسعة. يطلب راعي الأغنام البدوي من المعلم كرنيك أن يدهس له الشياه، وقد بدت عليه آثار الحزن العميق، والحقد الذي ظهر من خلال عصبيّته في طلبه المجنون. لننظر: «وإذا عفست لك هذه النعجات، ألا تدعو علي؟ ألا تطالبني بشيء؟ قال البدوي بحرارة: أبداً والله. وإنما أريد أن يبرد قلبي بأن أراها تموت، لا من الجوع والعطش، ولا من يدي أنا... موته مستعجلة تحت ثقل الحديد». [50]

تبقى حرارة المشهد في مأساويته وكذلك من خلال مثابرة العجيلي على العزف على وتر كهذا، دافعاً المعلم كرنيك – عبر السياق – ليطلب من البدوي أن يجمع النعجات الواحدة بجانب الأخرى. ثمّ يبتعد عنها مخافة أن يصدمه المشهد. لننظر: «ابتعد الرجل بضع خطوات، متراجعاً بينما عيناه لا تفارقان

(48)   المصدر السابق، ص 111

(49)   «الجدب والطوفان»، من مجموعة «حكاية مجانين» لعبد السلام العجيلي، ص 21

(50)   المصدر السابق، ص 28

دوابه. فعاد المعلم كرنيك يصيح به: هذا لا يكفي! قف عند شجرة الشوك التي تراها هناك. وكما قلت لك أدر وجهك... لا تتطلع إلينا. عندئذ قال المعلم كرنيك لمساعده: مصلح، عندك تنكة لا يزال نصفها مملوءاً ماءً... أنزل بها، وضعها على الأرض، ثم الحقني. أخاف على الرجل أن ينفجر من العطش والقهر. ففعل ذلك مصلح. وحين عاد فأخذ مكانه من جناح الجرار، أعطى كرنيك همبرسوميان كل السرعة للمحرك. إلا أنه، وبدلاً من أن يسير بدواليب الكاوتشوك المخيفة على الاجساد الضاوية لتلك النعجات، مرَّ إلى جانبهن مسرعاً في اتجاهه إلى الطريق العام»[51].

بتقُديرنا أن المشهد الذي سقناه هنا يحمل في طيات مضامينه معايير مباشرة وغير مباشرة حيث نجد في مضمونه المباشر سردية لجزء من سياق حكاية القحط التي تصيب البوادي نتيجة لشحّ المطر، والتي تعامَل الآخر الأرمني معها بصورة متماهية ولصيقة بتحولات الطبيعة وما يصيبها.

أما النقطة غير المباشرة فهي الانطباع الإنساني الذي تتركه من خلال تعامل المعلم كرنيك مع البدوي بذكاء دفع في البدوي بارقه أمل بعد يأسٍ اجتاحه فأراد للنعجات أن تنفق، من دون أن تكون له يد بنفوقها. وقد تبدّت تلك الصورة على لسان مصلح الذي راح يقول: «ولو أننا قتلنا النعجات لقتل نفسه. عملنا طيباً أننا تركنا تنكة الماء»[52].

لكن المسألة تأخذ بعداً آخر عند الياس فركوح في قصته «آفو»[53] حيث لا نجد المضامين التي ذهبت إلى تبينها قصة العجيلي «الجدب والطوفان»، بل تكتشف آفاقاً أخرى لمسائل نفسية ووجدانية عميقة نستكشف من خلالها صورة الآخر الأرمني وتعدد إشارات الاندماج في سرديته. وتتمظهر في قصة «آفو» شخصية «أواديس» الذي بقي- على الرغم من كل ما ينتابه من

(51) المصدر السابق، ص 29
(52) المصدر السابق، ص 29
(53) «آفو»، قصة قصيرة لإلياس فركوح - مجلة لوتس العدد 68989

قلق وهواجس تسيطر على ذاكرة طفولته الدامية، حيث بشاعة الحرب التي أفقدته النطق والسمع- «يدبّ بين الناس، يتفاعل معهم ويتلقّى تعليقاتهم السمجة... الباهتة. ولا ينطق. ولكنه، في صمته- إن أخذتَ نفسك بالصبر والذكاء- يكشف عن اللغة التي تريد ولا تملك! ودون أنْ يُمسّ... أرتجف». [54] لكن، في الوقت الذي نجد فيه عبق سردية الحكاية، يوحي لنا الكاتب بمكنونات أواديس الساكت والهادئ كما تشير إليه الأشياء والأنساق. لننظر: «ينقل طلبات الشاي على صينية لماعة... يسمع تحرشات الزبائن... ويمرق بين الطاولات». [55]

لكن صمت آفو كان جواز سفره للتعبير عما يريد. فسياق الآخر الأرمني، واندماجه الذي ينطوي على إشارات كثيرة، لا بدّ أن تكون إحداها أن يستمر آفو وآواديس، مهما كانت مشيئة القدر قاتلة.

كذلك هي الذاكرة القاتلة في مسافات انتظارها ضمن قصة «ذلك الصديق» [56] إذ تتوهج الذاكرة وترتهن إلى الماضي الذي يغلف السياق القصصي بسردية تعتمد الذاكرة، مما يبعث الرتابة في إيقاع القص ويغرقه في الأحداث البارة والخالية من التوهج الذي يدفع الشخصية إلى حالة من النماء والحيوية. وعلى الرغم من ابتعادها عن التوليف الفني وبناء شخصية تنهض بالحكاية- كما هي شخصية «سركيس»، الشخصية الأكثر مباشرة وتقريرية- منحت «للأرمني رائحة مميزة، وأنتم أحرار في أن تصدقوا أو لا تصدقوا ذلك» [57] حيث تأتي ضمنِ إطار هذا المستوى الاندماجي، متساوقة مع جانبه الاجتماعي، عبر توصيف سهرة لثلة من الأصدقاء جمعهم الكأس من أجل ثلاث مناسبات دفعة واحدة. لننظر: «عودة خضر ورأس السنة، وأول خميس

(54)   المصدر السابق، ص 39
(55)   المصدر السابق، ص 39
(56)   «ذلك الصديق»، من مجموعة «رحيل اللقالق» لدياب عيد
(57)   المصدر السابق، ص 20

من الشهر الذي هو موعد متجدد مع أم كلثوم».[58]

قد يكون ذلك المشهد تمهيداً أقدم عليه «ذياب» للوصول إلى سركيس الذي أصبح في نهاية المشهد منقذاً لهم من مأزق تعرضوا له لحظة دخول «العم» إلى المكان الذي كانوا يجلسون فيه. لننظر: «وانتصبت قامة عمي! مازلتم سهرانين... ثم أخذ يشم الهواء، يجول بعينيه في الغرفة... تبادلنا نظرات قلقة... قال: ثمة رائحة حلوة... رائحة غريبة في الغرفة... سُقِط في أيدينا... لكن أمكرنا يسرع ليقول: أرأيتم... وأنتم لا تصدقوني حين قلت لكم. فعلاً يا عمي يا أبا خضر، إنها رائحة غربية... رائحة أرمني... ها هو سركيس بجانبي، وهذه رائحتك يا سركيس... لم يدم ذهولنا أكثر من ثانية انفجر بعدها سركيس بضحك صاخب وهو يضرب بيده فخذه ثم لحقت به أنا، وسرت العدوى إلى الجميع».[59]

على الرغم من رتابة السياق، لكنه، والحقيقة تقال، لا يخلو من حرارة الانسجام. وبالتالي فهو تعبير واضح عن حالة اندماج الآخر الأرمني تمظهر صورته ضمن هذا الأفق السردي الذي لا يخلو من التقريرية الصرفة. لكنه رسمَ الملامح الأصيلة لما تعرضت له قصة «ذلك الصديق»، وما ألمحت له وكرسته نحو تأثيث معايير الاندماج والتماهي لصورة الأرمني، وما أصابه من تغيير لامس حكاية الأسماء الأرمنية التي تعتبر هوية تخص الأرمن بوقعها ومسمياتها إلى درجة تم استبدال الأسماء الأرمنية بأسماء عربية. لننظر: «قلت له: أنت فرج وابنك بشار فكيف تكون أسماء أبناء أختك أرمنية؟ ضحك بطرب وقال: أبوهم اسمه حسني... نحن أرمن لكن أسماءنا كما ترى عربية... كان في الصف عندي أغوب وشقيقه اسمه عزيز... شكري وشقيقه وآهان... أوصنة وأخوها سليم».[60] وهذا ما جعل ثمن التعايش والانسجام والاندماج مكلفاً وباهظاً. لكنه يبقى هيناً ويجلب السعادة والأمان، ومواجهة رغبة أعداء

---

(58) المصدر السابق، ص 20

(59) المصدر السابق، ص 21

(60) المصدر السابق، ص 25

الشعب الأرمني بسحقه ومسحه عن وجه الكرة الأرضية باستخدام الإبادة الجماعية، وجعله يعيش حالة الانقراض التدريجي.

كذلك هو الحال في وقائع قصة «حرائق صغيرة» للكاتب حسين ورور [61] الذي رغب أن يكون سياق حكايته سياقاً تسجيلياً يحتمل التوثيق، في حين نجد أن الكاتب يؤثر التلميح الى «أن أرمنياً اسمه بطرس سكن بيت قفطان عزام في الدويرة، وتكنّى بلقب عزام... ساهم بحل أعقد نزاع في جبل العرب بين عائلتي الشوفي والشومري ذهب ضحيته العديد من قتلى الثأر. واستطاع بطرس عزام أن يجد مخرجاً لهذا النزاع، وعقدت راية الصلح بوحي من هذا الرجل». [62] ويتابع حسين ورور ليدفع مشهد الآخر الأرمني واندماجه وتساوقه مع أحداث وصراعات المكان الذي يحيا فيه. لننظر: «أزور معلمي، فيسألني عن صديقه كارابيت المحبوب جداً في السويداء من كل معارفه... يسألني عن خاتشيك الذي أغلقت الخمرة طريقه إلى الحياة». [63]

أما عند عبد الرحمن سيدو، فتتعدّد الجوانب الإنسانية في قصته «أرتين» [64] إذ تسافر الذاكرة نحو أرتين سائق السيارة الخضراء، لتروي ذكريات الطفولة وبراءة الكلمات في سياق حكائي أراده عبد الرحمن سيدو أن يهجس دون رقيب؛ متناظراً مع مشاهد الطفولة النابضة مسهباً في تطويعها وجعلها علامة فارقة تدلّ على نفسها لتقدم أرتين الذي ما انفكّ يندمج ويتماهى، إلى درجة الانصهار في محيط فتح ذراعيه بمودة. لننظر: «فيريم شيء من الحزن... وكأن بتأخر قدومك، قدوم العروس، يضيع الأمل الوحيد؛ أمل اللحاق بالمدرسة لأطفال القرى المتعبين». [65]

والحقيقة هي أن هذا النبض الحارّ قد ساهم في إقامة ملامح السياق الإنساني

(61)   «حرائق صغيرة»، لحسين ورور، ص 135

(62)   المصدر السابق، ص 142

(63)   المصدر السابق، ص 142

(64)   «أرتين»، عبد الرحمن سيدو، ص 39

(65)   المصدر السابق، ص 41

لصورة الأرمني كما أنه رسم الكثير من الوقائع والأحداث. لننظر: «وكنا لا نركب إلا معك... فما هو السرّ في هذا... ما السرّ...؟».[66] إنه سر الحنين إلى طفولة الآخر الأرمني» وإنسانيته في ممارسة هذا الطقس الجليل، حنوّاً على ذلك الماضي العتيق لطفولة أرتين، كما يؤكّد السياق ذلك. لننظر: «كانت جيوبنا الصغيرة لا تضمّ في جوانيها إلا فرنكات قليلة جمعتها الأمهات الطيبات من بيع البيض إلى البائعين المتجولين... ولا نركب إلا معك، فالسائقون على هذا الطريق جشعون».[67] والنسق السردي للتداعي لا يتوقف، وإنما يتمهل كي يشير إلى صميمية البعد الإنساني لشخصية أرتين. لننظر أيضاً: «قسم منا كان يدفع فرنكاً واحداً، المتبقي منا كان يدور ثم يغيب دون ضجيج... حينها كنت تضع يديك في خاصرتك وتقهقه ثم تصيح (حبيباتي يا أولاد الحرام)».[68] وهذا يجعلنا ندرك أن شريط الوقائع والأحداث لا يتوقف عن مداهمة الذاكرة. وقد تتعب الذاكرة، وقد تغيب فيها الكثير من الأحداث المؤلمة، لكنها لن تموت أبداً. ستبقى بحلوها ومرّها في الغربة، وبين الأحبة والأعداء أيضاً، كشريط يتجدّد باستمرار.

(66)   المصدر السابق، ص 41
(67)   المصدر السابق، ص 41
(68)   المصدر السابق، ص 43

3- المستوى المهني:

1- مدن الملح (التيه)، عبد الرحمن منيف - رواية.

2- مدارات الشرق (التيجان)، نبيل سليمان - رواية.

3- المستنقع، حنا مينه- رواية.

4- الهدس، إبراهيم الخليل - رواية.

5- سال الدم، عبد السلام العجيلي - قصة قصيرة.

6- رحيل اللقالق - قصص قصيرة.

7- أوراق الليل والياسمين، فيصل خرتش - رواية.

آثرنا أن نتلمس الأبعاد المهنية لصورة الآخر الأرمني، بغية تفحص مكوناتها، وكذلك ملكاتها من جوانب مختلفة، آخذين بالاعتبار سياق سردية غربته ومناظيرها الاجتماعية. كما أننا سنعتمد بالنظر إليها كبعد عملي يحدّد الإطار التاريخي لهذه المسألة، ومن ثم استخلاص صور، ومشاهد متعدّدة، ومتنوعة، تَوضّعت في كثير من النصوص، بحيث تأتي مسارات هذا السياق في إطارها التاريخي، حاملة لتراث مهنيّ من جهة، وإرث متميز من جهة أخرى وتُعدّ في سياقها التاريخي رصداً لوقائع وجدت حضورها في الأدب العربي.

فالأرمن عبر العصور، ومن خلال متوالياتهم التاريخية، صُنّاع مهرة في مجالات متعددة ومختلفة لكن ما جرى من احتلالات لبلادهم، وكذلك رحلة التشرد التي تعرضوا لها، وتبعثرهم في بقاع الأرض، دفعت الكثير منهم إلى امتهان المهن الصناعية أكثر من غيرها، وهذا يعود بتقديرنا إلى حاجة الأوطان التي استقروا فيها للمهن والصناعات.

لكن السؤال الأهم هنا عن كيفية تمظهر السردية المهنية لصورة الأرمني في

أدبنا العربي، وما هي الرؤية الموضوعية لهذا الجانب المتميز في مكونات الآخر الأرمني وحضوره ضمن رؤية وتعدّد النصوص لهذا الجانب والتي في نهاية المطاف كانت تصبّ في ملمح فرض نفسه بقوة، واسهاب أحدثا توضّعات متباينة في حيز الأدب، وسياقاته السردية كما تؤكد الوثائق التاريخية التي سبقتها إلى هذا المضمار.

تبقى رواية «مدن الملح (التيه)» متميزة ونافرة، كما أنها من الاعمال السباقة في مختلف أجناس أدبنا العربي التي استلهمت صورة الآخر الأرمني بأشكالها المختلفة، ومستوياتها المتعددة. وهي العمل السردي الأكثر نضجاً في استلهام صورة الآخر الأرمني، وتأثيث شخصيته بما يتّسم وشروط بناء الشخصيات الروائية الأخرى وتناميها.

لا شكّ في أن شخصية «آكوب» كانت أنموذجاً شاملاً لصورة الآخر الأرمني، وتعبيراً صرفاً كذلك عن مفهومية الأقوامية، وفق معيار الأدب من جهة، ومن جهة أخرى بحثاً متأنياً يطال كل شيء. فشخصية آكوب كانت «التقمص» الأبرع في تفاعل الروائي عبد الرحمن منيف في تخليق شخصية آكوب اللافت والشامل داخل سرود الرواية، بكل ما تعنيه هذه الكلمات. حيث وجدناه في مسروده خلّاقاً للشخوص ومطلقاً لحريتهم في الأمكنة والأزمنة التي تتساوق وملكات حضورهم.

تتمحور صورة آكوب في المستوى المهني عند عبد الرحمن منيف حول مجموعة من الوقائع. إذ تلد الواقعة أخواتها من الوقائع التي تتداخل في محتوى ومضامين الشخصية وتركيبها؛ وكذلك تشتغل على جعل آكوب مفصلاً أساسياً ومرجعية مهنية لمحيطه مرجع «ميكانيكي» لكل مشكلة من هذا النوع. وهو أيضاً سائق بارع وخبير، يعرف كيف توضع الأحمال على ظهر السيارة، وكيف تكون متوازنة. لننظر: «وآكوب الذي كان يدور حول السيارة ويتفقد أجزاءها بعناية وصمت، لا بدّ أن تخرجه عن طوره تلك الفوضى والأخطاء

التي يرتكبها عبود والركاب. فإِذا استجاب الجميع لما يطلبه بوضع الأحمال الثقيلة في أمكنة يحددها، بشكل يضمن توازن السيارة وإمكانية تفريغها في حالة التغريز، فعندئذ يواصل إعطاء تعليماته باختصار شديد ويشارك مشاركة فعالة في وضع الأشياء في أماكنها. أما إذا لم يستجب للتعليمات التي يصدرها أو انشغل عبود بالقطع المعدنية التي وزعها على الركاب، بجمعها مرة أخرى، تاركاً هؤلاء يفعلون ما يشاؤون، فلا بد أن يتصرف آكوب بطريقة أخرى يقول لعبود وقد اشتعل غضباً: اتعبوا... اتعبوا حبيبي، لكن الحمل كله لازم ينزل، ويستدير آكوب ذاهباً إلى المقهى».[1]

أما كيف يكون مخلّصاً للبعض ممن يتعرضون لمآزق الأعطال الميكانيكية، فكانوا يدهشون ببراعة آكوب لدرجة أنهم كانوا يطلقون عليه لقب «مدبرها». فعندما تعطلت «المدحلة» عند الكيلو مائة وستين، استدعي آكوب لإصلاحها بعد أن «فشل المهندس الأمريكي في إصلاحها، وقال إنها تحتاج إلى قطعة غيار. وما لم تتأمن هذه القطعة لا يمكن أن تتحرك من أرضها. ظل آكوب يحاول، ويعالج إلى أن أصلحها».[2] والشواهد كثيرة، بل ربما تكون في مجملها علامة فارقة تميز آكوب في حرّان بأكملها. وهي كذلك مصدر شهرته ومعرفة الآخرين واحتكاكهم به. كان يساعد الجميع وتحت أي ظرف. لننظر: «كذلك ماتور الماء، أصلحه بعد أن رفع الجميع أيديهم، وأعلنوا عجزهم. ونفس الكلام يقال عن التراكتور».[3]

لقد حقق السياق المهني وشواهده في إطار السرود الروائية المزيد من الإضفاء اللافت على شخصية آكوب التي احتلت مداراً هاماً في الحدث الروائي. وقد جعلت تلك الشخصية لرواية «التيه»- من خلال مسرودات آكوب- جاذبية خاصة تغمز بالحكايات والأحاديث، وذلك ما كانت عليه أيضاً صورة الآخر الأرمني في رواية «التيجان» للروائي نبيل سليمان، وما

---

(1)   مدن الملح (التيه)، ص 434
(2)   المصدر السابق، ص 441
(3)   المصدر السابق، ص 441

تضمنه حضور مستواها المهني الذي كان تمظهراً لمجموعة من الشخصيات المهنية، منها العابر، ومنها المستوقف، لكنها في النهاية ترسم الشريط المهني لذلك الآخر الأرمني وتثابر على تقديم صورة ناصعة، مهما تعدّدت فيها المهن وتنوعت وقائع وصف التعبير عنها.

حين تظهر شخصية «ستود يباكر» عبر الحوار الذي دار بين «حسين» و«هزاع»، سرعان ما تتلاشى وتغيب الفوارق. لننظر: «أنا اشتغل عليها. أعاون السائق ستود يباكر. ألفين كيلو متر وفوقها عشرة ركاب خفيفين مثلك».[4] كذلك هي شخصية «سيركو»، الميكانيكي الذي يقطع الطريق من حلب إلى بلد الشيخ راغب من أجل تركيب مضخات الماء والمكيفات في القصر وإصلاحها. لكن سيركو لم يكن لوحده حين وصل إلى قصر الشيخ، بل كانت ترافقه ورشة كاملة من الأرمن. لننظر: «راح ينتقل على مجرى النهر، المعلم سيركو الذي جاء من حلب ليركب المضخات».[5]

كذلك هو الحال مع المستر «نيرن»، الذي جاء إلى قصر الشيخ راغب وبصحبته مجموعة من الأرمن يفعلون بالقصر ما يحلو للشيخ. لننظر: «حرص راغب على ألا يعود متأخراً من حيث تقوده السيارة كل صباح على مجرى النهر، أو إلى الشرق منه، كي يتفرّج على ما فعل الذين يرافقون المستر نيرن في القصر. وكانوا جميعاً من الأرمن».[6] ونلاحظ أن مجموعة تلك الشخصيات كانت سياقاً ثانوياً في رواية «مدار التيجان»، وخضعت للوصف العابر من جهة، ومن الجهة الأخرى ثابرت على تغذية الشخصيات المحورية في الفصول الروائية التي توضعت فيها بالعديد من الوقائع التي منحت لتلك الشخصيات شيئاً من الألق وفق الجماليات المرسومة لها.

لكن في إطار استعراض هذا الشريط المهني، وتفحص مستواه ضمن

---

(4)	مدارات الشرق التيجان ص 487
(5)	المصدر السابق، ص 560
(6)	المصدر السابق، ص 560

مفهومة الآخر الأرمني، وجدنا أن شخصية سركيس تشكل نسقاً جديداً ومختلفاً، حاول الروائي نبيل سليمان أن يمهد له، ويدفع بحضوره الآسر داخل سرود رواية «التيجان» أولاً، ومن ثم في سردية «الشقائق» ثانياً. وهذا بتقديرنا أعطى للمستوى المهني عند «الآخر الأرمني» بعداً جديداً ظلّ ملازماً له في رحلة المدارات، ومكاشفاتها الأقوامية. فالمعلم سركيس مصلّح «الراديوهات» يدعو وليف، ويطلب منه تعلّم هذه المهنة. لننظر: «ارتبك حين دعاه المعلم سركيس إلى أن يتردّد عليه علّه يتعلم صنعة جديدة، مازالت نادرة في المدينة». (7) وهـذا يجعلنا ندرك أن هذا المشهد جاء معبراً عن مسألتين: المسألة الأولى هي أنه حقق شرط البعد المهني عند الآخر الأرمني. والمسألة الثانية: هي تقديمه بصيغة إنسانية تشاركية تحقق أيضاً الفائدة للمحيط الذي يحيا بين ظهرانيه.

أمّا عند حنا مينه فقد وجدنا الأمر مختلفاً في معاييره وحضور أبعاده عما هي عليه في رواية «مدارات الشرق»، حيث تأخذ صورة المستوى المهني للآخر الأرمني في رواية «المستنقع» شكلاً مغايراً. ففي «المستنقع» يتجلّى السياق السردي ليصف التجمعات المهنية للأرمن. لننظر: «وكان كيدون للأرمن يقوم قريباً من المزرعة، على مدخل اسكندرونة، مؤلَّف من أكواخ خشبية، وفيه بعض الحوانيت». (8) ويستمر السرد. لننظر أيضاً: «وإلى هناك كان الوالد يذهب في الليالي فيشرب ويعود ثملاّ». (9) وكذلك: «كان الوالد قـد أخذني قبل يـوم إلى حـلاق في كيـدون الأرمن». (10) وحين «ذهبت الأم إلى كيدون الأرمن واشترت ذروراً من حبر الكوبيا، أذابته في فنجـان القهـوة ووضعت لوحـاً من خشب فـوق وسـادة سميكة، وتربعت أنـا أمـام هذه الطاولة الغريبة وشرعت أكتب». (11)

(7)   المصدر السابق التيجان ص 52

(8)   المستنقع رواية ص 26

(9)   المصدر السابق، ص 26

(10)   المصدر السابق، ص 37

(11)   المصدر السابق، ص 41

حقيقة الأمر هي أن حنا مينه أراد أن يقدم شريط ذاكرة طفولة بطله التي امتدت وأسهبت في تفاصيلها من خلال شخصية سردية استطاعت استثمار حالة التذكر تلك. ونحن نرى أن المسألة التي تحدّد رؤيتنا في هذه النقطة، هي انعكاس تأثيث الشخصية وتقصي أبعادها عبر شريطها السردي، ومتتاليات التداعي فيها، بغية تلمّس معادلة جديدة في إطار تفحص المستوى المهني. لقد تبين بأن الآخر الأرمني قد أحدث نقلة متطورة في مشهده المهني؛ فلم يعد هناك تناثر لصورة المستوى المهني، بل أخذت شكلاً مكتملاً يحقق الكثير من احتياجات المحيط الذي يعيش فيه. كما أنه لا يتوانى عن تفعيل أبعاده المختلفة.

في رواية «المستنقع»، ثمة إحساس طفولي أشاعه أسلوب السرد الذي ما انفكّ يصل فواصل الشريط المهني، الواحدة بالأخرى، كي تكون الإطلالة على كيدون الأرمن مشهداً شاملاً، ونافراً في حضوره أيضاً. ولا تقف حكاية الآخر الأرمني وصورته المهنية عند حدّ، كما في رواية «أوراق الليل والياسمين».[12] حيث يتابع المستوى المهني بصورته الأرمنية تقصيه وبحثه، ليتبيّن في السياق أن «مكرديج» قد لجأ أخيراً إلى مهنة التصوير بعد أن كان «معلم بناء» في ماضيه العتيق. لننظر: «وفي اليوم التالي وضع البارون مكرديج طاقية على رأسه وحمل آلة التصوير على ظهره، وانطلق مبكراً إلى دار الحكومة، ليقف بجانب الباب وليدق حبلاً صغيراً يضع فوقه قطعة قماش سوداء ويبدأ عمله كمصور».[13] وهـذه أيضاً من المهن النـافرة التي برع فيها الآخر الأرمني، وكرّس حضورهـا في صورته. لننظر: «حيث نبغ في هذا المجال المصور العالمي يوسف كـارش، وهـو من أصل أرمني، ليكـون من أعظم المصورين الفوتوغرافيين في العالم».[14]

(12)   أوراق الليل والياسمين رواية فيصل خرتش

(13)   المصدر السابق، ص 163

(14)   يمكن العودة إلى حياة هذا المصور للتوسع في معرفته إلى كتاب الأرمن عبر التاريخ مروان المدور ص 605

أما ما نهجته قصة «صورة بيرم كورديان»[15] فهو النقل «الفوتوغرافي»، حيث تبدّت صورة الآخر الأرمني «يبرم» بإيقاعها التسجيلي. لننظر: «ماذا قلت؟ يبرم...! أتقصد يبرم كورديان، أعرق مصوري صحافتنا وأكثرهم إبداعاً...؟»[16]. أمّا في قصة «حرائق صغيرة»[17] للقاص حسين ورور، فتبدو صورة الآخر الأرمني الذي يمتهن الخياطة «شهبندريان»، حيث يصرّ الولد في القصة على أن يترك منزل والده، أو يعمل عند صديقه الخياط شهبندريان. لننظر: «اللحظة التي تشبّثت فيها بموقفي الذي أبديته صراخاً: إمّا أن أتعلم الخياطة عند صديقك شهبندريان، أو سأغادر المنزل... ولو إلى الجحيم»[18]. ذلك أن إصرار الولد على العمل لدى الأرمني شهبندريان، مردّه التجربة الصغيرة التي قضاها الولد في محل الخياطة عنده، وما لاقاه من مودة وحرص، وكذلك لإعجابه بوصايا شهبندريان التي تخصّ مهنة الخياطة، وضرورة توخي الدقة في تعلمها.

لكن عند إبراهيم الخليل يبدو الأمر مختلفاً في روايته «الهدس»[19]، حيث ارتبط المستوى المهني عند الآخر الأرمني متوازياً مع سياق الفترة التاريخية التي تتحدث عنها الرواية. إذ بدت شخصية ساكو شخصية مهنية ذات طابع بدائي. لننظر: «فَرَد ساكو صرّته على الأرض، ثم رفع رأسه الأشيب. راقب من حوله بعينين اعتادتا حتى أدق التفاصيل في المكان، من هبة زوابع العجاج الصغيرة إلى المعارك بين الناس والكلاب. زعق في فراغ الشارع الممتد: مبيّض مواعين. مصلح بوابير»[20]. كذلك هي شخصية «دانيل الحلاق»، والذي كان متعدّد المهن في حقيقة الأمر، وكذلك المواهب (إن صح التعبير). لننظر: «وكان دانيل الأرمني في دكانته الصغيرة مع بعض زبائنه. وزبائنه على ثلاثة أنواع؛ نوع

(15)   مجموعة «رحيل اللقالق»، قصة ميشيل خياط ص 69
(16)   المصدر السابق، ص 72
(17)   المصدر السابق، ص 135
(18)   المصدر السابق، ص 137
(19)   الهدس - رواية إبراهيم الخليل
(20)   المصدر السابق، ص 31

يأتي للحلاقة– وحلاقته معروفة على الطريقة العسكرية الإنكليزية، وقد سماها الأهالي «حوافة دانيل». وسبب ذلك أن دانيل في الأصل حلاق للمعسكر في حال غياب الحلاق الأصلي– ونوع يأتي لتعلّم العزف على العود. فدانيل عوّاد الشرق في نظر نفسه. أما النوع الأخير والغريب من زبائنه، فهم الذين يرسلهم الطبيب إليه من مرضى السكر وفي أيديهم فناجين مملوءة بالبول. فلعدم وجود مخبر للتحليل، كان يقوم بوظيفة مخبر تحاليلٍ بشري، يتناول الفنجان المليء بالبول ويمد لسانه الغليظ في السائل، ثم يتلّظ ويتمطق ويصفن قليلاً، ويقرّر: ما في. أو يرفع حاجبيه، ويتلمس بطنه الكرشاء، أو يهزّ رأسه الكبيرة، ويقول: في، في».[21].

لا بدّ أنْ الشريط المهني الذي قدمت صورته رواية «الهدس»– وفق أبعاده المختلفة في سياق سردية الآخر الأرمني– قد جعل من حكاية «دانيل الغرائبية»، عبر توصيفها المتعدد، حكاية لافتة. إذ منحها ذلك التعدّد القيمة الجمالية والفنية، جاعلاً منها شخصية تتجاوز في تمظهرها ومفاعيلها سياقها المهني. كما أنها تُعدّ من الشخصيات المهمة التي توضعت في النصوص الأدبية المختلفة. أما في قصته «سال الدم»[22] لعبد السلام العجيلي، فالوقائع والأحداث تأخذ مداها الآخر، لتتجلى من خلالها شخصية سِتْراك، ذلك الميكانيكي الخائب، حيث لا مناص من تمظهر المستوى المهني لصورة الأرمني في عوالم عبد السلام العجيلي.

حقيقة الأمر هي أن الحدث في القصة مرتبط ارتباطاً مباشراً ومحورياً بمسألة ضرورة «جريان الدم» بعد كل فعل يقوم به الإنسان المقتدر، ونصيب سِتْراك من هذا الحكم هو أن قُدّر له أن يكون ميكانيكياً من الدرجة الثالثة، لننظر: «صحيح أنه بين مُرَكِّبي أمثال هذه الآلة معدود في الطبقة الثالثة، وأن الحاج صالح قد انتقاه كعادته في الشّح رغبة في التوفير».[23] حيث لعب بخل الحاج

(21) المصدر السابق، ص 101-102
(22) «ساعة الملازم» - مجموعة قصص - ص 76
(23) المصدر السابق، ص 76

صالح دوراً في إعطائه هذا الترتيب. لكن المفارقة الهامّة في قصة العجيلي هي أنه فعّل دور سِتْراك عبر الإلماح إلى أنه ميكانيكي من الدرجة الثالثة. ليس لأنه هكذا وحسب، وإنما كي يأتي في سياق السرد منسجماً. مع أن ثمة خطأ كان قد ارتكبه سِتْراك وكان خفياً عن الجميع. لذا، لم تعمل الآلة الضخمة بالشكل الصحيح، وظلّ ذلك الخطأ ماثلاً يقف بينها وبين العمل. لذلك، جاء وهم «جريان الدم» حقيقة لا بدّ من فعلها.

لكن سِتْراك لم يتوان أبداً. لننظر: «في وضع لوالب الأساس للمحرك في مكانها من القاعدة الاسمنتية. ولا في تثبيت المضخة على الجرف في أساس مكين كما أنه- من جهة ثانية- أحكم ربط الأنابيب، ومقاسها 12 انش، بالمضخة وغمس شَراقها في ماء الفرات على عمـق كاف».[24] لكن لننظر أيضاً: «مع كل ما صنعه، يرى أن المضخة لا تكاد تصب بضـع دفقـات من الماء في الساقية الجديدة، حتى يحشرج المحرك وتبطئ دقاته ثم يقف».[25]

هكذا أريد لسِتْراك أن يكون هذه المرة ميكانيكياً خائباً. لننظر: «وبقي سِتْراك، المعلم الأرمني الذي جاء به الحاج صالح من المدينة ليركب آلته العجيبة، حائراً في السبب الذي يحول بينها وبين العمل المنتظم».[26] لكن توليفة العجيلي السردية تحل اللغز على الأقل بالنسبة لسِتْراك الذي يقف دهشاً «حين أراد أن يحاول محاولة أخيرة في إدارة المحرك. وقد فعل، فدارت آلته كعهده بها في بدء العمل. وانصرف وهو يطلّ على أجزائها وينحني متفقِّداً لعله يقف على السبب الذي يحول دون استمرار المحرك في الدوران. ولم يكن منتبهاً إلى أن ابن الحاج صالح ذلك الصبي المدلل الذي ما جاوز الثانية عشرة قد تسلل إلى وراء المحرك بثيابه الفضفاضة يتأمل دواليبه الدائرة بسرعة هائلة. وفجأة سمع المعلم الأرمني صيحة سريعة علت على ضجيج الآلات؛ أعقبها صوت اصطدام بأحد الجدران وفرقعة محطمة. فلما هرع إلى قريب من الباب

<hr>

(24)   المصدر السابق، ص 76
(25)   المصدر السابق، ص 77
(26)   المصدر السابق، ص 76

الذي يصل بين المحرك، وساقية المضخة، رأى على الأرض كومة من اللحم عارية الثياب مهشمة، مدماة اختلط فيها اللحم بالعظم، وهي التي كانت قبل ثوانٍ «حميد» صبي الحاج صالح الوحيد».[27] حينها بقي المحرك دائراً دون توقف والماء يتدفق في الساقية دون انقطاع. لقد سال الدم قرباناً، كما أراد الشيخ، وكما أراد العجيلي أيضاً.

لا شكّ في أن المفارقة التي تخص سردية العجيلي، والتي ستنتفحص ونتقصى من خلالها المستوى المهني لصورة الآخر الأرمني، وما حلَّ بسِتْراك لحظة اكتشاف خطئه الفادح وهول مشهد الصبي الذي قَطَّعه دولاب المحرك إرباً. لننظر : «عندما رأى تحت محور الدولاب الكبير، بين هذا المحور وقاعدة الأسمنت التي يستند عليها، قطعة حمراء من لحم ممزق علقت بها أصابع خمس. وتلك كانت ساعد المسكين حميد عالقة بين المحور والقاعدة، وقد رفعت المحور عن القاعدة قدر إصبع، وهو القدر الذي كان يعوزه قبل الآن ليكون سوياً، وليعمل المحرّك عملاً منتظماً ودائماً...».[28]

إذاً، تكشَّف السرّ في سردية حكاية «سال الدم» ليبقى سِتْراك ميكانيكياً خائباً لا لشيء، وإنما لكي يكون ضحية الحكمة التي تقول: لا بدّ من جريان للدم بعد كل فعل أو اقتناء لبيت أو محرك أو شراء أي أغراض جديدة من قبل إنسان مقتدر.

أما سردية قصة «قرب البحر»، للروائي والقاص حسن حميد فهي، في حقيقة الأمر لا تقارب بلاغة صورة الأرمني في مستواه المهني، كما هو الحال عند عبد السلام العجيلي وإبراهيم الخليل. إذ أن ثمة مفارقة كبيرة في التجليات، لكن الإلماح، وانفتاح المعنى في قصة «قرب البحر»[29] واستلهامها لسياق الآخر المهني، وصورة الأرمني الذي تبدّى بارزاً عبر تذكر بشتاوي. لننظر: «أتذكر

---

(27)   المصدر السابق، ص 85

(28)   المصدر السابق، ص 86

(29)   قصة قصيرة - رحيل اللقالق ص 5

جيداً أن أرتين كان قد جاء إلينا والدنيا صيف مع خالد الياسين، أحد مقاتلينا من سكان مخيم النيرب في حلب، بعد أن تمنَّى خالد الياسين أمامه لو كان معنا، فنحن بحاجة إلى أصابعه التي تحفظ محركات السيارات غيباً» [30].

في البدء كان أرتين في سردية قصة «قرب البحر» ميكانيكياً بارعاً تحول عبر مقاربة لا تخلو من التركيب أرادها الكاتب حالة مزاوجة بين القضيتين الفلسطينية والأرمنية، سرعان ما يصبح بعدها أرتين عاشقاً بارعاً أحب رمانة الفلسطينية، ومات أثر انفجار مدوي.

إن تلازم المهن بمختلف أنواعها وصفاتها ارتبط ارتباطاً وثيقاً بالآخر الأرمني وصورته وكانت النافذة الاجتماعية التي أقام من خلالها صروح حيواته مع الآخرين الذين يعيش في محيطهم.

وهكذا، أصبح الآخر الأرمني نافراً وبارزاً، في كل المهن التي امتهنها، وكان صادقاً وذكياً في ممارستها. فليس الأدب العربي وحده من يؤكّد مصداقية الأرمني، وإنما السياقات الاجتماعية التي عُدّت بمثابة تاريخ كأقوامية شكلت حضورها الإنساني.

(30) المصدر السابق، ص 11

4- المستوى السلبي

النصوص المختارة:

1- الضاحك الباكي (ثروت)، رواية – فكري أباظة.

2- في سبيل الحرية، رواية – عبد الرحمن فهمي.

3- موجز تاريخ الباشا الصغير، رواية – فيصل خرتش.

4- رياح الشمال (1917)، رواية – نهاد سيريس.

5- النخلة والجيران، رواية – غائب طعمة فرمان.

6- مدارات الشرق (التيجان – بنات نعش)، رواية – نبيل سليمان.

7- المستنقع، رواية – حنا مينه.

إن رؤية المستوى السلبي لسلوك الشخصية الأرمنية وصورتها، وتقصي أبعاد ذلك المستوى، مردّه الاعتقاد بأن الأرمني– وهو قبل كل شيء إنسان– له فعله في الحياة الواقعية، وكذلك في الأدب والتاريخ. ولما كان الحال هكذا، فـلا بدّ أن تكون حاله ومعيشته كحال الآخرين من حوله؛ يصيبه ما يصيبهم من الخطأ والصواب، ومن الفعل الخيّر والشرير. لذا، وجدنا أن من المفيد مقاربة أفعال الشخصية الأرمنية من اتجاهات النظر المختلفة التي تعتمد السمات الأخلاقية، أو اللاهوتية، أو الاجتماعية، حيث لا يختلف حول معاييرها أحد.

والسياق الذي نبحث عنه، عبر هذا المستوى الذي أسميناه «سلبياً»، داخل صورة الآخر الأرمني، يتعلق بآلية تقصي الأبعاد المشينة أو السلبية في الأحداث والوقائع، كما هي توضُعاتها السردية في النصوص الأدبية المختلفة،

حيث يتبدى اشتغال الأدب على هذا المستوى متبايناً في النصوص. وهذا ما أرسى معاييره لكل نص أدبي على حِدة، مما جعل البعض من تلك النصوص عابراً لا يترك أثراً بارزاً في صورةَ الأرمني والمضامين التي نحن بصددها.

قد تكون شخصية الغانية «ثروت ماجنسيتي»[1] عند فكري أباظة أحد أهم شخصيّات الآخر الأرمني في سياقها السلبي أو المشين. بالرغم من أن الرواية لم توضح الأسباب التي دفعتها لذلك الطقس لكنها في حقيقة الأمر تبدو مرغمة على ذلك. إذ يعتلج في داخلها أمر يدفعها للدفاع عما قامت به دون توضح الأسباب التي دفعتها لذلك، لننظر: «أنا الساقطة في نظرك ونظره ونظر الناس ونظر أبوي وإخوتي وأسرتي وعشيرتي من قبل. لست آسفة على سيء إنما أنا امرأة عنصري نبيل».[2]

ونحن في هذا الإطار لا نبحث عن المعايير الأخلاقية في النص، وإنما نسوق حكاياته بغية استكمال رسم لوحة صورة الآخر الأرمني، ورؤيتها من جوانبها المختلفة كما هي الشخصيات الأخرى، حيث نجد عند حنا مينه في رواية «المستنقع» صورة في منتهى الأهمية من خلال «كيدون الأرمن» لننظر: «حيث كان الوالد يذهب في الليالي فيشرب، ويعود ثملاً وكانت الوالدة تخاف من ذلك لا لأنه يسكر، بل لأنه قد يتحرش بامرأة ما والأرمن لا يتساهلون في هذه الأمور».[3] ولربما تكون هذه المفارقة في القيمة الأخلاقية لها معيار يتّفق نحو أبعاده الجميع، لكن السياق الذي نتفحصه في حقيقة الأمر- وكما أسلفنا- يتلمس حدود الشخصية الأرمنية وصورتها في الأدب كما أسلفنا. والأدب قبل أن يكون أدباً هو حياة. لذا، وجدنا من المفيد التوقف عند هذا المستوى الذي دعوناه «المستوى السلبي» لكي نتبيّنه ونستكمل من بعد ذلك رسم لوحة صورة الأرمني في أبعادها المختلفة.

(1)   الضاحك الباكي ثروت - رواية عبد الرحمن فهمي
(2)   المصدر السابق، ص 55
(3)   المستنقع - رواية - ص 26

ما من شكّ في أن رواية عبد الرحمن فهمي [4] من الروايات التي توضّعت فيها شخصية الآخر الأرمني وتمظهرت في جوانب عديدة. وإذ كان سياق الرواية في تركيبه ومعماره، سرداً استطاع توظيف الجوانب الخاصة بالمستوى السلبي في الكثير من المواقف والأحداث، فقد كان أيضاً متعدّداً في أبعاده من جهة، ومن جهة أخرى تناول بعمق لا يخلو من المباشرة حضور صورة الشخصية الأرمنية ومقاربتها للمستوى السلبي الذي نتقصى آلية اشتغاله في هذا المفصل.

تبدو للوهلة الأولى شخصية «قطان» في شكلها الظاهري شخصية «حنينة». ونلمس ذلك من خلال علاقته الأبوية الحانية تجاه ابنته نورهان حيث يتبدى بصورة عاطفية يغمرها بحنانه. لكننا نلاحظ في الجانب الآخر من شخصيته (من خلال سياق أحداث الرواية) أنه مُرابٍ يعمل على إقراض الفلاحين نقوداً شرط إعادتها عند جني المواسم القادمة. ولما كان الفلاحون غير قادرين على إعادتها في أوقاتها المحددة عندئذ كان قطان يبادر إلى شراء الأراضي أو رهنها من أصحابها. وبذلك أصبح من كبار ملاكي الأراضي.

قد تكون الحكاية- وفق ما قدمت نفسها- أسلوباً حياتياً يمارسه الكثير من الناس. لكن الأمر بتقديرنا رسّخ أبعاد حكاية قطان كشخصية ذات استعدادات مخادعة ومتلونة بطبيعتها وتكوينها، إذ تبرز هذه المسألة عندما يزور القنصل الإنكليزي قطان في منزله لننظر: «جئتك لتعمل في خدمتنا... نريد رجلاً وثيق الصلة بالمصريين يعمل لحسابنا، يجمع لنا أخبارهم... وينشر بينهم ما نريد من أخبار ليخرّب صفوفهم ويُيئِسهم من مقاومتنا... بعبارة مختصرة نريد منك يا قطان باشا أن تكون جاسوساً لنا» [5].

إنّ عدم قبول قطان في بداية الأمر مبعثه غياب الضمانة لاستلام مكافآته المالية نظير تجسّسه لصالح الإنكليز. لكنه- وبعد أن يتأكد من حصوله على

(4) في سبيل الحرية - رواية عبد الرحمن فهيمي

(5) المصدر السابق، ص 82

المكافأة- يبادر لتسلُّم هذه المهمة. وكان لدى القنصل معلومات وافية عن قطـان باشـا، وكان على دراية تـامة بحقيقة زيف أبوّته لنورهـان. لننظر: «إنني أعرف أدق التفصـيلات عن الثورات التي قـامت في أرمينيا في السنـوات العشريـن الماضية. وإننا على اتصـال بكثير من رجالها وأن هـؤلاء الرجـال يتلهفـون للحصـول على معلومات معينة حول «هاجوبيان الشجاع» وابنته صوفيا وخادمها أرتين. وهذه المعلومات مدعمة بالوثائق ونستطيع أن...». [6]

قد تكون هذه المعلومة الإخباريّة من القنصل الإنكليزي مفتاحاً هاماً لتفحص معالم قطان وماضيه، وكذلك اكتشاف نورهان- صوفيا- بأن حكاية القدور السبعة المملوءة بالذهب (والتي وضعها قطان في إحدى الكنائس في أرمينيا) ليست سوى محاولة من قطان لتغطية الكثير من الخدع التي كان يحيكها، إضافة إلى التبريرات الكثيرة التي حاول أن يخفي من خلالها أيضاً سرّ تجسّسه لصالح الإنكليز. لننظر: «ألا تعلمين أنني تحالفت مع الإنكليز... فأنا أعينهم عل تحرير مصر من سلطان الأتراك وهم يعينوني على تحرير أرمينيا. أبوكِ ليس جاسوساً يا صوفيا. إنه لا يزال بطل التحرير». [7] ثم أيضاً: «وإن كانت الوسائل قد اختلفت». [8]

لكنّ محاولات قطان الدائمة في التغطية والتعتيم، سرعان ما تتلاشى بعد أن يُكتشف أمره أمام الجميع من قبل «أحمد آغا بونابرته»، حين قال: «قل لها يا أرتين من أكون». [9] لكن أرتين (أو قطان) يحاول أن يهجم على أحمد آغا متهماً إياه بالكذب والافتراء بها قاله وما سيقوله عنه. لننظر: «لقد أخبرك باسمي... أحمد آغا الخازندار... المعروف بين المصريين بأحمد آغا بونابرته. كنت قائداً في الجيش التركي الذي حارب أباك هاجوبيان الشجاع، واستطعت أن أهزمهم

(6)   المصدر السابق، ص 82
(7)   بطل التحرير هاجوبيان الشجاع
(8)   في سبيل الحرية - رواية- ص -328 329
(9)   المصدر السابق، ص 646

بفضل هذا الرجل، وأشار إلى قطان (أرتين قطانيان)، أو أرتين القذر كما يسميه أهل أرمينيا».[10] ويتابع أحمد آغا: «إنه ليس أباك يا صوفيا...! إن أباك مات في المعركة كما يموت أشجع الفرسان. أمّا هذا فهو أرتين القذر الذي خانه وسلمه لنا، ثم فرّ بك وبثروته بعد أن قتل أمك».[11]

لم يكن وقع اكتشاف الخديعة هيّنٌ على نورهان- صوفيا فقد دهشت، وصعقت لهول الأمر. وما كان منها إلا «وقبل أن ينتبه أحدٌ لما تنوي أن تفعل، استلّت خنجراً كانت تخفيه في صدرها وطعنته في قلبه»،[12] وذلك بعـد أن قـالـت لـه: «وأنـا لا يعنيني أن تشنق يا أرتين بقـدر ما يعنيني أن أردَّ إليك الوديعة التي كنت لا تفتأ تطالبني بالاحتفـاظ بها... ثأر أمي... وثأر شـهداء أرمينيا».[13]

ذلك ما لمسناه من خلال آلية اشتغال أنساق «المستوى السلبي» في صورة الآخر الأرمني وتساوقها مع جملة الأحداث التي مرت داخل شريط رواية «في سبيل الحرية»، حيث كان اللافت في أحداث تعاملها مع الآخر الأرمني في مستواه السلبي وفق معايرة موضوعية تمَّ من خلالها معالجة الأمر والواقعة السردية، باستخدام شخصية أرتين القذر الذي مات على يدي فريسته نورهان- صوفيا التي لم تتوانَ عن طعنه في مقتله.

أما صورة الأرمني الأخرى- والتي لم تجد لنفسها مخرجاً- فهي شخصية «هاروت» التي واكبت أحداث ووقائع وتجليات سردية رواية «موجز تاريخ الباشا الصغير» لتنحرف كما انحرف الباشا الصغير بعد أن كبر كثيراً لدرجة لم يعد يتسع له مكان. فهاروت الطيّب والوديع الذي كان يقطن في بيته المتواضع، والمتواضع جداً، غدا نجماً يغذي بريقُه ولمعانه الباشا؛ وأيّ باشا، إنه الوحيد الذي يفعل ما يريد لكن هاروت لننظر: «العقل المدبر الذي ينظم

---

(10)   المصدر السابق، ص 647
(11)   المصدر السابق، ص 648
(12)   المصدر السابق، ص 653
(13)   المصدر السابق، ص 653

عشرين عملية في وقت واحد، وفي عشرين مطار عالمي من يجرؤ؟ قد يتمادى أحد ما، فيلعب في ذيله ليجده عامل الفندق في غرفته المغلقة على نفسه مسجى وعيناه جاحظتان وهو يرتدي القميص أو ربطة العنق أو الحذاء، قد يردّ على الهاتف فتتفجر السماعة. إذاً، فليعرف كل حجمه ولا يتلاعب».[14] ذلك هو اللون الآخر في سياق المستوى السلبي. اللون الذي يستلهم حكاية المافيات الصغيرة، وربما الكبيرة أيضاً.

وبتقديرنا أن هاروت – كتعبير عن صورة الآخر الأرمني في إطار المستوى السلبي – كان أيضاً لديه استعدادات للتماهي بالعنف واللصوصية والمخادعة. لننظر: «وَلَمَّ الباشا صُرّته بجانبه. لكنه فتحها ثمَّ فكَ أربطتها وقطعة النايلون، ثم الكيس الخام المربوطة به جيداً ثم ظهر مسدسان يلتمعان. قال: اسمع هاروت كالعادة يريد تغير الأرقام. أمسك هاروت بأحدهما فرغه. مدّ يده إلى الأمام به ثم أطلق خرج صوت تك. قال هاروت: تكرم باشا اليوم يكون عندك».[15] وهذا ما يجعلنا ندرك أن لا فكاك لهاروت عن الباشا، ولا للباشا فكاك عن هاروت أيضاً. إذ تبدت العلاقة بينهما كثنائية لملمتها حكاية التطورات التي طرأت على الباشا وما أصاب هاروت منها. لننظر: «هكذا كانت البداية... يجلس شاب وصبية مرة أو أكثر. تلتقطهما عينا هاروت الذي أصبح أنيقا جداً. لا بدّ أن يتأخر أحدهما في إحدى المرات. يقدم نفسه. يهديهما قرنفلة أو شيئاً بارداً أو ساخناً. يفتح حواراً ثم يجرّهما إما إلى الحشيش أو المال، بحسب ما يحتاجانه. وعندما يدخلان في الدائرة، يربطهما بأحد المطارات، ثم يغيّران ذلك في الشهر أو الأسبوع مرة أو أكثر. كان هاروت يجيد عمله بدقة كمبيوتر، ويدير هذه الشبكة الواسعة الموصولة مع المطارات والموانئ العالمية كافة ومداخل الطرق البرية والبحرية».[16] ذلك هو هاروت الذي كان وديعاً وأصبح عنيفاً ثم أنهى رحلته التي تناثرت بين طيّات حكاية الباشا الذي كان

(14)   موجز تاريخ الباشا الصغير ص 162- 163

(15)   المصدر السابق، ص 35

(16)   المصدر السابق

صغيراً وأصبح كبيراً، وكبيراً جداً أيضاً.

أمّا «رياح الشمال 1917» لنهاد سيريس فقد كانت شيئاً آخر تبدت لنا كما هي عليه أحداث رواية «الضاحك الباكي» و«الغرفة رقم 19»[17] والحكاية الطويلة عن البنسيون. إنها البغي مرة أخرى لكنها عند نهاد سيريس عابرة ضمن سياق الرواية وتفاصيل سردها؛ إلا أننا آثرنا تفحصها لاعتقادنا بأنها سياق يمثل وجهي المعادلة عند «البغي» في منظور تصوراتنا للمستوى السلبي عند الآخر الأرمني وصورته. لننظر: «عند أديبة هانم، أربع فتيات إحداهن أرمنية».[18] ذلك ما يجعلنا نرى في المقطع السردي الوجه الأول من المعادلة، أي أنها «البغي» لكنها في الآن ذاته شرسة لا يجرؤ أحد على الاقتراب منها لشدة نفورها من الزبائن فقد قال الذين زاروا مدام أديبة لربيع الزيات: «لماذا لا تنزل إلى حلب؟ اذهب وشف أهلك ثم أعرج على بحسيتا تزور أحد البيوت الذي اسمه (ملاقا تخانه نمرو 17) هناك ستجد فتاة أرمنية جميلة ولكنها متوحشة لم نستطع أن نقترب منها ولكنك تستطيع ترويضها».[19] والمفارقة هنا وكذلك ما يستدعى توقفنا أيضاً هي نفور تلك البغي وتوحشها، وهذا الجانب يحمل بتقديرنا أسبابه التي لم تبادر رواية «رياح الشمال» إلى الغوص فيها ورؤية أبعادها العميقة، بل اكتفت بأن توقفت عند تلك الحدود. لكنها، كما قلنا حققت ثنائية مزدوجة لشخصية البغي دون أن تذكرها.

أما رواية «النخلة والجيران»[20] لغائب طعمة فرمان فإنها سردية التعبير عن الآخر الأرمني وصورته المختلفة حيث تتبدى شخصية «خاجيك» لتنسج خيوط المؤامرة مع مصطفى على الخبازة «سليمة»، حيث تبدأ اللعبة عندما ينصح مصطفى الخبازة بخبث ويدعوها أن تترك عملها على التنور والوقوف أمامه منذ الصباح حتى العصر واقفة على قدميها يلفها الدخان واللهب.

(17)   الضاحك الباكي ثروت - رواية عبد الرحمن فهمي ص 24
(18)   رياح الشمال 1917، ص 266
(19)   المصدر السابق، ص 266
(20)   النخلة والجيران - رواية غائب طعمة فرمان

لننظر: «ثلاثين دينار... إذ عندج ثلاثين دينار، هسه أسويج شريكة ويه واحد أرمني عنده أحسن فرن بذاك الصوب».[21] هكذا يظل السياق ينمو وتبقى سليمة الخبازة تقلب الفكرة طوال الليل. لكنها تقتنع في النهاية بفكرة الصمون والفرن وخاجيك الأرمني. لننظر: «آمنت به منذ أن خرج من الفرن مثل فأر خارج من كيس الطحين؛ صغير الجسم مثلث الوجه يهز رأسه كثيراً. وبعد أن وقفوا قليلاً في الطريق، دعاهم إلى الفرن- وكان الفرن جهنم فاستجاروا إلى حجرة ضيقة لصيقة به- وتمّت الصفقة خلف بابها المغلق».[22] لقد سُدَّت سبل التراجع أمام سليمة الخبازة بعدما رأت بعينها خاجيك. لننظر: «وهو جالس وراء الطاولة، وأمامه دفاتر طويلة وأقلام، مثل أحسن مأمور بلدية: وسلمته الثلاثين دينار، فتناولها مصطفى بسرعة: أشو أكتب سند للخاتون. قال خاجيك بصوته العصفوري: أني يكتب بالأرمني... شيعَرف عربي! اعترض مصطفى (الله يرضى عليك). لاء لازم بالعربي. الخاتون متعرف إلا بالعربي. قالت: لعد شتريدني أعرف، مسقوفي؟».[23] وسنجد أن السند الذي كُتب للخاتون لم يتجاوز حدود الكتابة فيه «غير بسم الله الرحمن الرحيم؟ عبالك ماكو واحد يقرأ غيرك».[24]

لم تكن شخصية خاجيك في سرديتها السياقية إلا شخصية ذات مضامين مختلفة وعديدة تتمحور وتعيش بكل سلبياتها؛ إضافة إلى شخصية مصطفى الذي هو الآخر يدور في فلك الاحتلال الإنكليزي للعراق. والمسألة الأساسية في تطور نفوذ خاجيك تعود إلى أنه اختار الطريق الأسهل والأسرع على حساب كثير من القضايا الإنسانية والأخلاقية بإقامة جسر خفي مع رموز جيش الاحتلال الإنكليزي. وقد توضحت تلك العلاقة بعدما بدأت تتكشف علاقة مصطفى بخاجيك.

(21)   المصدر السابق، ص 27
(22)   المصدر السابق، ص 61
(23)   المصدر السابق، ص 63
(24)   المصدر السابق، ص 172

لقد عانى مصطفى، كما في سرديته الروائية، من البطالة والتشرد، لننظر: «لكن عمله في الجيش البريطاني دلّه على تجارة رابحة لا تكلف غير رأسمال متواضع واستخدام ذكي لبعض ذوي الصلات والخبرة بالجيش الحليف. وكان خاجيك من هؤلاء».[25] هكذا كانت حكاية خاجيك ومصطفى؛ وجهان لعملة واحدة، قوامها الاحتيال مرة والنصب على الآخرين مرات كثيرة. لكنها في النتيجة محطة عابرة في علاقة سردية النخلة بجيرانها.

كذلك هي الحكاية في سردية «مدارات» نبيل سليمان الروائية، حيث نتلمس حكاية الأغوات والملاكين عبر شخصيتين هما آرو و«هيكازون» اللذين تناوبا اللعبة القذرة بِحِرفية تمَّ من خلالها امتلاك مساحات كبيرة من الأراضي على حساب الأحراش من جهة، ومن جهة أخرى بحيازته على الجاه والقوة. إن هكذا علاقة كانت مرتبطة بشكل من الاشكال مع الاحتلال الفرنسي واللهاث خلف توطيد العلاقة أيضاً بالمستشارية الفرنسية. لننظر: «وحده آرو دون الآخرين، ما كان له خارج «القزلي» سوى القليل. ولذا، راح يسعى منذ دخل الفرنسيين. وطّد صلته بالمستشار إلى أن يوسع ملكه على حساب الأحراش».[26]

كما وجدنا عليه الحال في «النخلة والجيران»[27] من قبل أن الدوافع الرئيسة التي جعلت من خاجيك رجلاً له علاقات واسعة هي علاقته بالاحتلال الإنكليزي مما سهل عليه إيجاد مصدر للمال من دون أي عمل مجهد يقوم به. كذلك هو الحال في سردية «مدارات» نبيل سليمان وفي «بنات نعش» بالتحديد يبدو آرو لاهثاً خلف توسيع ملكه بالطريقة ذاتها حيث أنشأ أيضاً جسراً مع الاحتلال الفرنسي. وهذا ما كانت عليه آلية عمل أرتين قطان في رواية عبد الرحمن فهمي[28] إذْ أقام جسراً مع الإنكليز أيضاً من أجل حماية نفسه وتوطيد

(25) المصدر السابق، ص 65

(26) مدارات الشرق «بنات نعش»، ص 249-250

(27) النخلة والجيران- رواية غائب طعمة فرمان

(28) في سبيل الحرية - رواية عبد الرحمن فهيمي

أسلوب توسيع أملاكه.

ثابرت شخصية آرو في سردية «بنات نعش» على تقديم الشكل الآخر لجانب من جوانب المستوى السلبي ووجه من وجوه صورة الآخر الأرمني. حيث لم يقف آرو الأرمني عند توسيع أملاكه، بل أقدم -وهو على دراية بما يقوم به- على اقتناص فرصة طرد عزيز اللبّاد وأسرته بعد المشكلة التي أثارها شاهين آغا معهم، وذلك بعد أن وصلت الأمور بينهم إلى الرصاص والقتل. يرحب آرو بمقدم عزيز اللبّاد إليه؛ فعزيز لديه شابان قويّا البنية. وقتها تلمع في ذهن آرو حكاية استصلاح جديد لأراضي الحرش. لننظر: «صمت آرو مستحسناً، وقد منحه بعض الثقة صدق حدسه كما زاده بعض القوة طمعه بهذين الشابين اللذين يمكن أن يستصلحا من الأرض بقدر ما يستصلح فلاحوه جميعاً». [29] لكن غياب «هيكازون» بعض الوقت عن سياق سردية آرو وحكايته مع فريسته الجديدة (أسرة عزيز اللباد)، لا يعني أنه لا يشكل خط موازياً لآرو حيث أن آليتهما في التوسّع على حساب الأحراش عملت بصورة سوية ومتناسقة، لكن كل منهما في اتجاه. ونحن إذ اخترنا الاشتغال على تفحص شخصية آرو، والنظر في أعماقها بصورة تفصيلية، فإننا رأينا فيها المعايير التي نبحث عن مقاربة لها داخل حضور صورة المستوى السلبي الذي لازم الآخر الأرمني الذي تساوق مع الأفق المشين، والذي لا ينفكّ عن اقتناص الفرص السانحة كصياد يبحث بدأب عن فرائس في المياه الراكدة. ولم يسبق لآرو أن فرح كفرحه عندما بدأت أسرة عزيز اللبّاد بيناء البيت الذي سيؤول إليه في نهاية المطاف. وقد أدهشته حركة عزيز اللباد. لننظر: «وقد سرَّ ذلك آرو وشكر المسيح أنه لم يُحضر بنّاءً، وإن كان البيت سيؤول إليه أولاً وأخيراً فقد وفْر عليه عزيز الكثير». [30]

لكن الحكاية في سردية مدار «التيجان» [31] حكاية لها مذاق آخر. إذ نجد

---

(29)   مدارات الشرق بنات نعش ص 250

(30)   المصدر السابق، ص 251

(31)   مدارات الشرق التيجان

أن الآخر الأرمني يتبدى بسياقه السلبي والمشين لتتمظهر في ظهرانينا شخصية «العم مادويان» كخادم خاص للخواجة ثابت، يتلقى المهام منه وينفذها بدقة وحذر شديدين. لكن مادويان ورغم اشتغاله لحساب الخواجة ثابت، كان يخفي بعض المعلومات التي يحصل عليها خلال مراقبته لـ«ترياق الصوان» التي كان يحرسها «العم» ويراقب تحرّكاتها كمهمة أساسية له كان قد كلفه بها الخواجة ثابت.

لم يكن مادويان في مهماته صياداً للمعلومة وحسب وإنما كان ينال من الخواجة أجراً، ويهدّد في الوقت ذاته ترياق الصوان بالمعلومة التي لم ينقلها إلى الخواجة. فيبدو في صورة المتلوّن الذي يرافق مادويان في كل علاقاته المتعددة بالآخرين وهذا ما دفعنا لاتخاذه نموذجاً يعتمد سياقاً جديداً في رحلة تفحصنا للمستوى السلبي عند الآخر الأرمني وصورته. لننظر: «العم مادويان مسؤول عنك ليل نهار، دكانه تحتك وبيته مقابل الأوبرا؛ لا تنسي! في اليوم الثاني قالت: حفظت الوصية».[32] كما أننا نجدها من جديد هنا وقد بدأت التراجع عما تعهدت به. لننظر: «نسيَتْ الوصية سريعاً وعادت تخرج كل ظهيرة. تجرأت على الابتعاد عن العم مادويان، والسينما... تجدد تواطؤها معه على ألا يخبر الخواجة بخروجها».[33]

لعل العم مادويان كان يُقسّم المعلومات التي يحصل عليها عن تحركات الخواجة ثابت وترياق الصوان، قِسمة يلعب فيها الذكاء والخبث دوراً كبيراً. وتلك كانت آلية اشتغاله للحصول على المال من الطرفين سوية من جهة، ومن جهة أخرى تهديده الدائم لترياق الصوان وكبح رغبتها القوية للبحث عن بديع الطارة. لننظر: «خير يا بنتي؟ مالك والسجن؟ كل يوم تروحين إليه؟ لو عرف الخواجة... أرخت شفتيها بهزء وقالت مقاطعة: لا يا عمي، والخواجة لا شأن له بهذا. أنا أدور حول السجن. أبحث عن بيت صديق قديم. ومن

(32)   المصدر السابق التيجان» ص 184

(33)   المصدر السابق، ص 186

هو هذا الصديق؟ عمّك مادويان ينكش لك بيته. بيروت أحفظها يا بنتي مثل أبانا الذي...

– سمعت بشاب أسمه بديع الطارة؟

صمت مادويان قليلاً وهو يتمّعن في ترياق، ثم قال وهو يعبث برزمة الأكياس الورقية أمامه:

– من الخواجة إلى بديع الطارة يا بنتي؟ ما قصتك؟

– عرفته إذن؟

– عرفته. إدعي له حتى تنفرج كربته. ألا تعرفين أنه محكوم؟ هذا منفى في الرقة يا ترياق. هذا شيوعي ما أوصلك إليه؟ آه لو سمع الخواجة.

– الخواجة يعرف يا عمي، ولكن لا تقل له». (34)

لا شكّ في أن العم مادويان لم مطمئناً أبداً لتمتين العلاقة مع ترياق على حساب أن يكون الخواجة ثابت خارج اللعبة. فهو يدرك بحسّه الخبيث ودربته، أن الأقوى في هكذا معادلة صعبة، لا بدّ أن يكون الخواجة دون منازع. فشعور ترياق الصوان بأن الحاجة إلى العم مادويان أصبحت ملحة ومفيدة بالنسبة إليها، دفعها للمبادرة سريعاً بالقول: «من الآن فصاعداً لا تأخذ من الخواجة. أنا سأدفع لك مفهوم». (35) ولأن مادويان شعر بأن شيئاً ما يدور في رأس ترياق الصوان، بادر سريعاً إلى نقل المعلومات التي كان يخفيها عن تحركات ترياق الصوان إلى الخواجة ثابت. لكن ترياق تعرف فيما بعد بأن مادويان هو الذي أخبر الخواجة بكل شيء. حينما يسأل الخواجة ترياق. لننظر: «لماذا طلبت من مادويان أن...». (36) ويتكرر الأمر نفسه عندما يتصل مادويان بمكتب الخواجة. لننظر: «الأستاذ فؤاد الباشا الآن عندها». (37) ولننظر ردّ

(34) المصدر السابق التيجان» ص 187

(35) المصدر السابق، ص 201

(36) المصدر السابق، ص 201

(37) المصدر السابق، ص 203

فعل الخواجة: «نهض الخواجة منغماً صوته: جاء فؤاد باشا يطمئن عليك ها؟ أرخت ساقيها كاتمة ضيقها، وقالت: مادويان! سأقطع لك لسانه. جاء فؤاد، راح فؤاد؛ ما المعنى؟».[38]

تتوالى الإشارات «المشينة» في سياق العم مادويان لتدفع بالنسق السلبي لصورة الأرمني الذي لم ننفك بعد عن تفحص ظهوره على نحو أكثر وضوحاً، وتجلياً أرحب، كما هي الحال في سردية رواية «المستنقع»[39] لحنا مينه، والتي تكاثرت فيها مشهدية المستوى السلبي عند الآخر الأرمني من خلال تعدد ألوانه، وغرائبية وقائع أحداثه، وذلك عبر سرد يستثمر حضور شخصيات الآخر الأرمني، ويجعل منها علامة نافرة في مكوناتها ومفارقها الوقائعية. فالسيدة «دلي كتور»، تلك العجوز الأرمنية الشمطاء، والتي تتلون كما حرباء في سلوكها تجاه الآخرين من لون إلى لون، بحسب ما تحتاجه حالة الاحتيال أو الخداع أو المراوغة.

«دلي كتور» مركب شخصية غرائبية التفاصيل. لننظر: «عجوزاً منخورة، طويلة عجفاء، طاعنة في السن حتى ليهتز رأسها وهناً وحزناً وهي تتكلم».[40] فهي الغريبة عن الديار كما تبدت في سرديتها. لننظر: «وحدها كانت من أهالي اسكندرونة في هذا الحي، وقيل إن أصلها من ماردين، ولا أحد يعلم كيف صارت لها قطعة الأرض هذه وكيف بنت فيها بيتاً من حجر بغرفتين، وأجرت ما بقي لبناء ثلاثة أو أربعة أكواخ- مثل كوخنا- تأخذ عنها أجرة سنوية ضئيلة. وما تبقى من دخلها يأتيها من الشحاذة».[41] والشحاذة كمهنة امتهنتها بحذاقة العارفة بتصاريف الأمور وقد أصبحت سياقاً مثيراً في سلوكها. حيث الخبث والذكاء والدهاء ما يجعل حياتها تأخذ حيزاً سردياً هاماً في رحلة تقصينا للمستوى السلبي عند الآخر الأرمني وصوره المتناثرة.

(38) المصدر السابق 202

(39) المستنقع- رواية حنا مينا

(40) المصدر السابق، ص 55

(41) المصدر السابق، ص 56

لننظر : «كانت شحّاذة من نوع خاص. تطوف على الأسواق من الصباح إلى العصر، وتحمل سلة كبيرة يلقي فيها أصحاب الحوانيت ما تيسر لهم من أشياء تافهة، كالخضار والفواكه المعطوبة، والبيض المكسَّر، والخبز اليابس، ونترات اللحم والعظام وهكذا تتحول سلّتها شيئاً فشيئاً إلى صندوق قمامة، وتختلط محتوياتها وتزداد تفسخاً وفساداً؛ حتى إذا عادت إلى البيت ونشرت بضاعتها لم يكن فيها سليماً إلا النزر اليسير».[42]

لكن الجانب الأكثر إثارة في سلوك «دلي كتور» هو الإيقاع بالصبي في رواية «المستنقع» وضميرها المتكلم أشدّ إيقاعاً إذ جعلت من الصبي أداة تشحذ عليها، بعد أن أقنعت والد الصبي بأن يرسله معها. لننظر: «فحملت السلّة الفارغة ورحت أمشي وراءها وراحت تشحذ على اسمي فتقول للناس: من مال الله لهذا الولد الفقيرة، وينظر أصحاب الحوانيت في وجهي ويسألون: ابن من هذا؟ فتجيبهم: ابن عائلة فقيرة، ليس لديها ما تأكله، فيهزون رؤوسهم ويلقون في السلة ببعض الأشياء. وقد حاول بعضهم أن يضع في كفي حسنة فرفضت، وعندئذ صاحت بي: خذه. وأضافت وهي تعلمني أصول المهنة: عندما يعطونك حسنة اشكرهم، وادعِ لهم. تظاهر بأنك جائع ومريض. وسترى كم تجمع في اليوم».[43]

لكن حكاية «دلي كتور» لا تقف عند هذا الحدّ، بل يستمرّ السرد في رواية «المستنقع» ليسوق حكاية ابنة «دلي كتور»، «خرتسين». ولننظر إلى «خرتسين» هذه: «قيل إنها حملت سفاحاً من رجل أرمني وأنجبت ولداً اسمه «مخزومي»، له شكلٌ قبيح، حتى ليصلح أن يكون مهرّجاً بغير مكياج. ولكي تبعد الشبهة عن نفسها كانت تزعم بأن مخزومي ابن أختها. وكان هو يناديها خالتي».[44] وفي هذا الإطار، تتمظهر أيضاً شخصية جديدة تستحضر مفاعيلها السردية في مسار آلية تقصينا، وهي شخصية «زاروتين» والتي كانت بدورها متلوّنة

---

(42)   المصدر السابق، ص 56

(43)   المصدر السابق، ص 56- 37

(44)   المصدر السابق، ص 55

وحرباء (كما هي شخصيتي «دلي كتور» و«خريستين») بحسب الحال والحاجة إلى موقف ما، أو التراجع عن ذلك الموقف أو استبداله. لكن شخصية «زاروتين» السردية أشدّ حرارة، وأكثر أثراً وتأثيراً عما هي عليه «دلي كتور» و«خريستين». فالغرائبية الخبيثة والمُخادِعة عند زاروتين تأخذ في سياقها شكل الملامح الشريرة وصورتها، عبر التجليات السردية الجميلة، على الرغم من كلّ ا المواقف المشينة والسلوك الاجتماعي اللاأخلاقي أحياناً. إلا أن زاروتين تقول: «إنها من أصل أرمني، لكنها عربية. فإذا اقتضت الضرورة أن تنتسب إلى الأرمن- رجاء مغنم- قلبت اسمها إلى زاروتين. وقد فعلت ذلك خلال الهجرة من اللواء، فاستطاعت أن تؤمن لعائلتها مكاناً مجانياً في الباخرة التي نقلت أرمن لواء الاسكندرونة». [45] أما التلاوين الحرباوية التي تأتي بها وقائع السياق عند حنا مينه فيما يخص سردية زاروتين، فالحكاية تتوهج وتزداد ملحميّتها كلما غاص السرد أكثر في تفاصيل سلوكها الغرائبي. لننظر: «زعمت أنها رأت العذراء في منامها، وأنها طلبت منها كذا أو كذا من الأشياء، فيصدق أهل الحي، ويتسابقون إلى تلبية طلباتها ودعوتها للصلاة على رؤوس أولادهم المرضى». [46]

كانت زاروتين، تلك الأرمنية الماكرة، تتمتّع بملكات عديدة، ولها ذاكرة قوية ساعدتها كثيراً على حفظ أسماء القديسين الذين يخرجون عليها كل يوم بالتناوب. ولم تكن لتخطئ في ظهور قديس لمرتين. لننظر: «ويبدو أنها كانت تعتمد لائحة بأسماء القديسين. فهم يظهرون عليها بالتناوب، وكل منهم له مزاج وطلب ووصية. وكانت واسعة الخيال فيما يبدو فهي لا تكرّر قصة ظهور قديس لمرتن». [47] ثم يصل السرد إلى الحادثة التي استطاعت زاروتين استثمارها جيداً، فجعلت من ذلك الصبي صاحب كرامات، يقرأ على رؤوس المرضى من دون أن يعلم ماذا في الأمر، وكيف يكون الأولياء والمقربين. لننظر:

(45)   المصدر السابق، ص 132

(46)   المصدر السابق، ص 132

(47)   المصدر السابق، ص 132

«وذات يوم كنت أنام عندهم، وكان منامي قرب الجدار الخشبي الفاصل بينهم وبين جيرانهم. وكانوا يلصقون أوراقاً من أكياس الإسمنت على هذه الجدران لسدّ الثقوب والشقوق التي بين الألواح، ولمنع الرؤية بين الجار والآخر، وصدف أن كان الورق ممزقاً على الجدار حيث نُمت، وعندما أفقتُ مصادفة فجر ذلك اليوم، سمعت حركة في البيت المجاور فنظرت من الثقب ورأيت شيئاً أبيض يتحرك على السرير، لعله الرجل أو المرأة في حركة ركوع واضطجاع... وقد قصصت ذلك على امرأة خالي عندما أفقت صباحاً. فلما كان الظهر وعدتُ من المدرسة كان الحيّ كله قد سمع أن مار الياس قد ظهر علي في ثوب أبيض. وأنه كان يصلّي تحت الأيقونات! لقد أبدلت امرأة خالي ببراعة مكان ظهور القديس فنقلته من السرير إلى تحت الأيقونات. وهكذا صرت بين عشية وضحاها من أصحاب الكرامات وأرغمتني على أن أصلي على رؤوس المرضى».[48]

لكن زاروتين تظلّ تعبيراً نافراً عن سياق الوقائع التي تحمل في طياتها آلية المخادعة والتلوّن والحرباثية التي لها شكلها وأسلوبها الظريف الذي دفعنا لاعتبارها ملحمة شريرة، إن صحّ التعبير. بعد هذا الشوط الطويل من الوقائع والحكايا، نتساءل من جديد: هل من الواجب أن يكون الآخر الأرمني سياقاً سردياً لا تشوبه شائبة؟ لا بدّ أن يكون الجواب هو النفي. فالآخر الأرمني وصورته في إطار هذا المستوى السلبي هو «إنسان». يتناثر في نسق أدبي، والأدب حكاية الحياة ووقائعها. لكنه لن يكون كما الحياة لأنه يمثّل رؤية لها ولأحداثها وللعلائق التي تقوم فيما بينها.

<hr>

(48) المصدر السابق، ص 133

5- المستوى الأقوامي

ثنائيات أقوامية:

النصوص المختارة:

1- بيت الخلد، رواية وليد اخلاصي.

2- مدن الملح (التيه)، رواية عبد الرحمن منيف.

3- مدارات الشرق (التيجان – الشقائق)، رواية نبيل سليمان.

4- الهدس، رواية إبراهيم الخليل.

5- قرب البحر، قصة قصيرة- حسن حميد.

6- ذلك الصديق، قصة قصيرة- دياب عيد.

لا شكّ في أننا إزاء معايير جديدة نتقصى من خلالها أبعاد المستوى الأقوامي الذي نحن بصدد الاشتغال على تفاصيله، وذلك ما يجعلنا نرسم بدقة ملامح الثنائية الأقوامية لصورة الأرمني كي نحدد الخطوط النافرة لشكل العلاقة بينه وبين محيطه المحدد وفق صور عديدة نتحصل منها على الحضور السردي من داخل النصوص الأدبية.

وبتقديرنا أن المستوى الأقوامي الذي نحن بصدد تبيّنه يختلف عما كنا قد ذهبنا إليه في المستوى الإندماجي سابقاً. فقد كان المشهد حينها مشهداً عائماً بين النصوص، حيث كنا نجد في بعض الأحايين مجموعة من الشخصيات الأرمنية تشترك في رسم الآخر الأرمني لتشكل بعدئذٍ الصورة العامة عن حالة الاندماج والتعايش.

أما المفهوم الذي يقوم عليه «المستوى الأقوامي»، فهو كما نراه في هذا المقام،

الأدوات، أو الآلية، التي نتفحص عبرها العلاقة التي تنشأ ما بين «أرمني وعربي»، أي أن نتلمس وشائج تلك العلاقة وانعكاسها بصورتها الثنائية المحدّدة بين شخصيتين اثنتين، نتحصل من خلالهما على معايير الانعكاس الإنساني والاجتماعي. ولنكتشف بالتالي البنى التي يشتغل عليها ذلك التواشج وأبعاده، وخصوصيته ضمن سياق النصوص التي نعتزم رؤيتها في هذا المستوى وتفحّص آثار حضور صورتها وأبعادها.

تبدو رواية «بيت الخُلد»[1] للوهلة الأولى في سياقها العام ثنائية من نوع خاص ما بين «أكثم» و«بير»، تستأثر فيها لغة الذاكرة صياغة الحكاية وسرديتها. إنها حكاية أكثم الذي وجد في الشيخ بير ملاذاً حقيقياً له وعصمة عن الخطيئة والتشرد أيضاً، بل كان سبباً مباشراً في دفع أكثم نحو أفقٍ جديدٍ من الحرية والوعي، غدا من خلالهما أكثم متأثراً بالشيخ بير ومستلهماً منه العديد من القضايا والتطلعات التي تركت فيه أثراً بالغاً. ومن هنا تبدأ حكاية الفعل بكل أشكاله وتلاوينه، وانعكاساته كنتيجة طبيعية لذلك الفعل التأثيري.

فالفعل هنا كما نراه هو الشيخ بير، وانعكاس هذا الفعل هو أكثم بالتأكيد. من هنا ندرك التجلي البراق الذي استطاع الشيخ بير من خلاله أن يجعل من أكثم رجلاً متألقاً بملكاته وقدراته. لذا بدأ أكثم- منذ لحظة إدراكه لفعل الشيخ- يدمدم ويهمس. لننظر:«آه أيها الشيخ الرائع! إني أفتقدك كما التراب يفتقد الماء. كان الصديق والأخ والأب، وظلَّ الناصح والحنون حتى اللحظات الأخيرة من حياته التي قدر لها أن تنتهي»[2]. من هنا ندرك أننا في دوامة نسق شفيف تتكامل فيه وترتسم رحلة الوعي والمعرفة، التي يدوّن خطوطها بأناة ودفء شديدين، «أكثم الحلبي»، بذاكرته التي تقطر ألماً وحزناً. لننظر: «كان موت الشيخ صدمة لا تُنسى، وذلك النبأ قتلٌ لكل شيء»[3]. إنها مرثية حزينة فتكت بذلك الجسد الضئيل كي تدفعه نحو اغتراب أكبر، ونحو

(1)   بيت الخلد، رواية وليد إخلاصي

(2)   المصدر السابق، ص 81

(3)   المصدر السابق، ص 85

قهر أكثر يتّشح بالسـواد، وكأن الفقيد الشيخ بير قد سلب أكثم ابتسـامته وألقه المعهودين.

لقد تناغم وقع كل شيء وفق سردية ثنائية الشيخ بير وأكثم؛ كما أن الذاكرة أسهبت بكل ما استذكرته من صور ومواقف. لننظر: «حتى كانت الفجيعة، يوم سمعت آخر آهة مكتومة حاول الشيخ إخفاءها بكبريائه البسيطة الرائعة، فلم يفلح. وهكذا أنا الآن طائر مقصوص الجناح. وهأنذا أطلق آهاتي المسموعة بالرغم من كل الكبرياء».[4] إنها الذاكرة الحارة، وثنائية من هذا الطراز تستحيل إلى مطرقة تطرق على الأعصاب، كان ضحيتها أكثم بحنوِّه وافتقاده، وكذلك برهافة ذاكرته التي تستلهم كل شيء. فأكثم معزوفة للتماهي، وترنيمة لمشهد يطال من أجزائه المنسية الأخرى ما تبقى منها كذاكرة متقدة يلهمه ماضيها مفاعيل قوة ومواجهة في حاضره ومستقبله.

إذاً، لم يبق سوى الذاكرة والكلمات. لننظر: «لم أسمع كلمة حريصة عليَّ كمثل هذه من قبل. فكان لي عند الشيخ أمومة وأبوة ومشاعر أهل يحيطون بك من كل جانب؛ يخافون عليك، يغطونك بلحاف اللهفة».[5] هكذا يغيب الشيخ بير عبر تلك الثنائية ليستحضره أكثم الحلبي في ذاكرته المتعبة، شفيفاً كالصفاء، متألقاً كسماء بعيدة.

في سردية «مدن الملح»[6] شيء مختلف. إذ لا تبدو الحميمية كذاكرة فيها كما في «بيت الخلد» بين طرفي الثنائية، وإنما يسودها التنافر والصراع. لكنها في إطار وقائعها، تبقى ثنائية مهمة بشخصيتيها اللافتتين (راجي- أبو عقلين، وآكوب- مدبرها). ولقد كان التنافر مدخلاً جميلاً من خلال تظهير المواقف وتداخلها من جهة، ومن جهة أخرى حضورها وانبثاقها من الكل الاجتماعي كحاضنة وساحة تم إطلاق آلية التنافر والصراع فيها. ونلاحظ أن وهج

<hr>

(4)   المصدر السابق، ص 81

(5)   المصدر السابق، ص 83

(6)   مدن الملح التيه، رواية عبد الرحمن منيف

العلاقة وتواترها بين راجي وآكوب كان وهجاً لامعاً وحاراً. وكأن عوز الآخرين لآكوب واحتياجهم له كان دافعاً عند راجي لكي ينتفض في كل مرة كالملسوع، ويسبّ ويشتم ويتهكم. لننظر: «لكن مثلما كان آكوب مهماً لحرّان، كان راجي كذلك، لكن كلّ بطريقته. فراجي سريع التقلّب، كريم يحبّ التدخل في كل قضية من أجل تقديم المساعدة أو النصح، حتى لو لم يُطلب منه، ولا يتردّد عن حمل المسافرين الفقراء مجاناً... راجي أبو عقلين، يده والضرب بأي شيء، بمناويل السيارة، بالمفكّ الكبير، بأي شيء يضرب... ويعوّر! ولذلك فإن جميع الذين يعرفونه لا يتمادون إلى درجة كبيرة في إثارته أو استفزازه».[7]

وتستمر الثنائية رحلة للتنافر والصدام، لتقدم صورة الأرمني من جوانبها المختلفة والمتعددة. إذ لا ينفكّ راجي من التعرض لآكوب، وخاصة عندما يكون غائباً فإنه يسارع قائلاً على الفور: «طوله طول الشبر، طول الفتر. الدركسيون أطول منه. مساكين الركاب يمكن في لحظة يقتلهم لأنه قصير ولا يرى الطريق. قصير وأعمى وإذا عتمت العين...خطوتين ما يشوف قدامه. مساكين الركاب».[8] وهكذا نلمس شيئاً فشيئاً كيف تتكّشف دوافع راجي تجاه آكوب عبر سردية سياقها التهكم. فآكوب يشكّل مبعث غيظ لراجي، وكذلك دافعاً للبحث عن مواقف يتعرّض فيها لآكوب من أجل منافسته في «مهنيّة» وإقصائه حين يتطلب الأمر قيادة السيارة وإصلاح آلتها الضخمة. لننظر: «صحيح أن الطول والنظر من الله، هذا الشيء معروف، الله سبحانه وتعالى خلق واحد طويل وخلق الثاني قصير، لكن المصيبة أنه لا يعرف السواقة. سواقته شيش بيش وعامل نفسه أبو السواقة ورب الميكانيك... هذه هي المصيبة».[9]

وتستمر حكاية التنافر والتصادم بين راجي وأكوب، إلى أن يحصل ما لم

(7)   المصدر السابق، ص 440
(8)   المصدر السابق، ص 441
(9)   المصدر السابق، ص 441

يكن في الحسبان. إنها المفاجأة التي حلت عليهما على حين غرة. حيث استوت فيها الأمور وتوازنت، وتغيّرت المواقف واستبانت أكثر إلى درجة لا تصدق؟ لننظر: «وبعد أن حمّل آكوب وعاد مرة أخرى، وجد راجي في الكيلو مائة وستين لم يتحرّك: السيارة مكسورة. كان يمكن لآكوب أن يتوقف قليلاً أن يتظاهر بتقديم المساعدة ثم يمضي وكان يمكن أن يسخر وهو يرى راجي وقد تحوّل إلى قطعة من السواد نتيجة الدهون والزيوت التي غرق فيها بعد أن استمرّت محاولاته في إصلاح السيارة بضعة أيام وانتهت إلى الفشل. لكن ما كاد يرى ذلك حتى اندفع مثل ثور اندفع بتصميم لا يعرف الهدوء أو التردد، وراجي الذي كان يدور مثل نحلة يعرض على آكوب كل ما فعله ويضع احتمالات معينة، فيسمع آكوب ولا يسمع؛ ينظر إلى راجي ولا يراه. وبعد أن يغمض عينيه فلا تبينان إلا كخطين أسودين، يطلب أن يناوله المفتاح رقم ستة، أن يناوله المفتاح خمسة. وبعد أن يحاول يطلب مفتاحاً آخر. ثم مفتاحاً غيره. وبعد أن يفكّ وينفخ وينظف، يطلب من راجي أن يشغل المحرك وبعد عدة محاولات، خلال ساعة أو أكثر قليلاً يقول آكوب بثقة: خلص... كل شيء تمام شغّل وأمش وأنا وراءك». [10]

ربما كانت الحاجة والمصادفة أيضاً هما السببان المباشران في تغيّر الموقف والشعور نحو آكوب من قبل راجي المفتون بتوتره وشتائمه، وإحساسه بأنه الذي يعلم بكل شيء، وأنه الخبير في السواقة والميكانيك الذي لا يضاهيه أحد. لكن الذي حصل شيء لم يصدقه راجي نفسه. بل ربما حاول ألا يجعل مما جرى مسألة تدفع الآخرين للنظر إليها وكأنها اعتراف من راجي «بمعلميّة» آكوب وتجاوزه له في مهنته التي تكلّم عن خبرته الطويلة فيها. لذا كان يلجأ دائماً إلى العودة لما كان يتحدث به عن آكوب (سباب وشتائم وكل ما كان يقول عنه). لكن موقف آكوب، ومساعدته له قد تركتا أثراً كبيراً في أعماقه. لذا، كان يعيش تجاه آكوب حالتين. في الأولى: استمراره في الحفاظ على موقفه القديم منه عبر

(10) المصدر السابق، ص 442 - 443

الشتائم والسباب. لننظر: «أما إذا خالفه أحد في الشتائم التي يكيلها إلى آكوب فيصرخ: اترك الكبار لأن الصغار شغلتهم الوحيدة أن يتفرجوا». [11]

أما الحالة الثانية فقد كانت المؤشّر الهام لما حصل في الكيلو مائه وستين، ولما تركه قيام آكوب بإصلاح سيارة راجي. فقد تركت في أعماقه شيئاً آخر غير الذي كان. لكن كبرياء راجي، ورغبته في إشعار الآخرين من حوله بأنه مهما حصل من تجاوزات لآكوب، فلا بدّ أن يبقى هو الأهم. لننظر: «أما إذا أبدى إنسان ملاحظة، مجرد ملاحظة على آكوب، حتى لو كان يردد ما قاله راجي فإنه يصبح عدواً؛ ومن أنت يا أجرب، إذا حكى راجي، راجي معلم وآكوب معلم. وأنت، من أنت؟ فإذا تجاسر أحد وقال إن آكوب بخيل أو يشرب بول إبليس، فكان راجي يصرخ. تفضلوا حاتم الطائي يتكلم... أحمد بن حنبل يفتي... تفضلوا». [12]

ربما كانت لحالة التناقض التي يعيشها راجي تجاه آكوب والآخرين من حوله إشارات تنمُّ عن ثنائية أراد لها عبد الرحمن منيف أن تكون هكذا لافتة في محتوى وقائعها وهامّة في سياقها السردي البارع. إنها حقاً الثنائية الأقوامية الأهم في مستوى تفحصنا هذا.

لكن ثمة صياغة أولية لبناء معمار السردية الأقوامية عند نبيل سليمان عما هي عليه عند عبد الرحمن منيف. وقد تمظهر هذا أيضاً وفق أبعاد أخرى لتلك المسألة كما هو الحال في سردية «مدارات الشرق». لكنها لا تختلف في ماهيتها المهنية عما هي عليه «مدن الملح». فإذا كان آكوب سائق سيارة في «التيه»، فإن سركيس مصلِّح راديوهات في «التيجان». تلك هي الثنائية الأقوامية التي توضعت في «مدارات الشرق» واحتلت عبر شخصيتي وليف وسركيس «ثلاثة أجزاء منها» [13] عبر توضّعات مختلفة التباين والأهمية.

---

(11)   المصدر السابق، ص 443 - 454

(12)   المصدر السابق، ص 443

(13)   مدارات الشرق بنات نعش - التيجان - الشقائق

لقد جرى تمهيد أولي لشخصية وليف في سردية «بنات نعش» على لسان والده. إذ يُخبر فيها عزيز اللبّاد بأن وليفاً له معرفة كبيرة بالأرمن. لكن ذلك الشريط ينقطع في سردية «بنات نعش» ليعود من جديد وليف هذا في سردية «التيجان» بعد رحلة ضياع وتشرد يلتقي إبانها المعلم سركيس، وتبدأ الحكاية في سياقها السردي الذي تفوح منه رائحة ذاكرة تنهل من تاريخ طويل وممتد حكاية حيوات الناس فيما بينهم.

تبدأ الثنائية بحنو خالص لم يعهده وليف من قبل. لننظر: «ارتبك حين دعاه المعلم سركيس إلى أن يتردد عليه، علّه يتعلم صنعة جديدة، ما زالت نادرة في المدينة. كان المعلم سركيس سبباً من أسباب الفتنة للمطعم، ليس لأنه زبون مداوم كل ظهيرة، بل لأنه وحده من كان يثني عليه ».[14] لكن، وفي الوقت نفسه، فإن دعوة المعلم سركيس لم تكن مجرّد دعوة عابرة، بل كانت لها أسبابها التي يأتي أولها: شعور المعلم سركيس بأن وليفاً ليس مكانه أن يخدم في مطعم، بل إن له شأنا آخر غير الذي هو عليه. لننظر: «وحده خمن أن لهذا الخادم صنعة أخرى قبل المطعم، وربما بعده».[15] ذلك ما جعل المعلم سركيس يلجأ أخيراً لإقناع وليف بأن يتمارض وينقطع عن عمله في المطعم مقابل أن يدفع نصف أجرة غيابه. لكن، وبالرغم من كل محاولاته بأن يجعل وليف رجلاً مستقراً وصاحب صنعة تحميه من الضياع والتسكع، كان وليف يتقاطع مع المعلم سركيس ويبقى مشدوداً لأخبار صديق عمره «مديح الجقلة»، متابعاً خروجه من السجن ودخوله إليه أو غيابه وانقطاع أخباره عنه. وهذا ما يجعل من وليف غير منصاع إلى وصايا وتعليمات المعلم سركيس، بل بقي عائماً بينه وبين مديح، مشدوداً أكثر نحو هذا الأخير.

لم يغيب عن بال وليف تعلم صنعة إصلاح الراديوهات. لكنه كان مبهوراً أكثر بأخبار مديح، والمسألة التي أثارت وليف وجعلته يبتّ بقراره النهائي في

---

(14)   15- التيجان - ص 52

(15)   التيجان - ص 52

العلاقة مع المعلم سركيس. لننظر: «حين رفض المعلم سركيس أن يتبرع لرجل قال أنه من اللجنة التي فوضتها الكتلة بجمع ما تجود به نفوس المحسنين، عونا للمعيلين من العمال المسرَّحين، ولم يكن وليف قد رأى الرجل في الدكان من قبل، فنقده كل ما في جيبه ورفض أن يسجل اسمه في الورقة الصغيرة التي كان يلوح بها للمعلم سركيس».[16] حينها أحسَّ المعلم سركيس بأنه قد أخطأ أمام وليف، فأراد أن يزيل ما خلَّفه ذلك من إحراج له. لننظر: «يا وليف اعقل. شغلتا كما ترى. وأنا ما بخلت عليك رغم ذلك؛ ولكنني لا أعطيك حتى تبعثر القروش هنا وهناك. وهذه الحالة لا تسرّ الصديق ولا العدو. قلبي ينفطر مثل قلبك على المساكين، ولكن أنت وأنا أولى بقروشنا. شهامتك وقت الضيق لا تطعمك خبزة، وأنت أحرجتني مع الرجل. على الأقل لو قلت: سجل أسم المعلم، سجل أسم الد كان، لم يرد وليف».[17]

ثمة شيء ما يشوب متتاليات الثنائية ما بين سركيس ووليف. فالمعلم سركيس يدافع عن وليف بطريقة لا يفهمها هذا الأخير ووليف يحب المعلم سركيس بشروط لا يرضى عنها هذا الأخير أيضاً. ومن هنا جاء التقاطع والتباين إذ يتلاشى حينها كل شيء أمام وليف. لننظر: «وبعد قليل خرج ينفث ضيقه في الشارع الخلفي، لكنّ الهدير القادم من وسط المدينة رجَّه، ثم أطلق ساقيه مع الذين كانوا يتدافعون في كل اتجاه... ورأى نفسه يكبر ويكبر حتى بات وحده يضاهي الآلاف التي تهدر».[18] لكن ما لم يستطع عليه المعلم سركيس مع وليف، استطاعه مع مديح الجمّلة في «الشقائق».[19] فبعد أن سدّت كل المنافذ أمام مديح، احتضنه المعلم سركيس بعد رحلة التسكع، والطرد من العمل، والسجن أيضاً. احتضنه ليكون له مفتاحاً جديداً نحو حياة أكثر استقراراً وهدوءاً، ومبعثاً لنسيان الماضي وآلام الماضي الذي أهال

(16)   المصدر السابق، ص 283
(17)   لمصدر السابق، ص 283
(18)   المصدر السابق، ص 283
(19)   مدارات الشرق الشقائق

فوق رأس مديح حمماً قاتلة. لننظر: «وفي الصباح قالت شركة الشهباء لمديح الجقلة: مع السلامة. وأوصدت الشركات والمعامل الأخرى أبوابها دونه ومن سرح معه، فقال لحرفته كما قال سواه: مع السلامة وراح يذرع المدينة كما ذرعها وليف مراراً، حتى آواه معلم مثل المعلم سركيس، وبرعت أصابعه في لف المحركات الصغيرة».[20]

مما لا شك فيه أن ثنائية سركيس ووليف من جانب، وثنائية سركيس ومديح من جانب آخر، كانت لهما أهمية بالغة في سياق ونسق المستوى الأقوامي الذي نتفحصه بحثاً عن ملامح صورة الأرمني وتوضعاتها، حيث نجد المعلم سركيس وقد تحوّل إلى ملاذٍ آمنٍ وحقيقي لوليف ومديح، وذلك لخضوعهما معاً إلى حالة واحدة تماهى كل منهما بالآخر وفق الضياع والتشرد والتسكع والطرد من العمل، في الوقت الذي تأتي فيه مسألة احتواء المعلم سركيس لهما كتعبير لافت أنشأته ماهية العلاقة وتشابكها في كثير من الوقائع والأحداث التي حصلت لهما. وقد ساهم ذلك في بناء صرح من الحميمية التي تركت آثارها في واقع صورة الأرمني داخل سياقات الأدب بمختلف أجناسه.

لكن ما ذهبت إليه سردية «الهدس»[21] في إطار الثنائيات الأقوامية، يختلف تماماً عما هو عليه في سرديات «مدارات» نبيل سليمان، وسردية «التيه» عند عبد الرحمن منيف.

في «الهدس»، تلمسنا إيقاعاً للسرد الاستدعائي (فلاش باك)، ولعبة التذكر فيه عبر آلية الاستحضار التي استثمرها إبراهيم الخليل كمرثية شفيفة لها طعمها الخاص، حين تلامس الأعماق. فثنائية العلاقة بين أحمد الفياض و«ساكو» لها ما يقاربها في العلاقة ما بين أحمد الفياض و«آرو»، وذلك وفق علامات وإشارات شديدة التماثل فيما بينها. لكن ساكو يبقى ـ في إطار سردية أحمد الفياض ـ ذا خصوصية وملمح لا يمكن تجاهلهما. لننظر:

____

(20) المصدر السابق، ص 65

(21) الهدس، رواية إبراهيم الخليل.

«- تعرف بارون. هذه القعدة يلزمها شيء واحد.

- قُل وسأحضره من سابع سماء.

- يلزمها أحمد الفياض».[22]

هنا نلمح لحظات التباعد والتنائي التي يفرضها عمل كل من أحمد الفياض، وساكو. لكن لحظات السعادة والسرور عندهما تدفع كلاً منهما إلى استحضار الآخر، مهما كانت المسافات بعيدة. لننظر: «وكطفل ودّ لو ينفلت عائداً إلى البلد والفرات والشمال؛ إلى الناس والسفينة، ما هو شغل الوزير عنده؟ تبلاه من دون عباد الله وحمله عبء رحلة مرهقة لماذا؟ هؤلاء الناس في الحكومة لا تفهم ماذا يريدون دائماً. قدح عرق في الخمارة مع ساكو يساوي نصف الشام وبغداد والعجم الآن».[23] تلك إذاً هي لغة الاستحضار التي كانت مدخلاً هاماً للتسلل إلى ثنائية ساكو وأحمد الفياض؛ تلك الثنائية التي رسمت أشكال حضورها السردي الآسر. لغة التواشج والحميمية التي كان لها وقعها الخاص والمميز.

لكن في سردية «قرب البحر»[24] ارتسمت مشاهد أخرى، وتبعثرت حميمية شديدة التركيب والقصدية، حيث التساوق شاهد على مفاعيل سياق سردية البحر والاقتراب منه، أو البعد عنه. ثنائية «أرتين» و«بشتاوي» تداخل إشاري تضمن الكثير من الإلفات والتصريح بأن أرتين جاء مشدوداً نحو بشتاوي، وكذلك بشتاوي يخامره شعور بأن أرتين جزؤه الآخر. لننظر: «كان يأخذني إلى ماضيه، وآخذه إلى ماضيّ. فلا نجد، وقد فرغنا من الحديث، إلا وقد تجمع أساي فوق أساه فتغتمّ الروح وتنفلق».[25] ويتبيّن لنا أن مشهد الثنائية يتساوق نحو رحابة أكبر، ووضوح أكثر تنظمها المباشرة البائنة،

(22) المصدر السابق، ص 239
(23) المصدر السابق، ص 233
(24) قرب البحر، قصة قصيرة لحسن حميد اللقالق ص 5
(25) المصدر السابق، ص 6

والتواشج الذي يخرجها من مألوف التميز والخصوصية إلى عالم أكثر شمولية وأعمق عمومية، مما يفقد هذه الحميمية الثنائية أشياءها الدافئة. لننظر: «وحين تعرفت إلى أرتين... لم أدرِ على وجه الضبط ما الذي شدّني إليه، وما الذي شدّه إليّ. شعرت مذ رأيته أنه يعنيني... ويُخصني، بل إني ساءلت نفسي وبعيداً عنه... متى رأيته من قبل – وأين؟ فقد كان وجهه مألوفاً تماماً. وحين صافحته للمرة الأولى، أحسست بدفء كفه ولهفته عليّ. رجل يسلِّم بكلّ جسده... وقد أشرق وجهه وأضاء... وهو يأخذ كفي إليه. ولم أدرِ لحظتئذٍ أن أرتين الأرمني، وهو يهزّ كفي... قد راح يهزّ قلبي أيضاً... كالجرس».[26]

ثمة استطراد أراد من خلاله حسن حميد أن يُشَيِّد معايير ومفاعيل يؤكد عبرها استمرار سرديته القصصية بصورة مباشرة وتقريرية لها من جهة، ولشكل العلاقة الثنائية التي تربط ما بين أرتين وبشتاوي من جهة أخرى، جاعلاً منها علاقة مختلفة عما هو اعتيادي بين اثنين أحدهما أرمني والآخر عربي. وهذا يدلل على أن مبعث التأكيد عند حسن حميد هي الرغبة في استظهار مقاربة التزاوج ما بين القضية الفلسطينية والقضية الأرمنية. لكن، لننظر: «وأخاف يا أرتين أن تكون قد أخطأتَ الطريق إلى أرمينيا، أو أنك ابتعدت عنها أكثر؛ فيبتسم ابتسامته الحزينة ويقول: أبداً. دربنا واحد. أحاديثكم هي أحاديثنا والغائب عندكم غائب عندنا. والحنين هو الحنين، والذكريات هي الذكريات، والحزن واحد. جئت يا بشتاوي، ليس من أجل السيارات فقط. جئت لكي أقلّل من حزني. فأضمه كأنني أضع نفسي».[27]

لكن، على الرغم من المباشرة في السردية التي سعت من خلالها قصة «قرب البحر» تأكيد مفاهيمها ورؤيتها لشمولية وتشابه كل الاحتلالات والتشرّد، إلا أن المسألة لا تخلو من بصيص أمل لا بدّ من التمسك به والتطلع إليه. فقد كان لبشتاوي وأرتين في «قرب البحر» وقعهما في ترك الأثر كيفما كانت

---

(26)	المصدر السابق، ص 9
(27)	المصدر السابق، ص 12

حكايتيهما. والذي نجده أيضاً في سردية «ذلك الصديق»[28] حيث يأتي سياق الثنائية الأقوامية كهاجس تُبنى عليه أحداث القصة كاملة وما داخلها أيضاً من وقائع ومجريات، كانت تدفع بالهاجس نحو تفقد مستمر لا ينفكّ باحثاً دؤوباً عن ذلك الصديق الذي غاب. إذ تأتي الحكاية على هيئة سردية تخرج من عمق الذكريات لتتفقد حالة اللقاء بعد هاجس الغياب الذي طال. لننظر: «بعد تلك السهرة، انكسر حاجز العمر بيني وبينه... غدا بيننا ألفة ومودة... كنت أمر بـ«الطورنو» حيث هو معلم في ميكانيك موتورات المياه، فلا يعطل نفسه إلا دقيقة واحدة نتفق فيها على أحد أمرين- إما ارتياد السينما الوحيدة في البلدة أو النزهة على طريق حماة»[29].

لكن ما إن يغادر بطل سردية «ذلك الصديق» قريته إلى الجزيرة، حتى يسارع إلى كتابة رسالة لصديقه سركيس يدعوه فيها إلى زيارته. لكن سركيس يغادر البلدة إلى أرمينيا ويكتفي بالإشارة إلى صديقه قائلاً: «إلى من أشكو همومي سواك يا صاحبي؟»[30]. إلا أن سردية سياق القصة يستمر في «ذلك الصديق» باعتيادية وبساطة، ملوّناً شريط المجريات والوقائع لتتوضح لنا بعدئذٍ، ما بين الفينة والأخرى، إشارات عديدة للبحث عن ذلك الصديق، إما في الذاكرة أو في نسق الأحداث حيث يبقى سركيس الأرمني عالقاً في مخيلة «البطل» لدرجة أنه يقاربه كثيراً في كل ما يراه. فأينما تحرّك وأينما حل وارتحل، يجد سركيساً صديق عمره في تلك الأمكنة. لننظر: «ولكن الذي يبتسم خجلاً هو في الصف السادس واسمه سركيس... سركيس من جديد!»[31]. ولننظر أيضاً: «أما أنا فقد هجرت البلدة إلى العاصمة... لم أنم إلا بصعوبة في أول ليلة... ومع ذلك صحوت صباحاً على صوت الجارة ينادي... خواجة سركيس... يا خواجة سركيس... يا لهذا السركيس!»[32]. كذلك ننظر هنا: «غارو اللطيف الذي كلّ

(28)   المصدر السابق، ص 19
(29)   المصدر السابق، ص 22
(30)   المصدر السابق، ص 23
(31)   المصدر السابق، ص 24
(32)   المصدر السابق، ص 27

ما في قلبه تنطق به عيناه السوداوان، لقد غدا صديقاً عزيزاً وما فيه من عيب إلا أن أخاه الأصغر اسمه... ماذا تتوقعون؟ سركيس طبعاً!».[33]

لا شكّ في أن كل شيء تحول عند دياب عيد إلى سركيس الذي لم تصل منه سوى رسالة يتيمة بعد مغادرته. لننظر: «إن ظللت أتذكركم فلن أهنأ بالعيش هنا... اخرجوا جميعكم من دمي وجلدي ودعوني أعيش حياتي هنا... أنا أحبكم وسوف أسمي أولادي وأحفادي بأسمائكم. إنما اخرجوا من رأسي... اتركوني كرمى المودة والصحبة».[34] ذلك ما يجعل السياق مستمراً ليعلن عن ثنائية هادئة ببساطتها، ونافرة باعتياديتها، إذ لم يكن من بدّ إلا أن نرى في ذلك المستوى ظلال التواشج والمودة، بل قل إنه سياق ثنائي أعلن عن نفسه كمنارة تهتدي بها المراكب، واستطال في أفق الكلمات كي يرسم حدوداً لا تنتهي، تبدأ من حيث تبدأ الحميمية وتنتهي من حيث لا تنتهي.

(33) المصدر السابق، ص 27

(34) المصدر السابق، ص 27

القسم الثاني

1- التداعي الحنيني

مدخل

طغيان التداعي الحنيني

أين أنت يانسيم ماسيس

إنني مشوق إلى ألحانك وأنين السرو في أرماوير

أنسيت أنني أنتظرك بشوق يائس ملتاع

أين أنت يانسيم وطني

(خورين ناريك)[1]

مما لاشكّ فيه أن تقصي الأبعاد المقارباتية لسردية سياق «الحنين والشوق» الذي يرسم هيئته كصورة الآخر الأرمني وفق مقاربات و تماهيات مع مقطوعة «خورين ناريك» التي رأينا فيها سلطاناً طاغياً على السياق الأرمني وصورته في أدبنا العربي. وربما كانت هي بذاتها المنصة التي ينبثق منها مجاز «الحنين والشوق» كإحساس يستشعره المتأني في رحلة تفحّصه لصورة الأرمني، حيث تقوم سردية الحنين على تأثيث الشخصية، ودفعها نحو آفاق لا حدود لها؛ شخصية تقطر شوقاً كندى صباحات الدم القديمة في ذاكرة

---

[1] مقبوس من كتاب «الأرمن عبر التاريخ»، ص 47

التشرد الأرمني، ومنثور الكلمات كمرايا تنبعث فيها كل التفاصيل التي لا تنفكّ تبني عمارة صورة الشخصية الأرمنية التي تصطخب استذكاراً ينبض بمرارة الماضي وحالة الضياع والتهجير. بالإضافة إلى فقدان الأحبة في كل أصقاع الأرض، حيث خطوط الحذر من هول المشهد، والكارثة وهو يستذكر كل الامكنة والصور ويهجس الأحلام المستيقظة كمشاهد لا فكاك له منها. إذ يستحيل بين دفتي كتاب (ما) إلى أرمني خالص يحمل يافطة التراحيل مشدودة بسلاسل أيام الدم والغربة، كي لا يبتعد عن الماضي العتيق، ولا يقترب كثيراً من الآتي الذي يظل ترنيمة الحنين الطاغية، حيث تساق الحواس والعواطف والشوق، واللهفة مجتمعة كحزمة ضوء ملونة تتدافع نحو اتجاه واحد... إنه الشمال؛ شمال الآلام التي لا تنسى، شمال الذاكرة والقوافل التي تمرّ أمام العينين شريطاً حاداً ومؤلماً يضغط على الأعصاب. إنه الشمال، شمال الدم والذاكرة. لقد ترك الأرمني كل شيء هناك، وحمل كل شيء كذاكرة من هناك. يبدأ بأرمينيا كي ينتهي إليها خالصاً من سواها، رافعاً يديه متضرعاً نحو سمائها البعيدة، شيئاً فشيئاً تكتمل الصورة في أدبنا، وتتمظهر تساوقاً وتلك الترنيمة الحزينة، إذ لا يبدو من الآخر الأرمني سوى حنينيته ساطعاً وملوناً كقوس قزح منشَدّاً نحو آفاق من الأحلام والصور العتيقة.

التداعي والاستذكار:

حنينية أرمنية

النصوص المختارة:

1- الضاحك الباكي (ثروت)- رواية فكري أباظة.

2- في سبيل الحرية- رواية عبد الرحمن فهمي.

3- أوراق الليل والياسمين- رواية فيصل خرتش.

4- مدن الملح (التيه)- رواية عبد الرحمن منيف.

5- قرب البحر - قصة قصيرة، حسن حميد.

6- ذلك الصديق- قصة قصيرة، دياب عيد.

7- رسالة إلى آزو- قصة قصيرة، محسن يوسف.

8- أرتين- قصة قصيرة، عبد الرحمن سيدو.

9- العرس الأرمني - قصة قصيرة، فواز مزيك.

10- الهدس- رواية إبراهيم الخليل.

11- كوهار - الصهريج- قصص قصيرة، إبراهيم الخليل.

تبدو الحنينية في النصوص التي قمنا بانتخابها شاهداً على الوجع الذي لازم الآخر الأرمني وأيقظ فيه تداعيات لها مذاقها المتميز، حيث تتتالى السردية بحكاياتها ضمن تدفق لا يعرف الحدود، ولا الحواجز، مشاهد لذاكرة

تستحيل كلما تباعدت عن موضوعها وتناءت إلى لعنة تستعمر سياق الحياة وتغدو الشغل الشاغل للأرمني وصورته.

في رواية «الضاحك الباكي»[1] تتلاطم الوقائع في حيوات شخصية «ثروت ماجنسيتي» ويستيقظ في روحها ضجيج الذاكرة والانتماء حين تستقبل الأستاذ شكري في غرفتها في «البنسيون رقم 19». وبعد أن تبدأ نسائم العشق والحب بينهما تجهش «ماجنسيتي» بالبكاء حينما يخالجها إحساس التودّد نحو شكري، وشعورها بأنه لا بدّ أن يعرف عنها شيئاً قبل إقدامه على مبادلتها العواطف والأحاسيس، فتندفع وهي متوترة وقلقة لتتساءل بمفردها وتجيب على أسئلتها في الآن ذاته. لننظر: «ما اسمي؟ ثروت. كذب!... ماجنسيتي؟ مصرية... كذب. وتقفز الفتاة من سريرها، وتتجه نحو الدولاب فتُخرج ملفاً فيه أوراق. ثم تعود إلى سريرها وتخرج صوراً فوتوغرافية تحدّق فيها، ثم تعرضها عليه: وهذه صورة أبي وهذه صورة أمي... وهذه صورة أخوتي... وهذه صورة منزلنا في أرمينيا... ويصيح شكري بدهشة قائلاً: أرمينيا؟ فتضحك ضحكة عنيفة وتقول: نعم أرمينيا»[2].

لا بدّ أن يتمظهر الحنين هنا بصورة جلية. وبتقديرنا لم يأت تمظهره هنا من فراغ، أو أنه مجرّد تعريف بأهل ثروت ومنبتها، وإنما جاء وتمظهر متساوقاً مع أحداث الرواية ليأخذ شكلاً صريحاً في الإبانة، حيث تتجلى حنينية «ماجنسيتي» واستذكارها المتكرر في الرحلة التي تقوم بها إلى عزبة شكري، التي تقضي فيها أياماً معدودات تشعر خلالها بانسجام تام يدفعها لحظة مغادرة العزبة: «إلى البكاء الأمرّ. وكانت ساعة السفر ساعة النواح، وقد تظاهر نساء القرية يودّعنها بالدموع وبالدعوات الطيبات! وفي القطار همس شكري في أذنها: أسعيدة أنت؟ لدرجة الخوف، دعني أشكرك. ثم أخذت تقبل يديه من شدة السرور وتقاطرت من عينيها بعض الدموع!»[3].

(1)   الضاحك الباكي ثروت، رواية فكري أباظة.

(2)   الضاحك الباكي، ص 27

(3)   المصدر السابق، ص 43

لقد كان للرحلة وقعها وخصوصيتها عند «ثروت- ماجنسيتي» إذ لم يكن الريف والعزبة عندها مجرّد فسحة وتنزه واستجمام، بل كان له تعبيراته الأخرى في رسم صورتها الأرمنية. فقد تبدى أنه الدافع الأساسي الذي تولجها، واستطاع إيقاظ حالة الاستذكار، والحنين لماضيها الذي كان مقارباً لما شاهدته وعاشته لحظات تمتع وسعادة. لننظر: «هل بعث الريف من ماضيها شخصية الفتاة الصغيرة الكريمة النقية العاشقة، فودَّت أن تعود سيرتها الأولى، ووجدت نفسها كريمة (ج. ابيكان)».[4] أمّا رواية «في سبيل الحرية»[5] فذهبت إلى إبانة تمفصل آخر يرسم هيبة الحنين وتجلياته المتناثرة. إذ نجد أن حالة الثأر ودافع تحرير أرمينيا كانا سياقاً شفيفاً يرسم صورة الوطن. لننظر: «لا تقل إنك تخلّيت عن قضية وطننا... لا تقل إنك نسيت أرمينيا... إنك تعيش من أجلها لا من أجلي».[6]

بتقديرنا أن «نورهان- صوفيا» كانت القيمة الأهم في الرواية كشخصية سردية من خلال نظرتها إلى الوطن، وأشكال التعبير عن الحنين له. لننظر: «وشردت بخواطرها إلى وطنها الذي لم تره منذ كانت في الثانية من عمرها. إنها تحب وطنها ذلك البعيد وقد وهبت حياتها لتحريره من أقدام الغزاة الجبابرة».[7] لكن السردية لا تخلو في سياقها من المباشرة، والتقريرية الخطابية الصريحة في التعبير، لكنها كانت الأكثر صدقاً في إشادة الهاجس الحنيني الذي لا فكاك منه عبر تجلياته التي تشير إلى الوطن دون غيره والذي بقي أيضاً في الذاكرة صوراً براقة ولامعة لا تغيب، تماماً كما وجدناه في سردية «أوراق الليل والياسمين»[8] له مقاربته المختلفة، إذ يأخذ شكل الحنين نحو تلك البلاد البعيدة عند شخصية «مكرديج» الذي يهمس في أذن ابنته «آني» لننظر: «عندما كان له بيت، وابنة وزوجة، وكأس عرق كل مساء، كان يقص ويفخر كيف

---

(4)   الضاحك الباكي ص 43

(5)   في سبيل الحرية، رواية عبد الرحمن فهيم.

(6)   المصدر السابق، ص 51

(7)   المصدر السابق، ص 189

(8)   أوراق الليل والياسمين رواية فيصل خرتش.

أن عائلته قد بنت أغلب بيوت البستان، ويعرف تاريخ كل بيت وكل شجرة زرعت فيها».[9]

مكرديج هذا الأرمني المصاب «بشغف الارتباط» وأي ارتباط؟ ارتباطه بالماضي الذي لا يغيب عن ذاكرته، ويلازمه كظله ولا يبرحه. لننظر: «راح يقص تاريخ تلك السنين التي حمل فيها السلاح ليطيح بظلم عبد الحميد. عاش في الجبال خمس سنوات، وعاد بعدها ليبني ويشرب العرق ويحب ابنتيه».[10] هكذا يظل مكرديج مشدوداً إلى ذلك الماضي العتيق، إلى درجة يقارب فيها رؤيته لكل الأمكنة التي تشبه ما كان في البستان أو زيتون، إذ يتجلى مشهد تأمله حينما: «كان ساهماً في فضاء القلعة الضخم ينظر إلى هذه الحجارة القوية المتماسكة الصامتة فيسحب نفساً حزيناً، ويتابع النظر إلى مدخل القلعة الحجري ولم يسمع كلمة واحدة من الذي قاله رأفت أوغلو». [11] والحنينية تظهر في سردية «أوراق الليل» كسلسلة مشاهد واستذكارات، واستحضار للماضي الذي يتوقف في الحلوق كغصّات عصية. ولم تكن القلعة بالنسبة لمكرديج إلا كابوساً يجثم على صدره، لأنها تدفعه إلى عودات مؤلمة تأخذه نحو البعيد والمغرق في الترامي. إنها تشبه تلك القلعة التي كانت في «زيتون». يتذكرها كما تتذكرها «مارو» التي: «لمّا رأت القلعة قالت في واحد كمان زيتون...».[12]

وبتقديرنا أن مارو ومكرديج تناوبا هواجس الحنينية بأشكالها المختلفة، وذلك بغية تأثيث صورة الآخر الأرمني كما أرادها فيصل خرتش؛ سردية مشدودة إلى الماضي تنهل منه ذاكرتها واستحضاراتها تداعيات متعددة ومتنوعة، حيث نلحظ أيضاً أن مارو تسرح متأملة صخب السوق التي كان الشيخ حمدان الناصري يشتري منه بعض حوائجه لتستحضر على الفور ماضي

(9)   المصدر السابق، ص 144
(10)   المصدر السابق، ص 144
(11)   المصدر السابق، ص 166
(12)   المصدر السابق، ص 176

أسواق «زيتون» وازدحامها، وكيف كانت تذهب لتشتري ما تحتاجه. لننظر: «وسرحت مارو بعيداً. تذكرت السوق في «زيتون»، وكيف كانت تذهب كل صباح، وهي تحمل حقيبة الخضار الكبيرة تشتري حاجياتها».[13] إنها العقدة الوثقى بالمفتقد إلى درجة يستحيل الماضي هاجساً لا مندوحة عنه. كذلك هي سردية «مدن الملح (التيه)»[14] تتمظهر مضمَّخة بدماء الحنين التي تسري في عروق آكوب. لننظر: «آكوب الذي جاءت به جدته بعد أن فقد أباه وأمه وأكثر أفراد عائلته في تلك المذابح».[15] ليتمظهر بعد هذا العمر الطويل لآكوب مشاهد من الحنينية المختلفة والفارقة، إذ نلمس تناوب الإحساس الدافق منها معلنة الصمت، والصخب في الآن ذاته، راية العودة إلى أرمينيا عند آكوب ملونة لافتة، تنهل من حكاية الشوق للحبيبة. وأي حبيبة؟ إنها تلك البلاد البعيدة وهاجس لقياها كان الوجه الآخر لآكوب. لننظر: «كان آكوب يتوقـع أنه خلال سنة واحـدة، إذ استمر العمل كما هـو الآن (وبعد أن يبيع «القرقيعة» ويضيف ثمنها إلى ما جمعه)، أن يشتري سيارة أخرى؛ سيارة أحدث. ولن تمرّ بعد ذلك سنة واحدة- وعلى أبعد تقدير سنتان- إلا ويقول لحرّان وللخطّ: كولا كولا، ويقفل عائـداً أولاً إلى حلب، ثم بعـد ذلك إلى أرمينـيا. هكـذا كـان يفكر ويحـلم ويخطط».[16]

لم يكن لون التعبير عن الحنينية واحداً عند آكوب، بل كان متعدداً، حيث اللون الآخر للحنين آكوب. لننظر: «هذا الكهل المتين الذي لا يمكن لإنسان أن يحزر عمره؛ الصامت أغلب الوقت، إلا عندما تنتابه لعنة الغناء يستخرج صوته من منخريه، ولا يعرف ما إذا كان غناؤه تعبيراً عن فرح أم حزن، ولا يميز في هذه الغناء سوى كلمة واحدة تتردد باستمرار: آمان... آمان».[17] ذلك ما يجعلنا نتلمس أبعاد هاجس العودة عند آكوب عن كثب، ونعاين

(13)   المصدر السابق، ص 176 - 177
(14)   مدن الملح التيه، رواية عبد الرحمن منيف.
(15)   مدن الملح التيه، ص 450
(16)   المصدر السابق، ص 451
(17)   المصدر السابق، ص 435

الشكل الآخر لحنيته نحو وطنه (أرمينيا)، إذ تتكالب المشاهد والصور لتروي قصة ذلك الحنين، في أشد لحظات النشوة والسعادة تماسكاً، وتماهياً يظهر الصفاء منه، بمذاقه العذب ورائحته العبقة. لننظر: «قال ذات مرة في إحدى لحظات النشوة والتحدي، إنه جاء من أجمل مكان في الدنيا وأنه لا بدّ أن يعود إليه في يوم من الأيام». [18]

هكذا يبقى آكوب مُعلِّقاً أحلامه وأوهامه، كحقيقة يتماهى ويشعر بها ويحسّها، على أمل العودة إلى تلك البلاد التي غادرها صغيراً بعد أن فقد كل شيء. لكنه لا يبرح العودة إليها كلما استيقظت في باله. لننظر: «سيرجع خلال فترة قريبة، سنتين أو ثلاث سنوات، إلى حلب. وبعد أن يتزوج، سيذهب هو وزوجته إلى تلك البحيرة وسيعيشان هناك، لأنه يريد لأولاده كلهم أن يولدوا على تلك الأرض. أما إذا تقدم به العمر فسوف يتفرغ لنظم الشعر». [19] ونجد هنا أن تساوق حكاية العودة، ولهفة الحنين فيها عند آكوب، مع مجريات وقائع السياق الروائي لسردية «التيه» حيث يتمظهر طقس جديد في إطار الحنينية الأرمنية عند الآخر، وصورة حضوره. وقد جعل عبد الرحمن منيف من تجليات آكوب صرحاً أقوامياً يحيط بشخصية الآخر، ومراثيه، فيحدث أن تنهض صورة تزاوج ما بين الحنين للمفتقد، وأبعاد بنية ذلك المفتقد الذي يتحول إلى صورة حبل سري يربط بين آكوب والبلاد التي غادرها دون أن يكون لديه الإدراك التام لصورة معالمها. أحبّ أرمينيا بإحساسه وحدسه، تشوفها عن بعد، وابتعد عنها بدافع قوة قاهرة مارست طقس الإبعاد والتشريد والاقصاء، لكنه بقي مصراً على أن يعود، ويتروج هناك وإن تقدمت به السن فلا بد أنه سيتحول إلى شاعر يقرض الشعر حباً وهياماً بأرمينيا. ولأن إيمانه مطلق بها سيتذكرها ما دام على قيد الحياة.

في قصة «قرب البحر» [20] نصِت إلى أغنية أخرى مختلفة تماماً عما هي عليه

(18)   المصدر السابق، ص 436
(19)   المصدر السابق، ص 450
(20)   رحيل اللقالق قرب البحر، قصة حسن حميد- ص 5

أغنية آكوب في سردية «التيه»، حيث التمظهرات السردية في «قرب البحر» نمَّت عن أفق مباشر في تداول الحنينية واستظهارها، إذ توالت هيبة الاستذكار عند أرتين في القصة عبر الجزء الآخر منه أي شخصية «بشتاوي». لننظر: «كنت وأرتين- وبعد أن ننتهي من عملنا في كراج المخيم- نرتاح قليلاً، ثم تذهب إلى البحر... نأكل ونشرب معاً... مقابلة. وحين أسهو عنه يشرع في الغناء، يغني للبحر أغانيه الحزينة، يشكو له ويتألم، ويسأله عن أهله وعن الجبال والأودية، والغدران».[21] وقد كان لطعم التساؤل مرارته في مذاق سردية أرتين كما أن تجليّاته أمام البحر، تعدُّ مشهداً يتوازن وهيبة الحنين إلى البلاد البعيدة، إذ يتطاول المدى أمامه حتى يقترب من السماء، من دون أن يلمسها. ويستحيل حلم القبض على أرمينيا عند أرتين لغة محطمة، تنال منها الغربة، والتشرد، والإحساس بالانكسار، فتبدو صورة الأرمني حالة من الألم الذي لا يغيب، إذ يتحول الغناء أمام البحر إلى آلية يستحضر عبرها الغائبين من البلاد البعيدة. على سبيل المثال، تتوالى في سردية «ذلك الصديق»[22] الحنينية بشكلها المقارب لِما هي عليه الصورة في «قرب البحر»، حيث تتقد الذاكرة، ويشرع حينها سركيس بفتح صدره أمام دياب عيد، معلناً عن عشقه وحنينه واشتياقه الملهوف نحو يريفان. لننظر: «انقضت عدة مشاوير قبل أن يفتح سركيس نفسه أمامي... كان صديقي يحب... ويكابد العشق... يحب يريفان التي يسمعها ويقرأ عنها... ويحب أيضاً فرجيني. من فرجيني يا سركيس؟ إنها ابنة عمي ناظار... وأتذكر... ليس بين أرمن البلدة ناظار... وليس بين الفتيات فرجيني... يمدّ يده إلى جزدان جلدي متعدد الجيوب ويخرج صورة فتاة... فتاة تضج بالصحة، بجديلة كثيفة تنحدر إلى الكتف وابتسامة أنيسة... تلتمع عيناه ويقول: إنها تنتظرني في يريفان».[23]

لم يكن من بدّ إلا حضور التواصل، وذلك لكي يتحقق شرط الحنينية

(21)   المصدر السابق، ص 7
(22)   رحيل اللقالق ذلك الصديق، دياب عيد- ص 19
(23)   المصدر السابق، ص 23

الدافئ في قصة «ذلك الصديق»، على الرغم من تلاشي وغياب الكثير من تقنيات الجملة القصصية وآلية التعبير. لكن بقيت حنينية سركيس متمظهرة وبائنة بلونها وسياقها؛ تحضر في الذاكرة لتروي مشهد اللهفة والحنين إلى تلك البلاد البعيدة.

أما رسالة محسن يوسف في سرديته «إلى أزو»[24] فإنها الشكل الآخر للتعبير عن حنينية الأرمني وتجلي صورته في العودة إلى الوطن. حينما تُسأل «آزو» عن موعد رحيلها إلى أرمينيا، تنتفض قائلة: «أرمينيا ليست بعيدة. ومن قال إني سأنسى عمري في بلاد ولدت ونشأت فيها؟».[25] إنها الذاكرة التي لا تموت، ولا تتلاشى. فالآخر الأرمني متيقظ لصورة العودة والتعبير عنها تجاه بلاده. إنه الشريط السري الذي لا يرى معالمه واتجاهاته سوى الأرمني الذي أثقلت كاهله سنوات الانتظار، ولهفة الحنين والشوق، إلى درجة يصعب تحملها.

لكن «أرتين»[26] في قصته مُفارق ومختلف في مقاربة «آزو»، إلا في الرغبة. ربما يتميز الحنين عند الآخر الأرمني في مسألتين: الصمت أولاهما، وبكاء الرجال ثانيهما. وقد كان أرتين حنينياً، يداهمه البكاء لحظة تتقد الذاكرة وتحلق صوب تلك البلاد البعيدة التي تحرس الطريق إليها الحواجز، والألغام، والجندرمة، وتفاصيل ونقاط الحدود، لكن الذاكرة والحنينية لا تعرفان حدوداً، ولا تستوقفهما حواجز. فالذاكرة وما تحمله هي المطلق الذي لا معالم له ولا حدود. كما أن السرّ في الحنينية هي في الأشياء المخبأة التي تتلاطم في ظلالها كي تعبّر عن سرها المقدس. لننظر: «ولا تشعر بدموعك المنحدرة من ينابيع عينيك... وإذ تعبر بنا القرى القريبة، تبدأ حكايتك الجميلة عن قرية آرارات، كان لكم فيها مدرسة، كـان لكم فيها معلمة جميلة اسمها (مـارال)، طـويلة سمراء البشرة، لها عينان ذبّاحتان، وشفتان ثريتان. كانت تعلمكم

---

(24) المصدر السابق، ص 31
(25) المصدر السابق، ص 35
(26) رحيل اللقالق أرتين، ص 35

بالأرمنية، وتمرنكم على السلم الموسيقي». [27]

هكذا كان أرتين في سياقات سرديته التي رسمت صورته الأرمنية، كان عطوفاً وحنينياً جداً وبلا حدود، مشدوداً كقوس إلى هدف وحيد هو «الوطن»، كأنه سهم رشيق صوّبه في سياق الغربة والتشرد والضياع نحو أرمينيا. ظلّ أرتين يهيم على الطرقات والمفارق، سلاحه الذاكرة ونظرات «مارال» وسلّمها الموسيقي، تضبط إيقاع خطواته نحو تلك البلاد. وكذلك هي مارال في قصة «العرس الأرمني». [28] ذلك العرس الذي لم يكتمل. لقد تحوّل في سياق القصة إلى مشهدٍ من الرصاص والدم. تهرب العروس مارال بعد أن يقتل حبيبها «آرمين»، وتحاول عبور النهر هرباً من الموت. لكنها تستيقظ، بعد عبورها، في بلادٍ أخرى غير أرمينيا، وبين أناس غير الذين كانوا يرقصون في عرسها. لننظر: «وفي الأيام التالية استعادت مارال شيئاً من قوتها وبدأت جروحها بالالتئام». [29] لكن عيناها بقيتا شاخصتين صوب تلك البلاد التي أتت منها. تجلس عند النهر، تلتهمها الذكريات، ويلتهمها الحنين القاتل إلى درجة الجنون الذي يتمكن منها، ويتحول إلى مفاعيل في لحظات صمتها وتأملها. لننظر: «فكانت تجلس ساعات طويلة على ضفة النهر بلا حراك، تنظر إلى نقطة واحدة لا تتغير إلى المكان الذي أتت منه... وعزفت عن الطعام والكلام». [30] لكنها لم تعزف أبداً عن الحنين وسياقه الذي غدت ترتهن إليه، مسحورة بالتأمل واشتغال الذاكرة.

أما سردية «الهدس» [31] فخطابها الروائي لا بدّ مختلف، تتمظهر فيه الحنينية ولا تنفكّ عن تفعيل صورة الآخر الأرمني، وتقليبه على جمار الذاكرة المتقدة دون رحمة ولا هوادة، عبر «سمفونية» يتبادل الأدوار في عزف حنينيها «ساكو»

(27) المصدر السابق، ص 42
(28) المصدر السابق، ص 147
(29) المصدر السابق، ص 151
(30) المصدر السابق، ص 151
(31) الهدس، رواية إبراهيم الخليل.

و«أرو». ذلك الثنائي الذي يرسم مشهد الحنين، بأشكاله المتميزة والمختلفة. يتسللان خفية إلى سياق الترنيمة الأبدية لحب الوطن ولغة استحضاره. لننظر: «وتتلمس وجهك الأرمني ورأسك الأرمني، فكل الآرارات لن تكفي لتبرد قلبك الظامئ وترد إليك رقراق الهدوء الآسي. لن تكفي كل أكاليل الشوك للرؤوس التي جزها الجزار في البراري والمدن، ورفعها على العصي. لن تكفي كل زهور أرمينيا للقبور الجماعية في رأس العين، ومرقدة، والسبخة، وتل العبود، وحزيمة، وبير الدناي، وشطوط الفرات والبليخ، وتل أبيض. (لماذا يا الله هذا). إنك تبدأ يا ساكو تبكي... تبكي يا ساكو (آني وديكران) وتكفيك عيناك وقلبك القوي، فكيف لو أردت أن تبكي أرمينيا؟ كل بحار العالم لن تكفيك. لن تكفي الجثث المشوهة والأرجل الحافية. لماذا يا الله هذا... هل أنت معنا أم مع الجزارين». (32)

لم تكن شخصية ساكو في رواية «الهدس» شخصية ذات أبعاد درامية وحسب، وإنما أراد لها الخليل أن تكون حمّالة لقضيتها القومية برمتها. وأن تكون أيضاً شاهداً لمأساة أمة، وتعبيراً صارخاً عن غربتها وتشردها. وقد استحالت شخصية ساكو، بتفاصيل نسقها الحنيني، إلى صور تتوضع ألوانها في العيون والقلب والأطراف. وذلك لترسم حكاية الذاكرة والوله بالأمكنة والهضاب، وشريط القوافل والدماء. لكن ساكو في حنينه يخفي رغبة أخرى، ربما تكون سرّاً مقدساً يحتفظ بفحواه لنفسه، ولا يريد إفشاء سرّ القلب إلا للقلب، مستظلاً سماوات بلاده البعيدة، وهو يجهر بحنينه اليها. لننظر: «وهو يريد أن يشرب إلى جوار نبض الأرض القريبة. هذا النبض الذي يفهمه جيداً ويقدره حقّ قدره. فهذه الأرض لها قلب حي ونابض. قلبٌ أرمني لا يموت ولا يتبدل، ولا يعطي مفاتيحه إلا لكلمة السرّ السحرية: أرمينيا». (33)

لذا رغبنا في رؤية ساكو من هذا الجانب الخفي والمتواري، والمرتبط بتقصي

(32)   المصدر السابق، ص 67
(33)   المصدر السابق، ص 237

آلية سلوكه. إذ أن البائن من سرّه المقدس لم يكن سوى إشارات تشير إلى رغبته وتصريحه الدائمين في الاقتراب من تلك الأرض التي لها نبضها الخاص، وطعمها الخاص، ورائحتها الخاصة. لننظر: «سلّم ساكو ومضى وراء حماره والشمس لم تطلع بعد. كان يستمع إلى خطواته ويشمّ رائحة الليل، ونبض الأرض، وكانت الأرض تنبض والحدود تقترب، تفتح ذراعيها امرأة أرمنية، تفرّ من شعرها الأرانب والطيور والثعالب، ويسيل من نهديها النبيذ والخوخ، وتزّين بالنجوم والزهور البرية. تبزغ الوجوه القديمة، وصور الأسواق والبيوت وأجراس الكنائس. يدفع حماره مسلوباً؛ كل الجهات أرمينيا. بعد أمتار يعبر الحدود ثملاً نشوان ويلمع ضوء، ويصحو خوشناف على صوت يعرفه جيداً ويخافه كل من يسكن أو يعبر الحدود. صوت انفجار لغم. ساكو هذا الأرمني المجنون ماذا فعل».[34] هكذا يتساوق الحنين والتضحية؛ شفيفان يرقيان بساكو الطيّب إلى الآفاق الأخرى كي يغني أغنيته السريّة حيث كان لشكل الحنين والارتحال صوب الأرض الأرمنية هواجس يلتف حولها خيار وحيد له حضور القداسة وهيبتها، وله أيضاً آفاقه المُخَلِّقة لخياره الصعب. لم يكن له بدّ إلا أن يتصدى لقسوة خياره الصعب بجسده النحيل ورأسه الاشيب، وليستحيل بعدئذٍ ذلك الحنين إلى (طوطم) تقدم له القرابين والأضاحي، وتساق إليه المشاعر والكلمات تحت وطأة عصاً ثقيلة تقرع الرؤوس لتوقظ فيها الحنينية كلما خبت مشاهد المأساة في الذاكرة، وكلما حاول اليأس والوهم أن يرفأ جراح الأمس التي لن تلتئم. كان ساكو أول الراقصين فوق الألغام، شوقاً لنبض الأرض ووشم الحنين إلى بقاعها النابضة. كذلك هو آرو. فثمة تناغم في التعبير عن الحنينية بين ساكو وأرو. ثنائية أرمنية خالصة؛ يعبران الدروب إلى الحنين والشوق نحو تلك البلاد كلٌّ بطريقته. فإذا كان ساكو قد اختار التضحية والقربان، فإن آرو ظلّ رهين حنينية متأملة وكامنة، وكأنها ترى أن للحنين أشكاله الأخرى والمختلفة أيضاً. لننظر: «ومرّت بباله

<hr>

(34) المصدر السابق، ص 245

105

الوديان والمرتفعات، والأطفال الذين يلوون رقابهم الغضة في الهاجرة عطشاً، وجوعاً ويغمضون أعينهم مستسلمين للموت كوردة اليقطين، والفتيات اللواتي اعتدى على عفافهن الحرس واللصوص والمهووسون، والتصفيات التي جرت على ضفاف الأنهار وعراء البوادي، والرؤوس التي رُفعت على الحراب في مداخل المدن».[35]

ما انفكّ آرو يُقلِّب الحنينية على أوجهها المتقاطعة، لكن ذاكرة الدم والغربة كانت ترسم الحدود بينه وبين الهناءة، حيث يجتاحه القلق والغصّة. إنه آرو، ذلك المستباح أمام مشهدي الذاكرة والحنينية التي تحوّله إلى مجنون يلهث خلفها ولا يصلها. لننظر: «على كتف الشاطئ تمدّد آرو. راقب الرمل والماء والشجر والسفن القليلة وسلسلة الجبال البعيدة.

يا الله كل عظيم بعيد.

والمُهجَرين القادمين عن طريق حلب ينعقدون على الضفة الأخرى».[36]

لم يكن من ملاذ لآرو سوى ساكو الطيّب. فقد هربا من الحرس بعيداً صوب القرى النائية سوية، وتآزرا معاً، وتعاهدا عهداً سرياً أن لا فكاك لكل منهما عن الآخر. لننظر: «مرحباً. جاء الصوت بالأرمنية. فرفح القلب، وحين رفع نظره، رأى شبحاً طويلاً ينحني ويجلس إلى جانبه. ردّ: هلا. وران صمت. إكليل من الشوك على الإثنين، لا يخدشه سوى الماء، وموكب الطبيعة المهيب، وحركة السلاحف والأسماك. ثم اندفع الاثنان في حديث طويل لا يزال يذكره آرو بكثير من المودة والتعاطف كلما رأى ساكو».[37] هكذا يظلّ آرو الوجه المتأمل للحنينية، إذ لم يبحث عن (أني وديكران)، كما كان ساكو، بل بقي أسيراً لسنين العمر التي انقضت، ودبيب الحركة الذي تلاشى في جسده. لكنه بقي مشدوداً على الدوام «بحبل السرّ» الذي يبدأ منه وينتهي في تلك

(35) المصدر السابق، ص 167

(36) المصدر السابق، ص 167

(37) المصدر السابق، ص 167

البلاد البعيدة. وذلك ما وجدناه أيضاً في قصة «كوهار أو الطريق إلى أورفة».(38) فقد ثابر الروائي الخليل على سياقه الحنيني بنصوع وشفافية، تبدت فيها حرفيته السردية العالية في تقمص الإحساس الخفي لمشهد الحنين عند الآخر الأرمني وصورته.

وبتقديرنا فإن «كوهار» من القصص الجميلة التي تحفل بها عوالم إبراهيم الخليل القصصية، حيث لم تكن مرثية حنينية وحسب، وإنما كانت منصة بارعة لتأثيث أبعاد صورة الأرمني وملامحها، وفق آلية اشتغل عليها الخليل بصورة مختلفة عما كانت عليه سردية الحنينية في رواية «الهدس». إذ تبدأ الحنينية في قصة «كوهار» بالأصوات الخفية، والغامضة التي ترنُ في مسامع «هدلة بنت ناصر كوهار»، وكأنها نسائم ناعمة تلامس القلب لتستيقظ الحواس، وتستشعر ما حولها. كما تداهمها الذاكرة البعيدة، منصاعة إلى طغيان من التداعي. لننظر: «مأخوذة بشيء كالسحر. يعاودها في أوقات متباعدة، فتنقاد له وكأنها نُوِّمت تنويماً مغناطيسياً فيشرق في البال. كان ثمة بيت على تلة في مدينة نأت. بيت واسع بسقوف مائلة من القرميد الأحمر المغسول بالمطر وشعاع الشمس ورائحة النارنج والكباد، له باحة واسعة خضراء، تتعربش جدرانه عرائش الياسمين والعسل والنسرين، وله ممرّ طويل ومدخلان ونوافذ تدخلها أصوات العصافير والأضواء. كان ثمة أسرة سعيدة. امرأة ورجل وطفلان. صبي وفتاة تنام في سرير من الخشب الثمين، بأبهة ملكية تستمع لترنيمات آسرة قبل أن يأخذ النوم بمعاقد أجفانها».(39)

هكذا يستمر سياق الحنين في «كوهار»، لذيذاً بمرارته، ومراً بحلاوته. لكن لعنة الأصوات الخفية والغامضة التي تزورها بين الفينة والأخرى تظلّ تطرق أبواب النسيان والاندماج والتواشج مع من حولها لتتولجها ألماً يضغط على الأعصاب. ولترتهن حينئذٍ إلى تأمل ترى من خلاله: «حالة لم تألفها من قبل

(38) كوهار أو الطريق إلى أورفه، قصة قصيرة- إبراهيم الخليل، ص 191 من هذا الكتاب.
(39) المصدر السابق، ص 192 - 193

ولم تفهم أسبابها. لغة غير اللغة التي تحكيها. مفردات غامضة، وأسماء تدوّم كأجنحة الفراش، ملونة وزاهية وخادعة. تابعت سيرها وهي تنوء وتئن تحت أحمال لا تطاق. هذا القلب إلى متى يحتمل؟ وهذه العيون إلى متى ترى ويظل فيها النـور؟ هـذه اللغة الغـامضة متى يفهمها اللسـان وينكرها القلب؟».[40]

إنه الحنين بلغاته العديدة، فهو في سردية «كوهار» حَمَّال أوجه. كل وجه فيه يضفي على السردية طعماً وألواناً مختلفة. كما هو الحال أيضاً في قصة «الصهريج»[41] حيث اللغة الحنينية لوجه من تلك الأوجه المتعددة، تهيمن عليها وتطغى ذاكرة التداعي المتقدة، إذ تستأثر الحكاية فيها سياقات من الماضي الذي تبقى مشدودة إليه كل أحاسيس الآخر الأرمني وتنعقد بأوصاله المبعثرة كذلك كل الصور، والمشاهد المروّعة. وقتئذٍ يتحول الآخر الأرمني في سردية «الصهريج» إلى رحّالة يروي حكاية ترحاله الذي لا ينتهي.

يظهر أرتين في القصة سائق الصهريج الذي تتقاذفه المحطات في كل الأنحاء والأصقاع. لننظر: «وأنت في صهريجك المجنون بين الجزيرة والفراتين وحلب، لا تعرف معنى الراحة، والهدوء».[42] لكن ذلك الترحال ظلّ يعبق برائحة الحنين الطاغي على كل نأمة في سلوك أرتين حين يخالجه حضور «موش» وبساطها السحري، تتفاعل في الذاكرة حتى تغدو حلماً يلملم ما تبقى من عمر أرتين، ويجعل منه قاهراً أمام الأسئلة الصعبة حين يسأله صاحب المحطة: «هل أغضبتك أمّ هاروت مرة أخرى بطلب الهجرة إلى بيروت أو كندا؟ لا. أبداً. لن أترك حلب إلا إلى القبر أو إلى بيت جدي في موش. هذا أمر لا يقبل الجدل أبداً وهي تعرف ذلك».[43] إذاً، لا خيار عند أرتين. لننظر أيضاً: «يسمع النداء بكل اللغات، ويظلّ أرتين والصهريج ومحطات الوقود والهواجس، التي لا يعرف من أين جاءت اليوم؟ وكيف جاءت؟ ولمَ جاءت؟

---

(40)   المصدر السابق، ص 195
(41)   رحيل اللقالق، ص 417
(42)   رحيل اللقالق الصهريج، ص 51
(43)   المصدر السابق، ص 49 - 50

هل هو الحلم؟ أم؟ يا للخواء». ⁽⁴⁴⁾

كذلك الأمر، يتبدى هنا السياق الحنيني في سردية «الصهريج»، ليأخذ بعداً آخر من أبعاده المتعددة عبر شخصيتي أمّ عواد وولدها عواد، اللذين ينقلهما أرتين إلى مضاربهم. إذ تبدو حكاية تلك العجوز نسق حنيني نافر ومستوقف؛ تتجلى الحنينية فيه عندما يتصاعد من العجوز صوت «ما... يـ... ر. يك» ⁽⁴⁵⁾ ليبدأ اللغز، وتضطرب عندئذٍ أعصاب أرتين وذهنه. ومايريك تعني بالأرمنية أمّ، أو ميمتي. تختلط لحظتها الجهات وتتناثر في كل صوب ونحو، ويتلفت أرتين ملهوفاً ومذهولا بين المصدق والمكذب. لننظر: «والتفت إلى جانبه. كان الشاب يدخن، والمرأة تنام كطفلة بريئة في أمان، وقد أحاطت كتفيها الهزيلتين بشال من الصوف. رسومه وألوانه رآها في ليلة ما». ⁽⁴⁶⁾ لكن السياق في السردية لا يتوقف، بل تنتشر الحنينية أزهاراً ملونة في ذاكرة أرتين حتى اللحظة التي يحتجز فيها عواد أرتين، بعد أن يكتشف أن أمه العجوز قد ماتت وهم في الطريق إلى مضاربهم. وبعد انتهاء مراسم دفن العجوز، يسارع عواد إلى حل لغز احتجازه لأرتين. لننظر: «والدتي يا معلم أرمنية، جاءت مع السوقيات، عاشت بيننا وتزوجها الوالد وكبرت. ويوم مرضت كانت رغبتها الأخيرة أن آتي لها برجل من ملتها لكي يصلي ويطلب لروحها الخلاص، وإلا كان حليبها حراماً عليّ. وقد أرسلك الله نجدة لي ورحمة لروحها. فصلِّ لروحها. وانسحب بعيداً بينها وقف أرتين لأول مرة ليقوم بدور الكاهن وقد امتلأ بمشاعر متضاربة، بين الحزن والإجلال... وبدأ يصلي في العراء وقد سكن كل شيء...وفي خياله تتماوج ألوان البساط ورائحة قارص والأهل وصبايا نايبري الحزينات هذه المرة». ⁽⁴⁷⁾

هكذا ترسم حكاية العجوز الأرمنية مشهداً مختلفاً للحنين، إذ يستيقظ

(44) المصدر السابق، ص 63
(45) المصدر السابق، ص 64
(46) رحيل اللقالق الصهريج، ص 62 - 63
(47) المصدر السابق، ص 68

الحنين لتتساوى وتتناظر حكاية الولادة والطفولة من جهة، ومن جهة أخرى لحظة حضور الكهولة وكبر السن والموت. إنها لحظة قصصية تجاذبتها خبرة الخليل في «التقمص الأقوامي»، ليحتل من خلال سرديتها موقعاً متميزاً أثث عبره لمعايير الحنينية اللافتة. كما أنها عودة صارخة نحو البلاد البعيدة؛ نحو الشمال الذي أتت منه كوهار ودفنت عند موتها بمحاذاته. فقد كان للوصية التي تركتها آثارها ومراثيها التي أصبحت عَودٌ على بدء وإلغاء قاهر غابت فيه سنين العمر التي قضتها العجوز الأرمنية لتحقق عبره حنينية صافية تبدأ من الشمال، جهة مَقدمها وتنتهي بطقس من صلواته التي ظلت رغبتها والتي كذلك أخذت شكل الوصية التي لا بدّ لعواد من تحقيقها. إضافة إلى الكلمة الأخيرة التي نطقت بها بمفردها لحظة خروج روحها (مايريك) مناجاة لأمها البعيدة التي طال انتظارها دون جدوى. كل ذلك يلقى في عوالم إبراهيم الخليل مراتع له ومفاعيل تتكالب كل لحظات القص وسروده على تخليق آثارها اللافتة، ليتبدى الحنين إلى أرمينيا بأشكاله وألوانه متعدداً يشترط الدخول إلى عوالمه وأحاسيسه مفاتيح سرّية لا يعلم مكامنها سوى ذلك الآخر الأرمني الذي تناثرت صورته بهيبة في النصوص حنيناً يلاحق صور التعبير عن ذاته دون فكاك وانعتاق.

2- التداعي والاستذكار

حنينية عربية

النصوص المختارة:

1- موجز تاريخ الباشا الصغير، رواية فيصل خرتش.

2- أوراق الليل والياسمين، رواية فيصل خرتش.

3- رياح الشمال (1917)، رواية نهاد سيريس.

4- بيت - الخلد، رواية وليد اخلاصي.

5- مدن الملح (التيه)، رواية عبد الرحمن منيف.

6- مدارات الشرق (الأشرعة - بنات نعش)، رواية نبيل سليمان.

7- الهدس، رواية/الصهريج، قصة قصيرة- إبراهيم الخليل.

8- قرب البحر، قصة قصيرة- حسن حميد.

9- ذلك الصديق، قصة قصيرة- دياب عيد.

10- أرتين، قصة قصيرة- عبد الرحمن سيدو.

ثمة آلية اشتغلت على محاورها النصوص الأدبية التي اخترناها لهذا المقام، حيث امتدت حكاية «الحنينية العربية» فيها، وتعددت أشكال التعبير السردي عنها، إلا أننا لم نتعرض لكل الفواصل الحنينية، والتضامنية مع الآخر الأرمني، بل جعلنا من أهم الإشارات فيها سياقاً نتفحصه، ونتبين مضامينه وفحواه،

محاولة منا للفت الانتباه نحو أهمها بما يؤدي أغراض التفحص والتقصي النقدي في الآن ذاته.

إن أولى المسائل التي استوقفتنا في هذا الإطار هي تماسك بنية السياق الحنيني تجاه الآخر الأرمني وتباين صورته ومناظيره الإنسانية، وهذا ما جعل منه بتقديرنا، لوحة ذات بعد إنساني تتعدد الجوانب فيها وتتساوق بدءًا من تقاسم الخبز مع ذلك الأرمني، إلى الدفاع عنه وحمايته. وقد دفع هذا بكثير من النصوص إلى صياغة وتوليف تلك المعادلة التي كان الآخر الأرمني فيها مثار اهتمام تناوب في التمظهر والتجلي، مؤثراً إذاعة مأساته كمعادل لجأت أغلب النصوص الأدبية إلى تناوله كمسألة ترتقي في إطار أحداثها ووقائعها إلى قضية إنسانية، لا بدّ من التفاعل معها لاعتبارات كثيرة تخصّ العرب قبل غيرهم.

لقد تناظرت النصوص في التجلي الحنيني، وأغدقت مراثيها على كل فعل وواقعة، عبر سياق يلفه الصدق مرة، والتضامن مرات، دون شرط يستبق ألفة النفس وسلامها الداخلي، وكذلك دون قيد يكبل حالة الشعور بالآخر الأرمني والإحساس بوجعه داخل الواقع والمعيوش الحياتي وما يقابله في السردية الأدبية بكافة أجناسها.

تبدأ حكاية الحنين في «موجز تاريخ الباشا»[1] هيابة لسياقها الحميمي مولعة باستظهار صورة العجوز الأرمنية «أم جميل» من تنائيها وإيغالها السحيق في ذلك البيت المهجور، كي تقيم جسوراً مع الباشا الذي ربته على يديها الناحلتين المعروقتين، وهو (الباشا) الذي لم يقطع حبال المودة بينه وبينها، بالرغم من كل الأسباب التي جعلت منه هارباً وسارقاً وقاتلاً أيضاً. بقيت «أم جميل» الأرمنية ميناءه الآمن. لننظر: «آله أن يترك أم جميل فلم يكتف بهذه الزيارة السريعة. هذه الأم الثانية التي ربته حتى أصبح شاباً أحس بجحود تجاهها ولكن ماذا يفعل»[2]. لكنه ما كان يبخل أبداً في إعطاء الأرمنية العجوز

---

(1) موجز تاريخ الباشا الصغير، رواية فيصل خرتش.

(2) المصدر السابق، ص 19

وهاروت قسماً مما يملك من المال، والباقي الآخر لزوجته وأولاده. بعد عودته من كل غزوة كان يقول: «اليوم سفر، والمال ذهب، بعضه عند الزوجة والباقي لهاروت (والديجين) الأرمنية».[3] ذلك ما يجعلنا ندرك أن المبعث الأساسي للحنينية لدى الباشا تأتي عبر علاقته بالعجوز الأرمنية، وشعوره بأمومة تلك العجوز له، وكذلك لكونها الصورة الأولى لذاكرة طفولته، بعد أن غابت أمه وألقاه أبوه بين أحضانها دون غيرها من النساء، هذا من جهة. أما من الأخرى فإن الحنينية في سردية «موجز الباشا» كانت أحد الجوانب المتعددة لصورة الأرمني في الأدب العربي الذي تعرضت بعض نصوصه لهذه المسألة. لكن يبقى التناغم الحنيني بين الباشا والعجوز الأرمنية تناغماً مختلفاً، تتبدى الكثير من صور التعبير عنه في هيبة مقدسة لم يقاوم سحرها الباشا في يوم من الأيام. بل كان يتماهى بين جنباتها وهو يحمل في أعماقه رغبة ممارسة هذا الطقس الذي يعيد إليه، كما يبدو، الكثير مما افتقده في الماضي، ويشكل له أيضاً الملاذ في رحلة هروبه وتخفيه. لننظر: «صعد الدرجات المؤدية إلى الباحة التي بدون جدران، قالت الأرمنية: من؟ قال: أنا يا أمي. وسمع جنكل الباب يندق، ثم زيق طويلة أرسلها الباب الخشبي. وكانت الأرمنية بوجهه على درجات القبو السفلي تنتظره وقد ربطت شعرها بعصبة بيضاء قوّت ضوء الكاز قليلاً. دخل فأحس ببرودة البيت. لا يوجد لدينا حطب. تركها وصعد باتجاه الكرم ثم عاد ليشعل النار، ويضع كيزان الصنوبر وأعواد أشجار الفستق الحلبي الطرية حيث انبعثت رائحة رطبة مدخنة بيضاء في باحة القصر المهدوم».[4] كذلك هو، ومنذ أن ظهر هاروت في «موجز الباشا»، رفيقه الدائم يتقاسمان كل الانتصارات والهزائم في حروبهما الصغيرة والكبيرة. وفي لحظة من اللحظات، عندما يبدأ الأرمن بالهجرة إلى بيروت وأرمينيا، ينتصب الباشا عندما يقول له هاروت: «الأرمن يعود إلى أرمينيا... عبد الناصر لا يريد الأرمنيين في سورية. قال هو سيهرب إلى البيروت منه إلى الأرمينيا. الباشا قال: لا يا رجل، أنت

(3) موجز تاريخ الباشا الصغير، ص 175

(4) المصدر السابق، ص 84

تبقى هنا تختبؤون عندي أنت وأناهيد والأولاد. سيخبر عبد الناصر أنكم هنا. تلبس عربياً مثلي، لا أحد سيعرفك».[5] لذا كان للحنين مقامه اللافت في «موجر الباشا» عبر ذلك النسق الثلاثي المكين فيما بين ديجين (أم جميل) وهاروت والباشا، حيث الحنين فيه سرّي وغامض، لكن التعبير عنه بائن وحار تتقاذفه المواقف والأحداث.

في سردية «أوراق الليل والياسمين»[6] كانت هي الأخرى وجها آخر لهذا الحنين كما أنها كانت صرخة مختلفة امتد صداها في قيعان العالم الروائي وسردية الأرمني الخالصة، حيث يستمر سياق الحنينية الذي بدأه الباشا في موجزه، متطاولاً ينال من أحداث «الليل والياسمين» حيزاً هاماً عبر شخصية خليل الذي كان يساعد مكرديج في ورشة البناء. لننظر: «فقد عمل خليل عند مرديج منذ صغره، وكما يقولون، فإنه تربى على يده».[7] من هنا نجد أن ظلال سردية الباشا لم تفارق خليل. فمثلما تربى الباشا على يدي «الأرمنية العجوز»، تربى خليل هو الآخر على يدي مكرديج. وتتمظهر من بعد ذلك حنينية خليل في جملة من المواقف، كان أولها عندما يصاب مكرديج في العمل: «فجأة وجد نفسه فوق كومة من الحجارة. والحجارة كانت حادة من تلك التي توضع في أساسات البيوت. وقفز خليل معاونه وحمله إلى الظل أمام البناء المقابل. أسند ظهره إلى الجدار وركض يبحث عن أي شيء. اجتمع بعض الناس حول مكرديج. مسحوا له الدم الذي انسال من أعلى رأسه وسقوه ماء... عاد خليل وحمله وانطلق به إلى البيت».[8]

لقد كانت الإصابة التي تعرض لها مكرديج بداية مفترق جديد في حياته. فقد نصحه أهله أن يقعد عن العمل، وأنه قد آن الأوان لراحته بعد هذا العمر الطويل من الشقاء. وهذا ما جعل خليل، راعياً لشؤون العمل بعد غياب

(5)   المصدر السابق، ص 127

(6)   أوراق الليل والياسمين، رواية فيصل خرتش.

(7)   المصدر السابق، ص 7

(8)   موجز الباشا الصغير، ص 7

مكرديج عنه. لكن مكرديج بعد أن يقرر الرحيل لزيارة أبنته (أني)، يبدأ مشهد الحنينية التي تشكلت ضمن سياقها المرتبط بسلوك مكرديج نحو خليل، مما ترك آثاراً نافرة في العلاقة بينهما.

أما المسألة الثانية فيتجلى فيها طابع «حفظ الغياب» الذي آثر فيصل خرتش دفعه نحو آفاق بائنة أيقظت عند خليل حنينية حارة نحو أسرة مكرديج الذي سافر لزيارة ابنته آني. لننظر: «سمعت مارو النداء فأسرعت تنادي على الحطاب. فتحت باب البيت وندهت له. ساومته على السعر، واشترت منه الحطب. جاء خليل فأعطى ثمن الحطب، ثم جلس أمام باب البيت... مارو أوقدت التنور الذي بجانب الباب وجلست مع خليل تشكو جور الزمان».[9]

هكذا تستحيل الكثير من المواقف إلى معبَّر متقد بحضور الشفافية والآفاق الحارة. لكن الوجه الآخر لحنينية «أوراق الليل والياسمين» يبدو لنا في إطار سياقاته، حنينياً يرتهن إلى الموقف الإنساني تجاه القضية الأرمنية برمتها، حيث يتدافع فيصل خرتش إلى استدراج شخصية (هاشم العطار) التي بدت لنا الوجه الآخر لمذكرات فائز الغصين[10] وذلك بدفعها إلى إشادة النسق الحنيني نحو وجهة أخرى، نتلمس فيها حميمية اشتملت على النقاء والتضامن من جهة. ومن جهة أخرى ظهور تفاصيل جديدة تتعلق فيها تضمنته بشكل الموقف الرسمي من الآخر الأرمني، والذي- كما ذكرنا- مستمد أصلاً من وثائق تاريخية. لننظر: «قال جمال باشا: غداً يكون موضوع الجريدة هذا الموضوع وبالخط العريض، الأرمن يثورون على الدولة في زيتون والبستان. سأل هاشم العطار: وهل حصل ذلك فعلاً؟ أجاب جمال باشا بجملة واحدة: هذا لا يهم... كيف لا يهم؟ قال هاشم العطار، الأرمن لم يفعلوا ذلك، وهذا الكلام خطير ويتوجب عليه أمور خطيرة... أنا على استعداد للذهاب إلى هناك ومتابعة الموضوع على أرض الواقع... جمال باشا قال: ستتابعه

<hr>

(9)   المصدر السابق، ص 20

(10)   المذابح في أرمينيا، فائز الغصين.

وحـدك وابتـداءً من اليـوم. وفعـلاً فقـد جـاء عسكريان وأخـذا هـاشم أفنـدي بثيابه المدنية وطربوشه وربطة عنقه وحذائه اللمع إلى قشلة الشيخ يبرق». (11)

لكن، بالرغم من خروج سياقات هاشم العطار من معطف مذكرات فائز الغصين، تبقى في إطارها الحنيني، توليفاً جديداً وصياغة أخرى استبدلت فيها الأسماء والمواقع. إلا أن ما تعرض له هاشم العطار يعدّ من المواقف النبيلة التي تكاثرت في الرواية جاعلة منها شخصية روائية لموقف حنيني وتضامني يتجاوز حدود الروي بصوت واحد إلى أفق يروي حكاية أصوات كثيرة، انضمت إليه ليغدو بعد ذلك نموذج لشريحة آلمتها وأوجعتها الأحداث، ووقفت إلى جانب هذا الآخر الأرمني بحميمية يلفها الحنين والتضامن، والحماية أيضاً.

لقد كانت نتائج الموقف الذي اتخذه هاشم العطار من الحكومة التركية، عبر متابعته لأحداث المذابح الأرمنية ومشاهدها الفظيعة ورحلة التدوين التي سعى إليها، صادمة ومؤلمة. لننظر: «لقد وجد الباب مفتوحاً فدفعه ودخل ولم يسمع حركة أو يجد أحداً. صعد إلى غرفته ودفع الباب، فوجد الضابط جالساً على سريره وأمامه كومة من الأوراق يفتش فيها. نهض واقفاً، وقال: أهلا هاشم أفندي. الحقيقة أنت صحفي ممتاز وتستحق أن تكافأ على عملك هذا... لذلك ونظراً لجهودك الكبيرة فإننا سنرسلك إلى الأستانة لتأخذ وساماً على عملك هذا تفضل معا». (12) إلا أن رحلة هاشم العطار تأخذ في رواية «الليل والياسمين» منحاً آخر في إبانة الحنينية العربية تجاه الآخر الأرمني. تهجس همساً لاهباً في أذن القلعة ليبوح بسر المشاهد والصور، بعد رحلة شاقة بين البوادي والمدن والقرى التي لم يكن قط قد رآها من قبل. لننظر: «أماه... يا أماه. لقد دفنوهم هناك. هنا في البادية، حفروا حفرة كبيرة ورموهم فيها، ثم هالوا

(11) أوراق الليل والياسمين، ص 38
(12) المصدر السابق، ص 176

عليهم التراب. رموهم في مياه الفرات ودجلة... جثثهم طافت سوداء فوق زرقة الماء... صرخ الأطفال يريدون الماء. استقبلوهم بالرصاص. قالوا: (إننا جائعون) مزقوا أجسادهم بالسكاكين والخناجر».[13]

ثمة حنينية وحميمية بائنة في النسق الروائي لسردية صورة هاشم العطار في لحظاته الأخيرة، حيث يستحيل إلى موقف متناهٍ بصدقه، ولا تطاله الشكوك، في الوقت الذي نجد فيه أن سياق «أوراق الليل» مازال يحمل حنينية أخرى؛ إنها حنينية مقدسة تتقاسم أدوارها ورسم خطوط الصورة فيها شخصية مارو الصبية الأرمنية، والصبي (محمد) ابن الشيخ حمدان الناصري، الذي جاء به والده خصيصاً لتعليم مارو الأشياء والكلمات. حتى بعد عثور مارو على أهلها، يظلّ الحنين يجتذب الصبي محمد بسحر عجيب نحوها، دون أن ينقطع عن زيارة بيت مارو. لننظر: «يجلب لها جبنا وزبدة، وفي بعض المرات أحضر خروفاً صغيراً كان يجلس عندها حتى العصر ثم يودعها وينصرف، وهي كانت تفرح به وتحمّله بالتحيات الحارة وببعض الأطعمة التي صنعتها خصيصاً له. تقبله من رأسه وتوصله إلى باب الخان. تراقبه وهو يعتلي دابته، ثم تلوح له بيدها وترسل معه الملائكة واسم الربّ لحراسته».[14] هكذا تتساوق حكاية «أوراق الليل والياسمين» مع حنينية لها مذاقها المتميز، ولغتها الحارة في موقد الذاكرة الذي لا تخبو نيرانه. كذلك هي «رياح الشمال (1917)»[15] التي تجعل من المذابح الأرمنية مأثرة حميمية تستحيل فيها السياقات التوصيفية والسردية إلى حالة من مشهد يتبدى فيه الانتقام للآخر الأرمني والاقتصاص من أعدائه، تحت تأثيرات ودوافع إنسانية تتصدى للتعبير عنها شخصية (عمر بنبوك) «الضبع» الذي تتصارع في رأسه الكثير من المغامرات، والذي فوجئ بمشاهد الذبح وهو في طريقه من العراق إلى حلب. نزل عمر من العربة وراح يتجول فيها بينها وقد سدّ أنفه بإصبعه. نزلت فريدة أيضاً، إلا أنها قرفصت،

(13) المصدر السابق، ص 183
(14) أوراق الليل والياسمين ص 188
(15) رياح الشمال 1917، رواية نهاد سيريس.

وراحت تتقيأ. ذُبح الجميع ذبحاً؛ الرجال مشروخي الأعناق والأطفال أيضا».[16] لكننا نجد في الآن ذاته أن السرد يستمر، بتواتر وانفعال شديدين. يمسكان بعمر بنبوك الذي يردّ على فريدة صاخباً عندما تسأله: «ماذا حدث؟ هل سنذبح؟ لم يجب إلا بـ (لا)، شديدة، قوية ومقتضبة».[17]

لكن عمر بنبوك، وبعد تعرض ثلاثة من الأتراك له في الطريق ومساءلته عن مكان قدومه وعن أصله (هل هو أرمني؟)، يعرف حينئذٍ بأنهم هم الذين فعلوا بتلك الأشلاء والجثث ما فعلوا. لننظر: «إذن هم الذين ذبحوا الشيوخ والنساء والأطفال. عرف ذلك بومضة سريعة عبرت ذهنه، ثم تأكد من ذلك من رذاذ الدم المنثور على ألبستهم».[18] لكن عمر بنبوك يبادرهم بالسؤال: «هل تريدون خبزاً؟ ثم وبحركة سريعة أخرج المسدس من طيات البطانيات وأطلق، دون أن ترتجف يده، على رأس الجندي الذي أقترب ليأخذ الخبز. ثم أطلق على رأس الثاني الذي تجمد بفعل المفاجأة. أما الثالث الذي حاول أن يصل إلى بندقيته، فقد أصيب في ظهره بطلقتين. بأربع رصاصات ثلاثة رجال أنجاس. ثلاثة قواويد لم يجدوا سوى الأطفال كي يذبحوهم».[19] هكذا، شيئاً فشيئاً، يماط اللثام عن موقف صادق، يتجلى فيه إيمان حقيقي بحماية الآخر الأرمني والاندفاع نحو الثأر له إن تطلب الأمر ذلك. وإذا كان لا بدّ من وقفة فإن عمر بنوك، وبعد أن أصبح قاطع طريق بسبب ملاحقته ومطاردته، غدا له رجال وسمعة تسبقه إلى المكان الذي يذهب إليه قبل وصوله. وشاع بين الناس أنه «الضبع» الذي يدفع الرجال الأقوياء إلى تهيبه، بمجرد أن ينظر إليهم، فيخر الرجل منهم مضبوعاً وخائفاً. هذا ما كان يقوله عنه (سليم) عندما يسوق حكايات البطولة والرجولة التي شاهدها مع الضبع في ترحالهم وغاراتهم. لكنه يتوقف عند حادثة، يشيد بها كثيراً. لننظر: «ومرة قمنا بغارة

---

(16) المصدر السابق، ص 103
(17) المصدر السابق، ص 104
(18) المصدر السابق، ص 105 - 106
(19) المصدر السابق، ص 105

على طريق دير الزور. كانت هناك عربة تخلفت عن طابور ينقل المؤن إلى العراق. لم نقتل السائق والحارس، بل سرقنا العربة وجررناها إلى مكان تجمع فيه مئات من الأرمن المساكين. كانوا يموتون من الجوع والمرض. نساء وأطفال بدون رجال، جثث الموتى منهم متروكة إلى جانب الاحياء. سقنا العربة إليهم وتركناهم يصعدون إليها. كانت مليئة بخبز الصمون». [20]

لا شكّ في أن المذابح الأرمنية هي أحد المفاصل الأساسية والهامة التي توقف عندها نهاد سيريس متفحصاً لتقديم لوحة ذات بناء تراجيدي تعبق بنسائم الحنينية العربية تجاه حيوات الآخر الأرمني، ورحى مأساته وغربته. فقد توالت الصور والمشاهد في الاشتغال، واحدة بعد الأخرى، لكن الصورة اللافتة التي وقفت أمامها (فريدة)، زوجة عمر بنبوك، بدهشة وخوف، هي: «كانت صورة ذلك الطفل الذي لم يتجاوز السنة الأولى من عمره مذبوحاً من الأذن إلى الأذن. كان جاحظ العينين، ملطخاً بالدم المتخثر، المتجمد المعفر بالتراب. ومع ذلك شاهد عمر بسمة غريبة تجمدت في سحنة الطفل الذي حسب الرجل الذي شرع في ذبحه ربما يريد أنه مداعبته». [21] وهذا المشهد، وعزيفه المأساوي في سياق الرواية، ليس بريئاً أبداً ـ بتقديرنا ـ مما كان يسرده «البلغاري» على إيفان في رواية «الأخوة كرامازوف» [22] عن مشاهداته لجنون الأتراك وتفننهم في قتل الأطفال أمام أمهاتهم.

لقد ثابرت «رياح الشمال» على ثمين السرد التاريخي لسياقها عبر إقامة شكل من أشكال التعالق والارتباط بين الواقع، وأحدوثة صورة الآخر الأرمني الذي امتدت حكاية الحنين نحوه، ومفاعيل التماهي في مأساته إلى الحد الذي شكل إضافة لافته إلى نكهة السرد وكذلك مَظهر بعداً جديداً من أبعاده المتعددة. أمّا في سردية «بيت الخلد» [23] فقد خالف الرثاء كثيراً الإيقاع

(20) المصدر السابق، ص 325
(21) المصدر السابق، ص 104
(22) دوستويفسكي، الأخوة كرامازوف موسكو: رادوغا، المجلد الأول، 1918 ص 505
(23) بيت الخلد، رواية وليد اخلاصي.

الذي ذهبت إليه سردية «رياح الشمال». ففي «بيت الخلد» تبدو الحكاية شيئاً آخر، بل هي أصبحت، حسب تقديرنا، مرثية للتماهي، يفوق الحنين والاستذكار الطاغيين في سرديتها على المعاني الكبيرة للنص، حيث تتمظهر المفارقة الهامة، والصيرورة التي تكمن فيها بنية الحنين الخالصة. فالسرد ينمّ عن صناعة أفق من التداخل ما بين «أكثم» و«الشيخ بير»؛ أفق رغب الروائي إخلاصي من خلاله خلق متتاليات سردية ضمن حيز اتسم بالهدوء والحذر، والمباشرة الشديدة. وذلك منح النص نكهة وعبقاً مميزين، إذ دفع بأكثم إلى تداعيات تماهوية أحاط بها الحزن من جهة، والافتقاد من الجهة الأخرى. لننظر: «وهكذا قبلتُ أباً جديداً بسرعة ما كانت من صفاتي، ولكن الشيخ بير الذي أثقلت ظهره الأيام كان يشع كسنبلة ناضجة لحظة بكور الشمس».[24]

ثمة تماهٍ بائن وحقيقي، يتحوّل في كثير من المواقف إلى حالة «مَرضيّة» تظهر في بعض الأحيان وتجاه العديد من المواقف، وذلك من خلال أكثم الحلبي الذي يستخدم استحضار الشيخ بير بقوة لا يستطيع معها مقاومة أو فكاكاً. لننظر: «لقد كان الشيخ ساحراً في صياغة الحديث. همسه يدخل القلب والعقل، وصوته الصادق يجعلك تؤمن بما يقول».[25] لكن الصورة تتجلى وتتمظهر أكثر حينما يعان أكثم. لننظر أيضاً: «دفعني الشيخ بير نحو تعلم لغة أجنبية، فساعدني على تعلم الإنكليزية التي يتقن معها لغات أخرى. بينما كنت أتقدم في اكتشاف عوالم الكتب التي يحضرها لي تباعاً».[26] إنه الحنين الخالص الذي يرتقي إلى حالة من التماهي تحمل في طياتها الكثير، والذي يحدّد فيما بعد رحلة أكثم في البحث عن قاتل الشيخ بير، مشدوداً إلى ذاكرته وأحاسيسه التي ما فتئت تستلهم هذا الماضي الشفيف بينهما. كان يقول لأكثم: «عالمك الداخلي ملكك وحدك فاحتفظ به لنفسك».[27] لكن أكثم يحول دون ذلك، معلناً عن

(24)   المصدر السابق، ص 74
(25)   المصدر السابق، ص 75
(26)   المصدر السابق، ص 75
(27)   المصدر السابق، ص 90

بدء رحلته المجنونة في البحث عن قاتل الشيخ بير مردداً بصوت عال: «من قتل بير؟ من قتل الشيخ الوديع؟ من قتل الوداعة والأحلام».[28]

لكن الأحلام والاستذكار والحنينية في سردية «مدن الملح (التيه)»[29] تستيقظ بعد الحرب الخفية بين راجي وآكوب، وتتجلى بشكلها المختلف والنافر لتسوق أيضاً حكاية لها مذاقها الخاص والمؤثر. إذ تبدأ رحلة الانسجام والتناغم بين راجي وآكوب لتشف عن أشيائها المختبئة، بعد أن يقوم آكوب بإصلاح سيارة راجي وإنقاذه من المأزق الذي تعرض له بعد ذلك. لننظر: «اندفع لا شعورياً بقوة حصان. قال الذين رأوا الرجلين على ضوء السيارة يلتقيان، قالوا إنهم رأوا دمعاتٍ تنحدر من عيني راجي ورأوه ينحني كثيراً ويطوق آكوب ويدفن رأسه في صدره».[30] أمّا في الوقائع اللاحقة فقد ظهرت تلك الحنينية علناً وعلى مرأى من الناس الذين احتفظوا بتلك الصورة المفاجأة التي أصبحت عليها علاقة راجي بآكوب. حينها بانت الدهشة في العيون. لننظر: «لا أحد يتصور أن هذين الرجلين كانا خصمين، أو يمكن أن يكونا خصمين في يوم من الأيام».[31] لذا، ظلَّ لهذه الألفة بين راجي وآكوب موقعها في نفوس الناس وأحاديثهم. واستمر الأمر هكذا إلى أن أتى ذلك اليوم الحزين الذي جعل حرّان كلها تنهض قداساً لم يشهد مثله أحد من قبل، حيث استيقظت (حرّان) في صباح ذلك اليوم الملعون، على خبر موت (آكوب الأرمني) وتهامس الناس فيما بينهم لحظة كان راجي يحدثهم عن تلك الليلة السوداء بكثير من الرهبة والحزن الشديد. إذ بدا في حديثه قدسية ترتقي إلى درجة تحوّل فيها السرد إلى سياق من التراتيل والتماهي بآكوب الذي رحل وحيداً بعد أن ترك راجي فريسة لينة لأصحاب السيارات الجديدة التي بدأت تعمل على الطريق بعد أن عبدت، لننظر: «خيم الصمت ولم يعد يسمع إلا

---

(28)   المصدر السابق، ص 98
(29)   مدن الملح التيه، رواية عبد الرحمن منيف.
(30)   المصدر السابق، ص 445
(31)   المصدر السابق، ص 465

عواء الكلاب تحوم في السوق وقرب المعسكر. لا يدري كم ساعة نام لكن حين استيقظ فجأة على صوت خوار، صوت أقرب ما يكون إلى صوت يقاوم الذبح ونظر حول السيارة يبحث عن هذا الثور فلا يجده جاءه الخوار أقوى من المرة الثانية. كان كثيفاً معتلجاً، وفيه صرير، وكان يصدر من سيارة آكوب بالذات وحيث ينام آكوب تماماً. ظن راجي خلال اللحظات الأولى أن رجال رضائي جاؤوا وأنهم بدأوا بذبح آكوب، تناول (المناويل) الذي كان يضعه دائماً إلى جانبه وصرخ وهو يهبط من السيارة: والله لألعن أبو رضائي الأولاني، يا أولاد الكلب. ولما اقترب من آكوب ولم يجد أحداً وآكوب لا يزال يخور والعرق يغسله تماماً والزيد يملأ وجهه كله. صرخ وناداه، لكن آكوب كان يفرك مثل ذبيحة. لا يجيب ولا يفتح عينيه، وكأنه في عالم آخر».[32]

لم يكن يوم عادياً لا بالنسبة لراجي، ولا لأهل حرّان. لكن راجي لم يعزف عن سرد الحكاية حتى نهايتها، بل استرسل أكثر حينما بدأ دبيب الحديث عن الموت؛ وأي موت! إنه آكوب الذي ما ضاقت به الدنيا مثلما ضاقت عندما افتقده. إذ داهمه الخوف الشديد، ولم يعد يعرف ماذا يفعل في تلك الليلة. هذا ما قاله راجي عصر اليوم التالي للناس في حرّان. لننظر: «لم أعرف ما أعمل. فتحت قربة الماء وصَببتها على وجه آكوب على صدره؛ ضربته، ناديت، لكن لا أحد. ناديت، لكن لا أحد».[33] عندئذٍ يترك راجي آكوب، ويذهب لإحضار الحكيم، لكنه يحضره بصعوبة. وبعد تهديـد راجي ووعيده له إن لم يذهب معه، وبعـد أن يصلا إلى السيارة، يسأل الحكيـم: «أين المريـض؟» وحين جـاءه صوت آكوب مخنوقـاً مليئاً بالصرير – وكأنه احتكـاك أجسـام هـائلة– استردّ أنفاسه وتطلع باهتمام إلى داخل السيارة. أما حين صعد والمصباح الصغير بيده فقـد تعثر. المهم أنه رأى آكوب، ضربه إبرة، لكن بعـد أذان الصبح كان آكوب قد انتهى. لا... مع الآذان تماماً خلص. الحكيم رفع يده

(32)   مدن الملح التيه ص 467

(33)   مدن الملح التيه ص 467

وقال: البقية في حياتك».[34]

خيم الحزن وقتئذٍ على الناس في حرّان، وتبدى ذلك من نبرة الأحاديث التي كان يطلقها راجي. وحين بدأ طقس مراسم دفن آكوب، اختلف الناس في حرّان على شكل دفنه والصلاة عليه وانقسموا إلى قسمين. قال أحدهما: «الميت نصراني وكافر»، وقال الآخر غير ذلك. لكن كل الاجتهادات والفتاوى تلاشت، وغابت الواحدة بعد الأخرى، بعد أن تصدى راجي وابن نقاع وآخرون للدفاع عن آكوب. لننظر: «كان يوماً حزيناً ومروعاً لم تشهد حرّان مثله من قبل. وقد تمر سنوات لا يخلع قلبها حزن مثل ذلك الحزن. امتلأت البيوت في حرّان العرب بالصمت، وفي الليل المتأخر بكت النساء. ولم يستقبل مقهى أبو أسعد أحداً لأول مرة من ثلاث سنوات، ولم يجلس فيه أحد، على الرغم من أنه ظلّ مفتوحاً، وبالرغم من أن عبده محمد لم يشارك في التشييع. وراجت في البداية إشاعة قوية أنه ترك حرّان، ولم يشارك لأنه لم يستطع احتمال ذلك؛ بل رفض أيضاً أن يصدق أن آكوب يمكن أن يموت. أما عبد الله الزامل وعشرات، بل مئات، من العمال فقد تركوا المعسكر دون خوف، ودون إجازة أيضاً. فقد اكتفوا بأن بلّغوا إدارة الأفراد أن أحد زملائهم قد توفي، ويجب أن يشاركوا في تشييعه. وإدارة الأفراد- التي لم توافق ولم ترفض- رفعت الأمر إلى الإدارة العامة، ولم يكتف الزامل وابن هذال وابن والعمال الآخرون بهذا القدر من المشاركة، بل فعل كل واحد منهم شيئاً للتعبير عن الاحترام والحب الذي يكنه لآكوب».[35] وآكوب يعد المفارقة السردية التي سعى إليها عبد الرحمن منيف في ترنيمة الحزن هذه، وقد خلّفت جراء مردها ذلك أساساً لبناء متماسك جعل من شخصية آكوب فاعلاً مهماً في تأثيث صورة الأرمني وحيواته.. وقد ساهم هذا بتقديرنا في إشاعة أجواء ومناخات خلقت أبعاداً وحضوراً للحزن الشديد على فقدان آكوب. وهي أيضاً المشكّل

<hr>

(34) مدن الملح التيه، ص 468
(35) مدن الملح التيه، ص 468

الأساسي للمشاهد التي تناثرت في السياق، وتناوبت التعبير عن الحنينية على مستويين: الأول كان صورة راجي وتداعيات ذاكرته عن آكوب، والثاني كان التعبير الشمولي عن حنينية الناس تجاه آكوب الذي بفقدانه فقدت الأشياء طعمها، وبات الحزن والصمت سيدا الموقف.

لكن الأمر الأكثر بروزاً هو صورة الموكب المهيب، وفق نسق سردية تشييع الجنازة. لننظر: «إذ كانت الجنازة حزينة ولم يسمع على خطو الرجال الصامتين السائرين سوى كلمات: الله ير حمه ولا إله إلا الله. وبصمت قاس أُنزل آكوب إلى القبر، وسُوّي القبر مع التراب عدا حجر صغير وضع كشاهدة. ونامت حرّان تلك الليلة- والليالي التالية- بحزن لم تعرف مثله من قبل. وبعد بضعة أيام كتب فواز بن متعب الهذال على الشاهدة بمسمار كبير: الفاتحة هنا يرقد المرحوم يعقوب الحرّاني».[36] لا شيء آخر يقال أمام مشهدية تراجيدية آثَرَت أن تنير اللحظة الحنينية من جوانب مختلفة ومتعددة نحو إبانة صورة الأرمني وتجليات حضوره ومشهديته. كما أن عفوية الناس في حرّان ومحبتهم العميقة لآكوب الأرمني، ومضامين ما خلفه قبل موته، كانت شاهداً عميقاً ولافتاً على أنه لا خلاف بين هذا أو ذاك فيما بينهم. الكل سواسية في الموت والحياة، وأن الناس في حرّان متساوين في كل شيء؛ وتلك كانت رغبة روائي كبير كعبد الرحمن منيف في أن تكون هناك شمولية للصورة التي تحمل في تفاصيلها سرّ الحنينية ومفاتيحها الذهبية.

في سردية «مدارات الشرق»[37] يتّسع الوصف السردي وتداعياته ليشمل تفاصيل أخرى تختلف عما هي في «تيه» عبد الرحمن منيف، إذ تتوالى تداعيات الذاكرة التي خيمت على «العم حاتم» لتفكّ عقدة لسانه المحكمة؛ عقدة اللسان التي جعلته يبتلع آلامه وأحزانه لفقدانه «شما» الأرمنية. شما التي لا تفارقه صورتها، بل تلازمه أينما حل ورحل أو تحدث. فبعد أن يضم إلى

<hr>

(36)   نفس المصدر، ص 410

(37)   مدارات الشرق الأشرعة، رواية نبيل سليمان.

صدره المتعب رأس «نجوم الصوان»، يشرع يحدثها عن ذبح شما الأرمنية. وكان يصرخ غاضباً لهول المشهد كلما مرَّ في ذاكرته. لننظر: «كيف لم يذبحوا زوجة عربي غيرها؟ مئات غيري- بل آلاف- من عبيد حتى الآن تزوجوا من أرمنيات. مئات غيري تزوجوا منهن ليحموهن، لا ليضاجعوهن، ولا لينجبوا منهن، كيف كانت شما وحدها».[38] قد يعود الحنين هنا إلى مبعثه الافتقادي، لكنه في نسق سرديته الداخلية هو في حقيقته افتقاد لحبيبة وزوجة ذبحت أمام ناظري حبيبها وزوجها في الآن ذاته. وذلك يجعلنا ندرك الحنين إلى الجزء الآخر من الروح؛ الجزء الذي كان يوماً من الأيام معقد الآمال والأحلام الصغيرة. لكن القدر سلبه ذلك الجزء دون رحمة أو هوادة، ليبقى مشهد ذبح شما الأرمنية تعبيراً صارخاً في أعماق العم حاتم من جهة، ومن جهة أخرى سياقاً سردياً نلحظ من خلاله صورة الحنين من مناظير مختلفة نحو الآخر الأرمني، دون افتعال أو زعم. وهذا ما وجدناه أيضاً في سردية «مدار بنات نعش»[39] حيث لملمت الحنينية خيوط آلامها وأحزانها على لسان «راغب»، والتي تسللت إلى السياق السردي على صورة احتجاج، يذيع دعوة مباحة أطلقتها أحزان راغب الذي شهد الكثير من المذابح والمقتلة الأرمنية التي قام بها الأتراك دون هوادة ولا رحمة عندما كان يخدم في جيشهم ويحارب معهم، أو لحظة انقلب إلى عدو لهم. لكنه لم يستطع أبداً نسيان ما شاهدت عيناه في إزرع من ماسي وويلات حلّت بالأرمن الذين لم يكن لهم حول ولا قوة. لننظر: «وبدأ يزرع الدعوات في السماء، فأغمض راغب عينيه مؤملاً أن يكون الله قد هدّ إزرع على من فيها؛ فذلك أرحم للأرمن، وبعض ما ينبغي أن يناله من جعلهم أو جعله هو كذلك».[40] وهكذا يتعدد مشهد الحنينية في «مدارات» نبيل سليمان لتتساوق ورغبتها في رؤية التاريخ من خلال تواشج أحداثه وصراعاته. ذلك ما جعل سردية الروائي نبيل سليمان تنحو تجاه

---

(38)   المصدر السابق، ص 401
(39)   مدارات الشرق بنات نعش، رواية نبيل سليمان.
(40)   المصدر السابق، ص 157

تكريس وتأثيث معايرة خاصة بمفهومة الحنين العربي نحو الآخر الأرمني. وهي كذلك أحد الألوان اللافتة التي تمظهرت فيها مقاربة الشرق في مداراته التي أراد لها روائي كنبيل سليمان أن تكون ملح الأحدوثة والحكاية ونشورها المتقد في العديد من مفاصل سرديته.

في سردية «الهدس»[41] تناثرت إشارات حنينية صورة الآخر الأرمني في كثير من مفاصلها وتوقفاتها، مخلفة صورة للحنين ومتوالياته، ضمن جملة من المشاهد والصور؛ إذ تتالى في سياقها الروائي وتبرز ثنائية الحنينية الصرفة والموقف الصادق والعفوي، كما يكشف عن ذلك السياق وسردية نسق الأحداث ووقائعها، مشيراً إلى مسألتين: الأولى هي اللغة الخاصة والمتميزة التي سعت إليها تجليات «الحنين» من جهة، ومن جهة أخرى تناغم العلاقة فيما بين أطراف معادلة الحنين وصورته (أحمد الفياض - ساكو - آرو - آزنيف). ويتبيّن لنا أن المسألة الثانية تعود بتقديرنا إلى إصرار «الهدس» على إشاعة مناخ أرمني خالص، يهيمن في بعض توضعاته على أحدوثة الوقائع والأحداث قاطبة. لكنه يتناوب في جعل التناظر فيما بين سياق الشخوص وسرديتهم مثار اهتمام، حيث نتعرف من خلاله على الخيوط التي تربط النسق الحنيني وآلية استظهاره. لذا، كان لجوء الروائي أحياناً إلى بث الحنين بصورته المباشرة، أو المتناهية، عاملاً دفع الكثير من المواقف نحو مستوى أكثر حرارة واتقاداً، مما جعلنا نستشرف منذ البدء أن هناك ثمة سياق أرمني فيه نبض التناهي والحميمية. وهو الأمر الذي يؤكد حنينية أحمد الفياض ومقدار زخمها وقوتها الشديدين. لقد كان الفياض في إطار سلوكه البائن «يظهر وداً تجاه الأرمني ويحترمه، ولا يترك لأحد المجال في التطاول عليه وكأنه أخوه الشقيق».[42] هكذا كان الفياض يبني عش الحنينية مع آرو، وكذلك ساكو. وقد لفت نظرنا هذا الموقف لنتأكد من أنه لم يأتِ من فراغ؛ فهناك العديد من المشاهد التي كان الفياض يتعامل

---

(41) الهدس، رواية إبراهيم الخليل.
(42) المصدر السابق، ص 57

معها بحنوّ وحميمية. لننظر: «حين عبروا في سفينته ضايقه بكاؤهم وحزنهم. سأل أحد الجندرمة: مـاذا فعلوا؟ حـاربوا الحكـومة، وقتلـوا المسلمين، ثم هم كفـار. لم يقتنع. هـؤلاء الأطفـال والكهـول والنسوة لا يمكنهم إيـذاء نملة، فكيف حـاربوا جيوش الحكـومة ومدافعها؟»[43].

ويتصاعد سياق الحنين كي يبلغ ذروته. حين يعود أحمد الفياض من الشام، ويعرف بأن ساكو قد مات. يجتاحه الحزن الشديد ويطاله اشتعال الذاكرة بتلك الصور التي لا تنسى مع ساكو الطيب. حين يرحل ساكو تتمظهر أحزان الفياض الثلاث، وينصاع مستكيناً لهدوء مطبق يقبض على سماء من الحنينية الخالصة. لننظر: «ثلاث مرات حزن حزناً يهدّ الجبل. الأولى يوم ماتت جدته وعشيرته وصديقته العجوز؛ شعر يومها أنه وحيد وحزين ويائس. والثانية يوم ماتت فلورا. والثالثة يوم فقد ساكو. ساكو الوادع تمزقه الألغام على الحدود كأي دابة ضالة والحرس يتفرج»[44]. عندئذٍ ندرك أن الوداعة ماتت عندما غاب ساكو حسب سردية أحمد الفياض، لتلتهب عندئذٍ نيران الحنين وتشتعل في أعماق أحمد الفياض. ويعرب حينها عن حبه النقي تجاه ساكو الطيب أمام «أزنيف» زوجة ساكو- التي بقيت وحيدة بعد أن غاب ساكو، وأني، وديكران. عندها يقول الفياض لأزنيف: «أم ديكران، أنا أخوك يشهد الله وساكو صديقي، لا تكسري نفسك لابن أنثى أطلبي ما تريدين ولا تخجلي»[45]. إلا أن سردية «الهدس» تنحو وتتساوق مع مستوى آخر من الحنينية والتضامن مع الآخر الأرمني، لتستحيل في ترانيمها إلى موقف إنساني تتعدد أشكال التعبير عنه. وربما تكون أرفع مواقف التضامن مع الآخر الأرمني وتمظهرات صوره من خلال مشهد الاحتجاج الذي تجمهر الناس وتواشجوا من أجله. لننظر: «كما يذكر المعمرون أن البلد أضرب لأول مرة في تاريخه من أجل الأرمن. هاله ما يلاقيه هذا الشعب من الذبح والتشريد

(43) المصدر السابق، ص 104
(44) المصدر السابق، ص 250
(45) المصدر السابق، ص 250

على أيدي وحوش الجندرمة الأتراك، فطالب الناس بإبقائهم بحجة أنهم عمال مهرة وأصحاب صنعة. وحين عارض القائمقام، أغلقوا محلاتهم ودورهم، وهرّبوا أعداداً كبيرة منهم إلى القرى. وبعد مداولات وافق المسؤولون على طلبهم على مضض. كما يذكرون من تزوج أرمنية فأخواله الأرمن، ومن سرق الأرمن، ومن أشاع أن في بطون الأرمن ذهباً».[46] إلا أن أحمد الفياض يظلّ كما تظل سردية «الهدس» فارقة متميزة في عوالم الحنين نحو الآخر الأرمني وصورته تجلياً تتعدد ألوانه ورغائبه، وعالماً يضج بذاكرة لا تخبو ولا تتلاشى.

أما الحنينية في قصة «قرب البحر»[47] فلها حكاية أخرى تختلف كثيراً في ماهيتها عن سردية «الهدس» وعوالم الحنين فيها، حيث نجدها تقترب من البحر من دون أن تلامسه، جاعلة من العلاقة بين «أرتين» و«بشتاوي» محوراً لإقامة طقس الحنين ومراميزه البائنة والمتوارية. لكن تواتر الأحداث في القصة يكشف عن حنينية تتوضع في السياق لتمكّنه من بناء حميمية نافرة تتجلى عبر الحوار بين «أمّ» سهيل وأرتين. أم سهيل التي فقدت ثلاثة من أبنائها في أرض فلسطين المحتلة، وأرتين الذي كان مبعث إشراق وحنين لهذه الأخيرة، إذ تبادره بالقول: «من كان يتخيل يا أرتين، أن لي ولداً أرمنياً سيأتي ويلتحق بنا في المخيم. وتأخذه إلى صدرها، وتغسل وجهه بدمعها الحار. ويعتكر وجه أرتين».[48] لكن الحوار يستيقظ بشكله المتناغم مع وشائج الحنين نحو أرتين عندما تتواثب أمام ناظري بشتاوي مشاهد مقتل أرتين ليقول: «شقَّ فؤادي بكاء يجرح الروح؛ يسيل من نهايات العصب. ورأيتها ترتمي عليه ضاجة بالنحيب والرعش والحزن العميم، والناس من حولها يهدؤون، وهي موزَّعة فوقه نشيجاً وأسى وتمتمات. ترى هل كانوا يعرفون؟ أم أنهم أيقنوا أن الغربية تبكي الغريب».[49] هل بكت حقاً الغريبة غربتها على صدر الغريب

---

(46) المصدر السابق، ص 112

(47) رحيل اللقالق قصة قرب البحر، ص 5

(48) المصدر السابق، ص 10 - 11

(49) المصدر السابق، ص 15 - 16

كي ينتحب من جديد ويستيقظ مشهد الحنينية التي كان الدم فيها دمعاً يذرفه الجسد؛ جسد أرتين الذي يجعل الصورة أكثر إثارة وحميمية؟ لننظر: «فتشهق المخلوقة ببكاء يوجع أكثر من الموت! وأرتين قربنا وقد تناثرت زهرات الأقحوان حوله... بطلّته الحلوة، وابتسامته العذبة... بحزنها الشفيف!».[50] هكذا يغيب أرتين ليبقى حاضراً في إطلالة نافرة تتسع لها ذاكرة «قرب البحر»، لا بل قرب الأرض التي روتها دماؤه الحارة.

أما سردية «ذلك الصديق»[51] فقد تبدى من خلالها سركيس ذا الرائحة التي تعبق بها أمكنة حلول وترحال الكاتب دياب عيد. مشهد يقض مضاجع التداعي والاستذكار عند هذا الأخير، ويتناثر حنيناً يمسك بسياق القصة من أولها إلى آخرها مبيحاً لها سردية من التجلي والحضور الآسر لتناغمٍ يقتات من الأحداث، والماضي العتيق للوقائع، والشاهد في هذا المفصل صوره ومراياه. لكن القصة تلقي بحميميتها السردية كلما رغبت أن تلقيها من كلمات في شرفة الذاكرة العبقة برائحة الأرمني وصورة حضوره الذي غدا عند دياب عيد حالة وهاجس. لننظر: «منذ تلك الليلة وكلما أمسكتُ بكأس من نبيذ أرتاح لرائحته وطعمه، أتذكر سركيس... وهل يُنسى سركيس؟ أو هل يدعني أنساه؟ سركيس الباسم أبداً المسكون طول عمره بالحب والغربة.».[52] وهكذا يمتد أفق السردية، ويبقى سركيس لحظة منيرة في حيوات دياب عيد السردية، تتقد كلما حالت المشاغل والهموم دون استذكاره. لننظر: «ما زلتَ تهرب مني ثم تنبت أمامي من جديد بشكل آخر وفي مكان آخر».[53]

تتابع ملحمة الحنين حضورها أيضاً في سردية «رسالة إلى آزو»،[54] حيث تذهب بنا إلى مرتع آخر لتقمص الذاكرة والحنينية؛ إنها الطفولة البريئة،

(50)‏ المصدر السابق، ص 17
(51)‏ المصدر السابق، ص 19
(52)‏ نفس المصدر السابق، ص 22
(53)‏ نفس المصدر السابق، ص 22
(54)‏ المصدر السابق، ص 31

وشغفها العبث، تستحيل إلى هاجس استذكار يتبدى في «رسالة آزو» كطيف يلامس الأعصاب. لننظر: «منذ ذلك اليوم، امتد بين منزلي على أطراف حي القلعة، وبين منزل «ليفون» و«أزو» في حي الأرمن طريق لم أسلك سواه على مدى سنين. ولم يكن الحب الذي يربطني بالشقيقين، ليشبه حباً آخر عرفته من قبل أو من بعد، ولم تكن علاقتي بهما لتوصف بالصداقة أو الأخوة... كنا أكثر من أصدقاء أو أشقاء أو عشاق، وربما كل هذا معاً أو أكثر قليلاً».[55] ثم يبدأ طقس آخر من الحنينية، فيه المناخ الخصب لتلك العلاقة المتواشجة بين البطل وليفون، ذلك العتيق في الذاكرة أو أنه ليفون آخر، حيث ينقاد البطل إلى التبرع له بدمه كبرهان على شدة التماسك في العلاقة القديمة وتخليداً لها. لننظر: «حملتنا السيارة المخصصة لنقل الجرحى... لم تكد عيناي تعبران المرئيات البارزة في الحديقة حتى تجمدتا فوق وجه أعرفه، وما كان لي أن أنساه... كان وسيماً لكنه ليس كمثل وسامته التي ألفتها... كانت العينان مطبقتين، والفم ملوثاً بالدم، وكان الشعر الذهبي مبعثراً... قلت للطبيب راجياً متوسلاً: ها هي زمرتي الدموية، وهاك يدي... والطبيب يعلن بصوت عال: إن الزمرتين من فصيلة واحدة... إن قطرات الدم تغادر جسدي دافئة محبة، وتتجه مباشرة إلى قلب أعلم أنه يكنّ لي ما أكنز له من عاطفة، وأن هذه القطرات أشبه برسالة أبثها، وقلب ليفون الذي أصيب وهو يتقدم بدبابته يرد الأعداء عن الوطن».[56]

هو ذا الحنين مرة أخرى بلبوس آخر، واتقاد حار ومختلف. إذ كيف لا تنصاع الذاكرة نحو هذا الآخر الأرمني الذي يتوضع في أطرافها المغرقة في القدم. لكن تطابق الزمرتين الدمويتين مؤشر نافر ساق من خلاله محسن يوسف الأحداث نحوه، من دون أن يخلع عنه طيف الذاكرة النابض. وهي كذلك قصة «أرتين»[57] التي ترتهن هي الأخرى إلى الطفولة بتعابير آثر الكاتب من خلالها مناجاة أرتين وسيارته الفستقية، من دون أن يغيب عن ناظريه ذلك اللمع

<hr>

(55)   المصدر السابق، ص 34

(56)   المصدر السابق، ص 37 - 38

(57)   المصدر السابق، ص 31

والتوهج الذي كانت عليها أحدوثة الر كوب معه في السيارة، واستذكار ما كانت عليه هيئة أرتين وهيبته. لننظر: «لا بدّ أن أكتب عنك... لا بدّ... فأنت ماثل في عيني وقلبي؛ ماثل في المفارز العميقة من الروح تونِعُ وتخضوضر كلما ابتعدت مراكب السنوات وتعبت السنونو. ماثل بحركاتك النزقة وقبعتك الصغيرة التي لا تغطي إلا جانباً صغيراً من رأسك... ماثل بوجهك الأحمر وشفتك الرقيقة المائلة، ماثل بعينيك الزرقاوين والرامشتين ولحيتك الرمادية النابتة... ماثل أنت وماثلة سيارتك (الشيفرولية) العتيقة بأنفها الأفطس وصافرتها المميزة التي تنبح كالكلاب».[58]

لا بدّ أن سياق الحنينية هنا في هذا المفصل وتأثيثاته المتنوعة داخل السرود قد أوجد معايير حضوره القوي بكل أبعاده ليرسم صورة الأرمني في ذاكرةٍ ساقتها السنين إلى أمكنة أخرى، وليبقى التماوج قائماً ونشطاً يستحضر الماضي وفق آلية التداعي الذي يمكّن السرود من وصف رحلة عمر أرتين وتفاصيلها الدقيقة. لننظر: «وقتها كنا نشعر... نحن أطفال القرى بأنك لنا، ملك لنا، نغار عليك، ونتبارى في التودد إليك. كنا نشعر بأن العروس الفستقية تضمّ بين جوانبها كل القرى والجبال والسهول».[59] بل كل الحكايات وألقها التي كانت عبر سياقها الدافع شريطاً ثابرت النصوص على البوح به بصميمية لا توصف، وألمحت إلى خيوط واهية تربط بين الحنينية، وموضوعها؛ ذلك الآخر الأرمني الذي تساوق مع غربته مثالاً ناصعاً كلون أبيض، إنها الصورة الأخرى لتواشج العرب والأرمن بصدق ومودة لا تخلو في أبعادها الأخرى من الملامح الإنسانية اللافتة.

(58) المصدر السابق، ص 40
(59) المصدر السابق، ص 43

3- ثنائية الحب والعشق

النصوص المختارة:

1- الضاحك الباكي (ثروت)، رواية فكري أباظة.

2- في سبيل الحرية، رواية عبد الرحمن فهمي.

3- أوراق الليل والياسمين، رواية فيصل خرتش.

4- رياح الشمال- 1917، رواية نهاد سيريس.

5- مدارات الشرق (الأشرعة)، رواية نبيل سليمان.

6- الهدس، رواية إبراهيم الخليل.

7- قرب البحر، قصة قصيرة- حسن حميد.

8- ذلك الصديق، قصة قصيرة- دياب عيد.

ثمة أفق تستمد منه ثنائية العشق معايير حضورها وألوانها البراقة، لكن حكمة النصوص كحكايات تستيقظ فيها الأعصاب على موجة الذاكرة في أبعادها الأخرى، تلك التي تعلن نفير حروبها الصغيرة بحجم القلب. إنها حكاية القلوب التي تختلط فيها اللغات والأحلام والجهات. حكاية ترتهن إلى الأحاسيس المعلقة على صليب الغربة، حيث تباينت النصوص في استلهام تلك الحكمة، ومفاعيل استدماجها لحظة بعد لحظة، لتعلن عن سياق له مذاقه المختلف ونبرته المختلفة، وتوجسه الذي يُحلِّق من الوقائع حكايات لها قداسها، حيث يتماهى لون السماء بلون الأرض، ويتبدى الاحتفاء جلياً

في سياق الحكايات ضمن رحلة النصوص وتفاصيل ثنائيتها. رحلة تستبيح الكلمات لتعلن عن موضوعاتها المقرونة بالحرية التي تقوم هيأتها على تفاصيل الحب والعشق؛ إذ أينما حلّ أو ارتحل الآخر الأرمني تلازمه صورته. منذ كانت الكلمة هي البدء، استيقظت حكاية الآخر داخل النصوص، تتواثب مفاصل الأحدوثة لتقصّ وتسرد حكايتها بروية وهدوء. ويبقى الآخر الأرمني نافراً وملحوظاً كصرخة. وقد تبدى ذلك حينما حط العشق بأجنحته كطائر على «ثروت ماجنسيتي». لم يكن أبداً على دراية بما تخفيه الأقدار لحظة استولى على «نورهان صوفيا»، وكذلك هي الحال التي ارتهنت إليهما «سيلوا» و«مانوش» بقلوبهم الصغيرة التي استولى عليها فيض الحب وعبقه. حينها لم تستطع كل مقدرات الموت والتلاشي أن تغيّب عن ذاكرة الفياض نسائم «فلورا»، ولم يستطع الذبح أمام مرأى «العم حاتم» إلغاء «شما الأرمنية» وكيف دثرها في عتمة النسيان. كذلك «رمانة» الفلسطينية التي لم تستطع السنين الطويلة انتزاعها من خافق أرتين. وغيرهم، وغيرهم الكثير. كل شيء مستباح إلا الحبّ والعشق. فهما خالدان كخلود الأشياء التي لا تموت.

ذلك ما يدفعنا للنظر في سردية «الضاحك الباكي»[1] حيث تتقلب ثروت على جمار الماضي العتيق. وتبدأ حكايتها مع شكري حين يتعرف شكري على ثروت في المنزل رقم 19، حيث تتم اللقاءات بينهما فيكتشف شكري في إحدى المواقف أنها أرمنية. للوهلة الأولى يتردد، لكنه يزمع متابعة الرحلة معها إلا أنه يذهل للمرة الثانية، عندما يكتشف بأن الغانية ثروت لها علاقة مع ضابط أسترالي، ليبدأ عتاب مرير بين الإثنين وينتهي إلى تفهم شكري لحقيقة الأمر وماهية موقف ثروت، وطبيعة علاقتها مع الضابط الأسترالي حيث تبادره الكلام: «هذه آخر مقابلة بيني وبينك. أحبك وأحبّ الرجل. أحبك ولم تقدم لي معونة ولم تبذل ولم تضحّ. وأحبه لأنه فعل كل هذا»[2].

<hr>

(1)   الضاحك الباكي، رواية فكري أباظة.

(2)   المصدر السابق، ص 55

وهكذا يدخل الصفاء سماء العلاقة بينهما. لننظر من جديد: «انتهت المقابلة على أحسن ما يكون وقد عاد بها إلى القاهرة، مزهواً فخوراً لأنه استعاد القلب واستعاد كرامة العشاق!».[3] لكن القدر كان أكبر من أي شيء، حيث تحوّلت مجريات العلاقة وأبعادها بين ثروت وشكري الذي قرأ، كما قرأ كل الناس: «انتحار ضابط أسترالي، ومقتل فتاة. عثر البوليس أمس الأول أثناء تجواله في نواحي الزمالك- بعد نادي الجزيرة البريطاني- حوالي الساعة الثامنة بجثتي ضابط أسترالي وغانية عليها مظهر المصريات. وقد اخترق الرصاص قلبيهما فسقطا صريعين. وقد وجد خطاب بجانب الجثتين كتبه الضابط المنتحر وذكر فيه أنه بسبب صدور الأوامر إليه بالعودة إلى الوطن وعدم إمكانية مخالفة هذه الأوامر، ولأنه يحبّ صديقته هذه فقد قرر أن ينتحر فأطلق عليها الرصاص أولاً، ثم أطلق على نفسه. وأنه يودّع أصدقاءه وأهله، ويطلب الغفران من الله. أما الضابط فاسمه (جيمس ريد) كما ذكر في خطابه، وأما الفتاة فاسمها ثروت، ويظهر أنه اسم محرَّف».[4]

لم يكن موت ثروت، حالة انتحار قامت هي بفعلها وحسب، وإنما كانت حالة قتل تعرضت لها من قبل الضابط الأسترالي. وذلك أن ثروت كانت قد رفضت طلبه الرحيل معه إلى أستراليا. لننظر: «قال: عجيب! ما كان عهدي بك أن تتروي. فيجب أن تبتي! قالت: لن أسافر. قال: نهائياً؟ قالت نهائي».[5] ذلك ما جعل ثروت ماجنسيتي تحيا من رمادها وتبقى في ذاكرة شكري الذي بدأ رحلة جديدة يسوقه الحنين إلى ثروت، بالإضافة إلى تعلقه بذكرياته الحارة عن لقاءاتهما. يبدأ عندئذٍ تمظهر آلية جديدة للمقاربة بين الإحساس بالأشياء والحيوات المحيطة بها، مما يدفع شكري للتقلب على جمار الذاكرة. وقد تبدى ذلك عبر أولى المفارقات التي يقع شكري فريستها، من خلال تصوره وتوهمه لثروت في لحظة ما أنها تلك الفتاة التي أمامه وقد بدأت تصدر عنها صيحات

<hr>

(3)   المصدر السابق، ص 55

(4)   المصدر السابق، ص 59 - 60

(5)   المصدر السابق، ص 57

استغاثة ونجدة. لننظر: «سمع صوت استغاثة مكتوم فاتجه نحوه في الظلام، وحدّق في وجه المستغيث. فلما تبينه سقط على الأرض قابضاً على القدمين بيديه الفولاذيتين، وانقلب المستغيث مغيثاً، فحنى على الأستاذ يهدئ روعه ويشيب إليه رشده. وأفاق شكري، فأخذ يقبل شعر المستغيث ووجهه تحت تأثير طارئ غريب من الجنون النصفي. ثم انهمرت دموعه وأخذ يصيح: ثروت. أنت هنا؟ إذن لم تموتي؟».(6) وحين يستيقظ شكري من غيبوبته الواهمة، يبدأ بشرح الموقف للفتاة، ويقصّ عليها حكاية ثروت. تتطور بعدئذٍ العلاقة بينهما، ويعرف أن اسمها «مريم»، وهي طالبة في مدرسة الأمريكان. لكن الرواية التي تسوق جزءًا من أحداثها تبدو لنا في سياقها ذات طبيعة سردية مباشرة، وتقريرية ترتهن إلى وصف اللحظة الوقائعية ضمن إطارها المحدود، دون أن يكون لها أي رغبة تذكر في تجاوز سياقها وسردية أحداثه إلى أفق آخر. وهذا يعود بتقديرنا إلى أن طموح رواية ثروت لم يتجاوز حدود النقل الصارم للواقع عبر لغة لم تخرج عن مألوف الاعتيادية، على الرغم من أن الموقف الذي حصل لشكري في السياق، موقفاً يستدعي قليلاً أو كثيراً من الايحاءات النثرية. لكن ذلك لم يحصل، بل استمر شكري في تظهير شخصية مريم، أو ثروت المتخيلة أو المجازية، بالطريقة نفسها التي شاء أن يخيرنا بها عن «ثروت الأولى»، إذ بدت الأحداث بعد ذلك، تتباين لتكشف لنا عن قصة حب جديدة يتلهف شكري في أن يقيمها على أطلال ثروت ماجنسيتي الأرمنية التي غادرته لتتركه فريسة ذاكرة تتقد كلما التقى مريم التي غدت تعويضاً يرى فيه حبيبته ثروت التي غيبها الموت. لننظر: «آه لو دخلت قلبي وفحصته! إنه ما نسي الميتة، ولن يجد الحيّة».(7)

لكن المصادفة والقدر يسوقان لمريم ما ساقاه لثروت ماجنسيتي. فهي الأخرى تتعرض لحادثة اغتصاب من رجل أسترالي. وقد حاولت الانتحار

(6)   المصدر السابق، ص 78
(7)   المصدر السابق، ص 98

أيضاً. هكذا كانت رسالة مريم لشكري الذي يعيش بعد ذلك حالة من الضياع، ويقع طريح مرض يستمر معه طويلاً. ذلك ما دفعنا إلى اعتبار أن الأحداث التي حاولت رواية «ثروت» أن تجد لها مخرجاً معقولاً لم توفق في إيجاده، على الرغم من أن التأثيث السردي يحمل في طياته إمكانية تجعل الرواية عملاً لافتاً، إلا أنها استطاعت أن ترسم لنا شخصية أرمنية كان لها أثر هام في نقطتين: الأولى أنها مشهدت لنا ثروت ماجنسيتي وأبرزت صورة ضياعها من جهة، ومن جهة أخرى أبانت علاقتها مع شكري، والتي دفعت حياتها ثمناً للوفاء الخالص نحو شكري الذي أحبها أيضاً. أما النقطة الثانية فهي حالة «الإسقاط» التي رسمت خيوطها مريم القبطية، والتي كانت مثار استذكار دائم لشكري كي تبقى «ثروت الأولى» هاجساً يعبث بأعصاب شكري الذي يجعل من حبه لثروت طقساً يمارسه في لحظات تأمله واستذكاره.

كذلك هي سردية «في سبيل الحرية»[8] حيث تكشف لنا حكاية الحب الدافقة بين «نورهان صوفيا» الأرمنية و«إبراهيم الأدكاويّ» المصري؛ ذلك الفلاح البسيط الذي تسلبه عقله فارسة الجواد الأبيض. لننظر إلى تلك المقتطفات: «وأفاق من نشوته على صوت رتيب بدا خافتاً ثم أخذ يقترب منه... فشاهد منظراً جعله يقف مبهوراً. كان الجواد أبيض أصيلاً» ... «أما الفتاة فقد كانت سافرة الوجه تمتطى جوادها بثقة الفارس المدرب، والرياح تعبث بشعرها الأصفر فيتطاير خلفها كخيوط الشمس المنعكسة على الماء» ... «فوجد إبراهيم نفسه يسرع إلى الطريق ليشاهد عن قرب هذا الموكب الصغير القادم من الغرب متجهاً نحو البلدة.» ... «وعندما مرت الفتاة به التقت عيناهما كانت تنظر إليه نظرة ثابتة واثقة» ... «أحس بأنه يرى فيهما كل الوجود الذي كان يشعر بأنه ملكه منذ لحظات... رأى السماء والسحاب الأبيض ورأى البحر وأفقه الأزرق، ورأى العالم برماله وخلجانه، رأى الشجر بخضرته ونضرة أغصانه... رأى الوجود الذي أحبه وانتشى به كله في هاتين

<hr>

(8)   في سبيل الحرية، رواية عبد الرحمن فهيي.

العينين. واختفى الموكب الصغير عن عينيه، ولكن هذه النظرة لم تختف من خياله». (9) من هنا نجد أن اللغة الروائية والسياق السردي التوصيفي، يتجاوز أحياناً إلى حدّ كبير رواية «ثروت» التي غابت عنها تماماً كل تلك النكهة والعبق اللذين تحتاجهما هكذا وقائع من العشق والهيام (إن صح التعبير). ففي رواية عبد الرحمن فهمي توضَّع الألق، وتناثر حكايات شفيفة بين صوفيا الأرمنية وبين إبراهيم الأدكاوي. حكاية ترامت مقاصدها واتجاهاتها؛ فهي بطبيعتها أحدوثة عشق غير متكافئة، إذ يتبدى من السياق بأن إبراهيم فلاح وريفي، لكنه لا يخلو من الرؤية الحالمة والشاعرية للحياة، وذلك عبر الإشارات التي ترد في النص، حيث يمارس طقساً من التأمل والاستباحة لمفاصل الكون والطبيعة. وهو أيضاً عاشق ينثر سياق حدوثته بلغة جميلة وشفافة. وقد جاءت لحظة التقائه بصوفيا؛ لحظة تستحق التوقف عندها. فقد كان وقعها داخل السردية مؤثراً، وقتما كان يتأملها قبل قليل من لقائه بصوفيا. حيث جاء اللقاء وحالة التوصيف تجليان لصورة ثنائية متناغمة، انسجم فيهما الإحساس بالطبيعة ومقارباتها، ما جعل السياق السردي جميلاً ولافتاً. لننظر: «استحال هذا الوجود العريض كله إلى نقطتين زرقاوين رُكِّبتا في وجه ناصع البياض يستحم في موج من الشعر الأصفر الهفهاف». (10) ويبقى إبراهيم الأدكاوي مشدوداً بقوة سحرية إلى تلك الفارسة التي عبرت خياله دون فكاك، وقد ارتهن إليها بشغف لم يجد له تفسيراً. وبقيت تلك الخيوط التي تشده إلى ذلك المكان غامضة وسرية، تتكالب في ذاكرته لتستيقظ في كل مرة يعاوده المكان وليبدأ رحلة من الانتظار الماجن. لكنه، وفي المرة الأخيرة من تأملاته أمام البحر، وعلى شاطئه الذي شاركه انتظاره الطويل واليائس وهو يرقب كل شيء: «ينتزعه من خواطره تلك السوداء صوت فيثب واقفاً، إنه الصوت الذي يئس من سماعه، ويسرع إلى الطريق، فيرى الموكب الصغير الأنيق يقبل

<hr>

(9)   في سبيل الحرية، ص 42 - 43
(10)   المصدر السابق، ص 43

137

نحوه من الغروب، ويخفق قلبه وتضطرب أنفاسه ها هي ذي مرة أخرى».[11] لكنها هذه المرة ليست كما هي الحال في كل مرة. إذ يقف إبراهيم أمام الموكب دون حراك، محاولاً تكليمها. لكن صوته يتبدد في الصمت دون أن يستطيع شيئاً مما أعد نفسه له في لحظات انتظاره المريرة، وتأملاته التي استغرقت منه الكثير من الأفكار. لكن عندما تتجاوز صوفيا الأرمنية إبراهيم الذي وقف بثبات، تمسك بزمام الجواد، وتهوي بالسوط الذي بيدها على وجهه. يتدخل عندها حارساها فينبري إبراهيم لهما، ويصرعهما أرضاً. لحظتها تحس صوفيا بأن إبراهيم سيفعل شيئاً تجاهها، فتبدأ رحلة التوسل إليه. لننظر: «وتدفع كفيها بالمصوغات نحوه فلا يمد يده لأخذها. ليس معي غيرها أقسم لك بالله! ولكنها غالية كما قلت لك. خذها واتركني لوجه الله».[12] لكن إبراهيم يفاجئها برفضه لما قدمته له، وبيادرها مفصحاً عن رغبته. لننظر: «كنت أريد قلبك... فأعطيتني سوطك...! وألقى بالسوط أمامها خذيه يا سيدتي فليس هو ما أريد».[13]

هكذا تتساوق الأحداث بينهما، ويبدأ فصل من طقوس الندم الذي يجتاح صوفيا حينها ويدفعها إلى ألم شديد؛ إذ لم تكن تتوقع أن هذا الفلاح سيحتل الحيز الحصين من حياتها، ويسيطر أيضاً على إحساسها جرّاء نبله وشفافيته. وقتها تبدأ السياقات السردية الحميمة تتمظهر لهفة وشوقاً إلى ذكرى تلك الواقعة، لتتساءل بلغة لا تخلو من الإعجاب والودّ نحو إبراهيم. لننظر: «ترى أين هو الآن؟ وماذا يفعل؟ أنسيها أم لا يزال يخرج كل أصيل إلى الشاطئ الرملي، يترقبها».[14] ومع مرور الأيام تبقى رحلة التذكر والهجس عند إبراهيم وصوفيا قائمة، لكن غياب اللقاء بينهما يجعل المستحيل واليأس يملأ قلبيهما. فهما يشعران أن لا أمل من اللقاء بينهما، وأن الكثير من الحواجز تقف

(11)   المصدر السابق، ص 171
(12)   المصدر السابق، ص 176
(13)   المصدر السابق، ص 176
(14)   لمصدر السابق، ص 189

حائلاً بينهما. إلا أن الخدعة التي تتعرض لها صوفيا من أجل التجسس على عائلة الأدكاوي، والاتفاق بين والدها والقنصل الإنكليزي، يميط اللثام عن موقف جميل تتخذه صوفيا بعد أن تعرف بأن العريس الذي زُفَّت له من أجل التجسس عليه هو إبراهيم الذي التقته وعاشت تحلم بأن تراه مرة أخرى. لننظر: «وعرفت الصوت، ولم تصدق أذنيها ففتحت عينيها ورأته... هو... عملاق المنحدر الرملي. ولم تصدق عينيها وخيل إليها أنها لا تزال تحلم. ولكنه يقف أمامها بقامته العملاقة ووجهه الأسمر النبيل وعينيه السوداوين الواسعتين، والندبة التي خلفها سوطها في جبينه العريض».[15] وكما تبدى أن اللقاء الذي لم يتم التخطيط له غَيَّب جملة المستحيلات التي كانت عائقاً بين إبراهيم وصوفيا وجعلهما يعيشان حالة من «الحب والعشق»، وذلك دفع صوفيا إلى أن تتخلى عن مهمتها التجسسية حيث اندفعت تحاور ذاتها في عزمها النهائي على «أن تنفض يدها من كل شيء إلا إبراهيم، وإلا هذه المنَّة من الحنان التي تعيش في ظلالها ولينتصر الإنكليز أو لينهزموا بعيداً عنها، وأبوها يستطيع أن يدبر أمره بطريقة أخرى لا تعترض وسعادتها. وثأر أمها وحرية وطنها يمكن أن يتحققا دون أن تخون زوجها الحبيب، ودولك أن تغدر بثقة هؤلاء الناس الطيبين فيها».[16]

وبتقديرنا أن الموقف الذي لوحت به صوفيا وحققته في نهاية المطاف، بعد أن اكتشفت حقيقة والدها الدها الوهمي، موقف تميز بالنبل والأخلاق في إطار الحيوات التي تحيط بها، وذلك ما جعلنا نستأثر حكاية صوفيا الأرمنية وإبراهيم الأدكاوي لملامستها ثنائية العشق والحب، وما تضمنته من زخم وحميمية. وكذلك قاع الحكاية، وسردية العشق، على الرغم من أن السياق الروائي لم يؤجج أحدوثة العشق إلى درجة يجعل منها هاجس الحكاية. لكن الحكاية، بكل ما تحمله من اعتيادية ومألوف، لم تخلُ من بعض تجليات

---

(15)   المصدر السابق، ص 522
(16)   المصدر السابق، ص 531

التألق والرومانسية، وهي في حقيقتها حكاية لافتة نتيجة لجملة المواقف التي استوقفتنا من خلال تفحصها ومتابعة أحداث تواشجها.

أما سردية «أوراق الليل والياسمين»[17] فلم تكن في أحداثها ثمة إشارة، أو رغبة حارة في نسج حكاية عشق بين خليل و«مانوش». فقد اكتفت السردية بموقف يتيم يمظهر جزءًا أو جانباً من سياق المستوى الذي نتفحصه في هذا المقام. ولقد تجلى إعجاب خليل بمانوش بصورته الخفية، والذي جعل من هذا الإحساس صورة أكثر غموضاً وتعتيماً. إن حرص خليل على خدمة البيت وأهله– عندما كان مكرديج غائباً إبان سفره إلى ابنته «آني» – وحفظه غياب والد مانوش وعدم استغلال الانفراد بها، هو السبب الهام الذي لم يدفع الأحدوثة بينهما إلى أفق أكثر رحابة، وأكثر اتقاداً وصراحة. لننظر: «جاءت مانوش بالقهوة وأعطت كل واحد فنجانه، أخذ خليل من عينيها نظرة فارتجفت شفتاه وانسكب قليل من القهوة في الطبق».[18] أما الموقف الآخر الذي تعرض له خليل على أثر هذه الزيارة الهامة إلى بيت المعلم مكرديج، فكان حين «شرب خليل نصف فنجانه، وعندما رفع عينيه شاهد هاروت قادماً إليهم. هاروت وقف أمام خليل ثم قال له: ماذا تفعل هنا؟ خليل قال: هنا بيت معلمي. قال هاروت: معلمك ليس هنا، وأنت يجب أن تكون في الورشة. خليل قال: جئت أسأل إن كانوا يريدون شيئاً كي أحضره لهم. ردّ هاروت بصفعة على وجه خليل... لم يكن خليل قد أعد نفسه لملاقاتها... ثم أمسك كل واحد منهم بتلابيب الآخر، وبدأ الصراع وكذلك اندفع كل من في الساحة إليهم، وأسرع «ناظو» يمسك خليل من قفاه ويجره عن هاروت. واندفعت مارو إليهم وراحت تضرب هاروت وناظو، وتسبهما حتى استطاعت أن تخلص خليل من أيديهما، بينما وقفت مانوش على طرف الباب وقد لمت يديها على بعضها وقلصت وجهها مرتعبة. يا ربي ماذا يريد هؤلاء

<hr>

(17) أوراق الليل والياسمين، رواية فيصل خرتش.
(18) أوراق الليل والياسمين، ص 20

140

الناس منا...؟ الولد يخدمنا. رجلنا غائب. وهو لم يدخل بيتنا البارون يؤمنه على روحه حرام عليك». [19]

لا بدّ أن ما حصل لخليل كان كمثل «القشة التي قصمت ظهر البعير»، ليس على صعيد العلاقة التي كتب لها الموت قبل ولادتها مع مانوش، وإنما أيضاً على صعيد آخر يتعلق بسردية السياق الروائي وآفاقه ووقائعه، حيث غاب ظل خليل وتلاشى، من دون سابق إنذار داخل السرود. لكنه بقي نافراً في الحيز الصغير الذي بدأه كمدخل لرواية «أوراق الليل والياسمين»، ومخالفاً- بل ومتبايناً- مع «رياح الشمال 1917» [20] التي وجدنا فيها حكاية عشق لها عبقها الخاص والمؤثر، وكذلك المميز ضمن إطار الحيز الذي نتفحصه، إذ تتناثر الظلال عبر حكاية «الضبع» عمر بنبوك، والأرمنية «سيلوا»، والتي كانت بحق إحدى الشخصيات الهامة والأكثر حرارة واتقاداً عبر حكايتها مع الضبع من جهة، وشجاعتها من جهة أخرى. فقد تميزت عبر هذين الموقفين، لتنفتح أمام سياقها السردي آفاق وتجليات لها من الوقع ما يجعلها لافتة بحق. من هنا ندرك اندفاع سيلوا وإعلانها إعجابها بالضبع، بعد الموقف الإنساني والعظيم الذي أقدم عليه رجاله، بعد أن سلبوا عربة من الطابور الذي كان ينقل الأغذية إلى العراق. ودفعوا إلى حشد من المشردين الأرمن المتضورين جوعاً وعطشاً لحظتها، وكما يروي الحكاية سليم وقبل أن يغادروا ذلك المكان. لننظر: «اقتربت شابة جميلة- كانت قصت شعرها كي تبدو قبيحة فلا يلمسها أحد من الأوغاد- وقبّلت الضبع. عرفت أنه قائدنا فقبّلته ثم رجته بالتركية أن يأخذها معه. ضحكنا حينها كثيراً. شرحت لها أننا قطاع طرق وأن حياتنا في خطر أكثر من حياتهم، ولكن الشابة أصرت. قالت إن أمها وأباها وأخوتها وجميع أقربائها قد ماتوا ولم يبق لها أحد، ويمكنها أن تذهب معنا وأنها تستطيع أن تطلق النار وترغب في ذلك لأن أخيها كان من الهنشاق حينها كانوا

<hr>

(19) المصدر السابق، ص 21 - 22

(20) رياح الشمال- 1917، رواية نهاد سيريس.

في (بدليس) وأنها كانت تقاتل الأتراك مع أخيها قبل أن يُقتل... الضبع هو الضبع، رفض أخذها معنا». (21) لكن سيلوا ما أن يغادر الضبع ورفاقه مكانهم وسط الظلمة، حتى تقدم على فكّ بغل العربة وتحريره، ثمّ تنطلق متتبعة آثار الضبع الذي وقف ورفاقه لإراحة الخيل. سمعوا وقتها وقع حوافر دابّة ما قادمة من الجهة التي قدموا منها. لمع حينها في أذهانهم أن الأتراك قد اكتشفوا مكانهم. ثمّ عرفوا بعد قليل بأن القادم على الدابة هي الفتاة الأرمنية سيلوا التي خلفوها، لحظتها «أمرها الضبع بالعودة. قال لها عودي إلى الآخرين، إلا أنها أبَت. وقفت تتحداه. قال لها مكانك ليس هنا؛ أنت امرأة، ولا مكان هنا للنساء. رفضت أن تعود، قالت له إنني امرأة، ولكنني أملك رأس رجل. أعطني بندقية، وسترى العجائب». (22)

لقد استطاع نهاد سيريس في الواقع توليف سردية سيلوا عبر نسق من الوقائع، جاعلاً منها أحدوثة شفيفة تحمل في مسار سياقها بعدين:

البعد الأول: هو الإيقاع اللافت في إصرارها على مرافقة الضبع والذي يكشف مقدرتها على القتال في الماضي.

البعد الثاني: هو الشغف برجولة الضبع وإعجابها الشديد بمواقفه.

لكن سيلوا الأرمنية تصرّ على إقناع الضبع بأن لها رأس رجل. لننظر: «انتشلت بندقيتي ثم لقمتها وصوبت نحو حجر صغير بحجم قبضة يد الرجل على بعد أربعين خطوة. أطلقت النار فإذا به يتفتت إلى حصى صغير». (23) هدأ الضبع عندئذٍ ولان، بعد تلك المشاهدة، ثمّ طلب من سليم أن يُلبس الفتاة لباس رجال، لتبدأ سيلوا رحلتها معهم وتصبح واحدة منهم. لكنها ما انفكت تحتكّ بالضبع؛ فقد كانت ترعاه، وتقدم له كل ما يطلب. والضبع (عمر بنبوك)، هو الضبع؛ لا يلين ويتجاهل جميع إشارات وهمهمات سيلوا

---

(21)   رياح الشمال- 1917، ص 325
(22)   المصدر السابق، ص 326
(23)   المصدر السابق، ص 326

الأرمنية، إلى درجة أنها كانت «تلفّ له السجائر، أو تحضّر له الطعام، أو تغسل له ثيابه. لا تترك أحداً غيرها يقوم بخدمته. كنا نبتسم مبتهجين. تر كناها تفعل ذلك، وعندما ينام تجلس فوق رأسه لتحرسه وتطرد عنه الذباب والبعوض. لقد عشقته المرأة». [24] ثمّ يتبيّن، لنا السبب في إصرار الضبع على عدم مبادلتها الإعجاب والحبّ، كما يقول سليم الذي يروي حكاية سيلوا والضبع. لننظر: «لديه زوجتان وكثيرات من المعجبات، ولكنه لا يفكر بهن». [25] وبتقديرنا أن هذا العزوف عن النساء في سلوك الضبع لم يكن مبرراً لحسم الأمر بالنسبة لسيلوا الأرمنية. إذ تبين من السياق السردي للرواية أنها بحمايتها له لحظة يداهمه الخطر، يتبدل موقفه نحوها، ويبدأ طقس من الإنشاد بينهما... فما فعلته الأرمنية سيلوا عجز عنه الرجال. لننظر: «كانت سيلوا وهي الأرمنية المسكينة جالسة على الأرض تطلق النار دون خوف وبسرعة هائلة على الفرسان الشركس الملاعين. كان ثلاثة منهم قد سقطوا على الأرض قتلى. أما الآخرون فمنهم من كان هارباً ومنهم من كان يطلق الرصاص من على صهوة حصانه. عدنا أدراجنا ونحن نطلق النار. هرب الجميع، وما إن اقتربنا من الأرمنية الشجاعة، حتى سقطت على الأرض. كانت جريحة. يا لها من امرأة! حاولنا أن ننسى أنها امرأة. كيف يمكننا أن ننسى هذا الأمر؟ هل تعرف لماذا فعلت ذلك... لقد شعرت أن الضبع في خطر فنزلت عن بغلها مضحية بحياتها من أجل أن تنقذ الضبع». [26]

عندما جاء الموت، وتلاشت مفاعيل الحكاية وسرودها، غاب ذلك الشفق الذي كانته سيلوا التي كانت الدافع الحقيقي لنزول الضبع (عمر بنبوك) عن عرش رجولته وأنفته، متخلياً عن كونه أمير الموقف وسيده، ليكون قريباً من رأس الأرمنية سيلوا. لننظر: «كان الضبع يجلس إلى جانبها طوال الوقت، وعندما فتحت عينيها ذات صباح ابتسمت له وقالت إنها تحبه وأنها تتمنى

(24)   المصدر السابق، ص 327
(25)   لمصدر السابق، ص 328
(26)   المصدر السابق، ص 329

أن يقبّلها. فقبّلها الرجل ومسح العرق عن جبينها. أغمضت المسكينة عينيها وفى المساء ماتت».[27] ماتت سيلوا الأرمنية لتبقى غصة في قلب الضبع، وذاكرة طيبة وحزينة يحملها رجاله في أذهانهم، ورمزاً له طقوس من الشجاعة والإقدام، ومثالاً على أن سيلوا أخت الرجال. هذا من جهة، أما من الأخرى، فقد استطاعت سيلوا الأرمنية أن تبرهن للضبع ولمن حوله بأنها أحبت وعشقت، وضحّت من أجل أن يبقى من تحب. وهذا ما تساوقت من أجله أيضاً حكاية «شما» الأرمنية و«العم حاتم» في مدار من سرديات «مدارات الشرق».[28] إذ تبدأ الحكاية بالذبح، وتنتهي بالهواجس المؤلمة وحالات كثيرة تتبدى فيها صور عديدة من مشاهد الهذيان والتَلبُّس، وجعل الحالة في بعدها الإسقاطي، مقاربة ثنائية تلامس حيوات الآخرين. في الوقت الذي وجدنا فيه أحدوثة «شما الأرمنية» وتجلياتها النافرة، وألقها البائن كحالة سردية خاصة، تبين من خلالها نسق الوقائع في السرد، وتواتر الإيقاع الروائي تناظراً مع المُتناوب في وقائع الحكاية أو الأحدوثة، وكان لذلك دور أساسي ملحوظ عبر مختلف الهواجس والإسقاطات التي تطال سلوك العم حاتم وتجليات أحلامه. وكذلك جملة ما مثلته تلك الشخصيات. لكن شخصية شما بأشكالها المتعددة بقيت الصورة الأكثر قسوة وتعبيراً عن وحشية الذبح، أولاً من أجل تغييب حالة الحياة الجميلة التي أرادتها شمّا. لننظر: «على العشب استلقيا يلتحفان السماء. أتت النار على إحدى الصرتين وهما يتمرغان. أيقظتهما رائحة النسيس بعد حين، فنهضا يضحكان وإذا بالخيالة والبواريد تلوح شرقي الغدير. توقفا ريثما يعبرون، لكن الخيالة تسوروا حولهما. وفي ومضة عين كان كل شيء قد انتهى. أمره أحدهم أن يرمي بما يحمله من نقود. أمره آخر بأن يناوله الصّرة التي لم تحترق. أقسم ثالث أن البنت أرمنية وقفز عن حصانه مشرعاً السكين. قفز آخرون يكتّفون العم حاتم، وأشرعت سكين فوق رقبته، وجعرت الأصوات: انطق بالحقيقة يا كلب، اندفعت شما إليه مولولة تصيح: اتركوه

(27) المصدر السابق، ص 329

(28) مدارات الشرق، رواية نبيل سليمان.

144

كرمى لله... أنـا أرمنية فمـا ذنبه؟ رماهـا أحـدهم علـى الأرض وحزّ رقبتهـا، فيما دفعه الآخرون: لا تنظر خلفك. اجرِ... اجرِ». (29)

ذلك مشهد الذبح الرهيب الذي يشكّل نهاية فصل الدم الأول. ماتت شما مذبوحة بدراية منه، وعلى مسمعه، ليبدأ فصل آخر من الذبح. ولكن ليس لمرة واحدة وينتهي كل شيء، بل في كل مرة تتراءى للعم حاتم شما، يشعر بأنه يذبح هو من جديد. ويظل ذبيح كل يوم، وربما مرات في اليوم الواحد. لننظر: «وحين جرؤ على أن يلتفت إلى الوراء كانت الشمس قد غابت. كان قد نأى عن الغدير والذبيحة. ولم يُجده أن يعود ويبحث عنها طول الليل وهو موثق». (30) وقتئذ تبدأ رحلة الهاجس المريعة التي سيطرت على كل شيء فيه. فقد باتت شما تتراءى له بأشكال مختلفة. لننظر: «مرة كانت تتجلى له في المرأة التي ثقبت ثديها الأيمن رصاصة وثديها الأيسر رصاصتان. مرة تعود طفلة شقراء شقّت رأسها ضربة فأس أو فراعة». (31) لقد لبسته شما الأرمنية كلعنة، واستباحته حتى غدا رهين لذاكرة تخصها وحدها؛ تجثم فوق صدره في اليقظة والحلم. لننظر: «كان لها وحدها- من بين كل النساء أجمعين- وقعها الكامن في أعماق القلب. كان لوجهها رسومه المحفورة في الصميم». (32) وقد بقي سياق الذبح قائماً أمام العم حاتم، لتبدأ لعنة جديدة في سلوكه وفي حلّه وترحاله. فبعد أن يلتقي «نجوم الصوان»، تلسعه الذكرى القديمة التي لازمته، بالرغم من مرور السنين الطويلة على مشاهدها وآثارها. لننظر: «تملّى وجه نجوم فتراءى له أنه قد رآها من قبل. جلست أمامه. نهضت ومشت، ثم عادت وجلست، فأيقن أنه قد رآها على الأقل مرة من قبل. هجمت عليه شما بدمها الشاخب. فرَّ من الدم فأضاء وجه «نجوم»، أو شما، وشنّف سمعه صدى الصوت الطفلي. عشرون سنة لم يرَ مَن تذكّره بشما... ثمّة نساء ممن عرف بعدها، أو رأى لهن

---

(29) المصدر السابق الأشرعة، ص 406
(30) المصدر السابق الأشرعة، ص 406
(31) المصدر السابق، ص 407
(32) المصدر السابق، ص 395

شقرة الشعر إياها وخضرة العينين، دقة الوجه، الخصلات الملازمة للجبين، القوام اللين الصلب... لكن أي ممن عرف أو رأى لم تذكّره بشما. وحدها كانت تطلع من الأعماق المنسية. أما الآن فنجوم الصوان هي التي تطلع بها... إلى أن يحمي نجوم الصوان من مصير مماثل ما دام حياً، حتى لو دفع فياض الباب هذه الساعة وتزوجها فلن يتخلى العم حاتم عنها ما دام حياً».(33)

ها هي نجوم الصوان تنبثق أمام عينيه مثل شجرة سامقة، توقظ فيه ما دفنه القلب وما خطته الذاكرة في ذهنه وعقله، وكذلك تنهال عليه الصورة، لسعاً يدفع الأعصاب إلى هاوية الجنون والقلق، ليبدأ خطواته نحو مفارق الألم والحسرة؛ يضفي بعدئذٍ على الأشياء من حوله ما خلفت شما وصورة وجهها الذي تبدّى له في نجوم الصوان، هذه المرة أكثر من ذي قبل. لم يكن لديه ما يدفع إلى الشك؛ فاليقين أن نجوم هي شما بذاتها، بتلويحة يديها وقيامها وقعودها، في نظرتها صوبه، وبراءة صوتها. لا بدّ أنها شما. لكن، وبعد أن استقر هذا الهاجس في كل جزء منه، تساوق مع بداية جديدة. غدا بعدها كممسوس أصابته لعنة نجوم الصوان؛ لا لشيء، وإنما لرغبته الكامنة في أن يرى شما بين يديه. فعندما يحدّثها يشعر وكأنه يحدث شما الأرمنية الماثلة بين عينيه كلما مثلت نجوم الصوان، بهيبتها التي تطال كل أعصابه، وتعبث بكل الأوراق القديمة والسرية. لننظر: «كانت نجوم بخاصة تزداد جرأة على أن تجعله يحدثها عن نفسه، فليس يعقل أن تظل لا تعرف إلا أنه أرمل، يعمل في المحطة ومن قبل على القطار. ولئن كان يعسر عليه أن يستجيب، فقد كانت رغبته بذلك تكبر، ثم صارت رغبته تتبلور في أن يحدثها عن شما وحسب. وحين صح عزمه على ذلك، ألفى يده تتناول السكين من قرب الباب، ثم يجر قدميه إلى حيث كان يجلس، يشهر السكين في وجهها فتتراجع ضاحكة: يعود بالسكين إلى رقبته المعروقة، ويدمي صوته: هكـذا حزّوا رقبتها. هكـذا كانت السكين فوق

(33) المصدر السابق، ص 399

رقبتي أيضاً... ». (34)

ربما كان انسحاب ذلك الحزن والصمت الذي يطحن العم حاتم مردّه ذلك المشهد الذي لم يستطع حينها أن يفعل شيئاً تجاه من قاموا به أمام ناظريه. لذا، بقي العم حاتم صريع تلك اللحظة ومحاكاتها التي تتفاعل في داخله على هيئة امرأة تشبه شما التي غدت نجوم الصوان، وأصبحت موضوع رحلة هواجسه وإسقاطاته، واستيهاماته. لننظر: «في صباحات تالية لم يعد ينهض إثر جفلته، بل تعوّد أن يغمض عينيه من جديد، ليرى شما تتلبس بنجوم، تشيحان معاً عن وجه آخر – قد يكون لفياض – ثم تقبلان عليه وهو الكهل، بخفر وأناة، فيفسح لهما في الفراش الذي غدا عريضاً، وإذ بهما امرأة أخرى لم تقع عينيه على مثلها من قبل؛ يعبق الفراش برائحتها الطاهرة والآثمة في آن، ولا يعود قادراً على أن يجافيها. إلا أنه لا يكاد يدنو منها حتى تطلع الشمس ثانية، وتوشك وجوه شما أن تضبطه متلبساً بأحلام». (35) لا فكاك إذاً، فقد بقي العم حاتم – بالرغم من كهولته ومرور السنين الطويلة على حكايته مع شما الأرمنية – متلبساً بحالة من الهجس والهذيان، تستبيحه نجوم الصوان بكل ما أوتيت، وتداهمه شموس شما الأرمنية التي لا تغيب، وحوار العنق والسكين، ليستحيل من بعد ذلك إلى طريق تلملم شما كما تلملم نجوم الصوان، لتتواشج في تلك الطريق. لننظر: «سوى أن العم حاتم، حيث آفاق من الأولى، ألفى نفسه في سجن ديار بكر وقد هذى طويلاً في الخان، وربما في النعش، منادياً على شما، وربما على نجوم – مذبوحاً مع كل أرمنية أو شركسية، مذبوحاً مع كل إنسان، يجدف في السماء ويلعن القاتلين». (36)

في سردية «الهدس» (37) لم يلعن القاتلين فحسب، بل تبدت تفاصيل حكاية «فلورا» شريطاً من الدفء، يمرّ على البراري كما يمرّ على الفرات. يشقّ كل

____

(34)   المصدر السابق، ص 401

(35)   المصدر السابق، ص 412

(36)   المصدر السابق، ص 401 - 408

(37)   الهدس، رواية إبراهيم الخليل.

الدروب الوعرة صوب ذاكرة ترش الملح على جرح أحمد الفياض، ليبقى يقظاً يترامى على الشطوط، ويتمرغ برمالها اللزجة، مؤثراً العرق على أي مخلوقٍ بعد فلورا الأرمنية ولون الخرز الذي يستقر في عينيها. إذ كانت أفقاً من العذرية، والعذوبة، يتناوب في تكثيف ماهية حضورها الآسر مكونات الفياض العشقية لتتجلى من بعد ذلك، كسماء من الكلمات تنشر كل زهور أرمينيا آنذاك على روحه الغائمة. لقد داهمته فلورا الأرمنية فجأة كإعصار وخلفته أطلالاً وذكريات دامية. لننظر: «لكن حين هدّه التعب، جلس يستريح قليلاً. غفا، سرقته برودة النسمات الفراتية. وعندما استفاق، رفع عباءته الصوف يريد الرحيل، فاجأته تتكور في قاع السفينة؛ عينان بلون الخرز الأزرق، ووجه شاب مثل الدراق الناضج. من أنت؟ لم تجب. دمعت عيناها. قالت كلاماً بالأرمنية ضارعاً، لم يفهم منه شيئاً فردّ بتعاطف ودود مهدئاً: لا تخافي، أنت بحمايتي وحماية الله».[38] ويستمر الفياض في رحلة التداعي والاستذكار تحت وطأة الخمرة مرة، ووطأة الفرادة التي يحياها مرات كثيرة. إذ تداهمه صورة فلورا في كل حين، منذ أن قادها إلى غرفته. لننظر: «أوقد القنديل، فأزدهى الضوء، وبانت وسط المكان خفيفة رشيقة مثل شبطة الطرفاء، ولابت عيناها بضراعة، حارت فأشار لها أن أنت في أمان هنا لم تفهم كانت ضائعة، مستسلمة واجفة تضطرب في عينيها الزرقاوين مشاعر لا تدارى، وأهدابها الطويلة ترف كجناحي عصفور مبلل، فامتزج العطف بالشفقة في داخله وهو الذي خبر الوجع والاغتراب طويلاً».[39] لقد تنادت روح الفياض لها واستقام في رأسه لون آخر للحياة، تساوق ورغبته التي تتلهف نحو آفاق لأنثى تشيل معه هموم الغربة والوحدة، وكانت فلورا لكن، «سيئ الحظ يعضه الكلب وهو على ظهر البعير».[40] أخذها الموت بسرعة لم يصدقها الفياض ذاته. فاجأه موتها كما فاجأته بحضورها. بدأت عندئذٍ رحلة الحزن دبيباً يغزو كل شيء في حياة

(38)   المصدر السابق، ص 104
(39)   المصدر السابق، ص 105
(40)   المصدر السابق، ص 105

الفياض، ويغدو طريح العرق وجرح فلورا الأرمنية في القلب والذاكرة. لننظر: «آه يا جنية الفرات المعذبة. جئتِ غريبة ومتِّ غريبة. لم ترَ كي شيئاً غير طائف لا يفارق، ووجع مستديم كالعطابات. فلورا»[41].

لقد كان غياب فلورا الأرمنية مثار صخب وقلق في حياة أحمد الفياض، حيث استطاعت اللغة المتماسكة والصافية لسياق سردية «الهدس» أن تنثر شفافيتها، وطقسها المتناغم لإقامة ذلك الشكل المتناظر من السحرية التي جاءت على صورة تداعيات تواكب ذلك الألم والمرارة اللذين خلفهما غياب فلورا الأرمنية في حيوات أحمد الفياض أينما حلَّ وارتحل. وقد جعلنا ذلك ننظر إلى سردية «الهدس» من جوانب مختلفة، لنتبين عن كثب مقدرة الروائي الخليل على توليف تلك المعادلة الصعبة من خلال إشاعة طقس لغوي ينهل من الترانيم الشعرية ما أمكنه. واللافت في تلك المسألة أيضاً هذا التنقل الإيقاعي لتوصيف اللحظة الإستذكارية عند أحمد الفياض الذي جعلت من «الهدس» سردية تأخذنا إلى عالم آخر غير عوالمه القديمة لبرهة من الزمن سرعان ما انقضت، ليعود مشدوداً إلى قديمه الموجع، محملاً بأطلال فلورا الأرمنية التي تركت برحيلها عنه مذاقاً لحياة أكثر مرارة مما كانت عليه غربته وفرادته من قبل. لننظر: «هنا وَجْرك يا أبا ليلى. منذ رحيل فلورا لم تدخله أنثى، ولم يشرق في ظلمته سوى قنديل الكاز أو لهب الحطب في الوجاق»[42].

لا فكاك للفياض عن فلورا التي طحنته وسحقت أعصابه كلما جاءت على البال، لتحيله من بعد ذلك- عبر تداعيات عديدة، وكذلك من خلال طغيان ذاكرة الصور والمشاهد التي أصبحت من الماضي- إلى حالة من الهجس والهوس بلفورا التي ما إن يبدأ نسق الذاكرة يؤلف مشهداً أو صورة لها، حتى يطاله ألم لا يستطيع الفياض الانعتاق منه. لننظر: «فتحاصرك، ها هي حقيقة، وحارة كرغيف الصاج الساخن، يعاشر نفسها جلدك، وتمتد يدها النحيلة

(41) المصدر السابق، ص 106
(42) المصدر السابق، ص 132

إلى عصفورة يدك الزرقاء، وشم الشذر. تقودك عبر المسالك والدروب، تقيم صلواتها، قبل النوم والطعام، لسيدتها العذراء وتطلب من الفادي باسم الصليب أن يحفظك، ثم تغني ترنيمتها الأرمنية الحزينة، التي حملتها معها في دروب الموت طوال الوقت «أحمد» «فلورا»، وتطير رفوف العصافير تلتمع نقاط من الضوء والندى في اللوزة، ترى جريان الدم في بشرتها».[43]

يبدو أن الحصار الذي يعانيه الفياض كان مرده إلى ما خلفته وتركته فلورا من ذاكرة. فليس كل حصار حصاراً، فحصار فلورا كانت له ترانيم يعرفها القلب قبل العقل، ورائحة عبقها تتنفسها الأعصاب قبل الخياشيم. إذ أن فلورا- في إطار ثنائيتها مع الفياض- كانت النقطة الفارقة التي بدّلت الكثير، وحوّلت مجريات حياته وسلوكه. فهي لم تعلمه الحب والعشق وحسب، بل جعلت منه سياقاً تتألق فيه الرجولة أكثر مما يتبدى فيها في لحظة انتقام من الظلم والقاتلين. لم يطمع في يوم من الأيام ملامستها أو الحديث عنها. لننظر: «فلورا، ولا تجيب؛ فدليلها إليك روحها. وعلى مرّ الأيام حدثتك عن ألعابها وأصدقائها وكروم خضر وعصافير، ومنازل شهدت أفراحاً حدثتك عن الآحاد في الكنيسة، والأب (هوسيب)، الأشيب الطيب الذي شنقته الجندرمة في برج الكنيسة، فعرفتَ أن والدها قتله الأتراك كما قتلوا (أواديس) أخاها. كان عائداً من البستان مع بعض الرفاق. حدثتك عن الجثث التي ملأت الطرقات، عن الخوازيق وبنادق القتلة، وعن القرى الأرمنية الغارقة في الدم والظلام والرماد».[44]

لقد ثابر أحمد الفياض على الاستماع إلى فلورا بإصغاء شديد وهو مشدود نحوها دون قيد. وبقيت المشاهد التي حدثته عنها آثاراً مؤلمة في العقل وفي القلب؛ قلبه الذي أحبها وعشقها لغربتها ووحدتها، والتي وجد فيها غربته، كضياعها الشبيه بضياعه. لذا، كان أول المنبرين لوضع حدّ لمن يتسببون في

---

(43) المصدر السابق، ص 130
(44) المصدر السابق، ص 130

التشريد وآلامه. لننظر: «والوحيد الذي ظل محتاراً هو أحمد الفياض. سأل بعض الهاربين عن الأمر فقالوا له: الشناق في البلد».[45] وحين أصبح الفياض في وضع مريب ومندهش من الأمر، راح يسأل من حوله. لننظر: «ماذا يريد؟ يريد أرواحنا. ظالم وابن حرام. وكان قد دفن فلورا حديثاً والدنيا لا تساوي في عينيه حفنة تراب. وفورة الشباب ونشوة العرق في أوجهما، تلمّس قَدُّومه وشدّ السفينة إلى الشاطئ، وقال للناس:

- اليوم توقف العبور إلى الشامية.

- دخيل عرضك ليش؟

- أنا ذاهب إلى البلد. الشناق في البلد.

- تكون العفاريت الزرق في البلد.

- يستر حريمك خذنا إلى الشامية.

- ما عندي حريم.

- بعرضك.

- أعراضكم في البلد تركتموها وتحكون عن الأعراض، آه يا نَور.

- سكران بالتأكيد سكران.

- سكران ومحشّش، وما فيّ عقل. أنتم أخوة كيفي؟

- أمرنا لله.

- الله يأخذ الشين. أكلتم قلوب أرانب».[46]

حينها تدافع الفياض وخرج من جلده نحو تلك الآفاق التي لم يجربها

(45) الشناق: هو الرائد أحمد مختار الذي كان لديه الصلاحية المطلقة بشنق كل من يرفض تسليم نفسه إلى دائرة السوقيات. يمكن الرجوع إلى العدد 1 1993 من دراسات اشتراكية. للتعرف بصورة أكبر عن هذه الشخصية الدموية.

(46) الهدس، ص 189

بعد القتل. وأي قتل؟ لاذت الناس تحت الأشجار وفي الحفر، وتسابقوا في الاختفاء عن عيون الحرس. كل ذلك يجري أمام أحمد الفياض وهو الذي ما فتئ يدافع بروحه وقَدُّومه بيده متجهاً نحو البلد. لننظر: «والشناق يستعرض الوجوه الذليلة وقامات القصب، يتفقد الذلَّ والمواجع والخوف ويزهو. وعند أقلِّ حركة، تمتد يده لتقتلع الواقف كما تقتلع غصناً يابساً وترميه إلى كلابه. عند أحمد الفياض توقَّف؛ صدمته النظرة الواثقة، والقامة الصلبة، والعينان النفاذتان، التقى النفسان... فورة السلطة، وفورة الشباب. فورتان تتأهبان للصدمة – أنت. ولاَنَ. قال آمراً. وتوتر الحشد– العارف بالفياض– ينتظر شيئاً خارقاً للعادة... واهتزَّ شاربه الكث وارتفعت يده ثقيلة أسطورية، وهوت في طريقها إلى الصدغ فتوقفت في منتصف المسافة. شلّتها قبضة لا تقل عنها قوّة. وجمد الحشد والحرس كالخرافة... ولاَنَ. جعر كالثور السماوي وانطلقت بصقة إلى الوجه، وارتفع القدّوم عالياً فادياً ككبش إبراهيم، مقدَّساً كحمامات الحسن والحسين الذبيح، وقبّت الرأس الكبيرة، تفجّر الدم والجعير. خار ثم سقط... وذاب أحمد الفياض كالملح». [47] ذلك هو «الشناق» الذي يعَدّ تعبيراً سردياً حاداً وبارزاً، وكذلك كرمز للقتل والطغيان في رواية «الهدس»، والذي لم يجد الفياض مفراً من مواجهته وقتله. لقد كمنت كل الصور العتيقة في ذاكرة الفياض، وتراكمت مشاهد القتل التي حدثته فلورا عنها. لكن في لحظة ما، أبرقت سماوات في عقل الفياض وقلبه لتصنع تلك اللحظة الماردة في حياته، وليغدق على من حوله طقساً من التشفّي والثأرية التي تحولت إلى حالة انتقام من القاتل. انتقام لفلورا من جهة، ومن جهة أخرى فضّ لبكارة الخوف وهيبته في أعين الناس الذين أذهلهم وقع الحدث لحظة مقتل الشناق بيد أحمد الفياض.

أما ثنائية سردية «قرب البحر» [48] فلها حيّزها وموقعها الآخر، والتي لا

(47) المصدر السابق، ص 190
(48) رحيل اللقالق، ص 5

تنفكّ عن الرغبة في إقامة صرح من العشق والتواشج والهيام، ما بين «رمانة» و«أرتين». إذ أن «قرب البحر» لم تترك باباً لمشهدة الحب والعشق إلا وطرقته، ولكن بصورة أقرب إلى التركيب والقصدية داخل مفاعيل الأبعاد الفنية للقصة وسرودها التي لم تحقق حضورها اللافت في أن يكون للسردية وقعها الحار، وآفاقها البعيدة والمباشرة. لكن ثمة شيء غير متناغم في قصة «قرب البحر»، على الرغم من تركيبيتها القصدية. وذلك يدفعنا إلى التوقف عندها مؤجلين الحديث عن الأبعاد الفنية إلى مقام آخر.

يبدأ السياق القصصي لثنائية «رمانة وأرتين» دون تمهيد مسبق، بل يؤثر النص على تمكينهما من احتلال مواقع نافرة في النسق الزمني للقصة. كان بشتاوي أول المندفعين إلى قصّ الحكاية، من أولها إلى آخرها. لننظر: «كنت وحين يتأخر أقول لنفسي لقد أفلح أرتين أخيراً ورقّ قلب رمانة... فالتقاها في حديث طويل، ولا بد أن الحديث أخذهما في هدأة الليل ونداوته».[49] ونلاحظ أن أرتين منشداً إلى رمانة بحبال من عصب ودم؛ يذهب إلى لقائها بكل ما لديه من لوعة، وحنين إلى «تلك البنت الفلسطينية التي أشعلته حمى من الحنين والشوق واللوعة».[50] وعلى الرغم من كل المحاولات التي يلجأ إليها أرتين، كانت تطلب منه أن يصبر. لننظر: «هذه البنت أخذت قلبي. أمامها أنسى نفسي وهي تحدثني. أطرب لرنة صوتها وتعذبني. فقلت لها صراحة: يا بنت الناس أنت غريبة، وأنا غريب. خذيني إليك أو تعالي إلي... ونفس على نفس وندفأ معاً! لكنها عنيدة. لا شيء في فمها يا بشتاوي سوى اصبري يا أرتين، اصبر... وأرتين يحترق!».[51]

ربما كان الهاجس الذي ارتهنت إليه حكاية «أرتين ورمانة» في إطار سياقاته وأنساقه ووقائعه، رغوباً في الإلحاح على إبرازها كحكاية عشق بين اثنين تربطها طقوس الحب والعشق التي تتميز بلغتها المختلفة واللافتة كما هي «الهدس

(49)   المصدر السابق، ص 6
(50)   المصدر السابق، ص 8
(51)   المصدر السابق، ص 8

والأشرعة». لكن حسن حميد رسم منذ البداية خطوط اللوحة الناجزة لحكاية «أرتين ورمانة» للتعبير عن مقاربته المسبقة بين القضية الفلسطينية والأرمنية، مستخدماً ألَق أرتين وجنونه برمانة التي كانت هي الأخرى مشدودة إليه، قبل أن يتكلف القارئ هذا العناء اللذيذ. وذلك ما جعلها تحيل أحدوثة العشق في سردية «قرب البحر» إلى نسيج غير متشابك في طرح أفكاره ورغائبه. لننظر: «أحسُّ يا بشتاوي أن رمانة تشبهني، أو قل تشبه المرحومة أمي. وجه أمي عالق في خاطري مثل طيف لا يزول. لا أدري لماذا يأخذ وجه أمي وجه رمانة حيناً، ولماذا يتداخلان حيناً آخر... فأعجز عن التفريق بينهما. أتذكر علوّ وجنتي أمي، ووجهها القمحي، وشعرها الطويل الذي ابيضّ، وأنفها الرفيع».[52]

مما لا شكّ فيه أن بنية الحكاية تكمن في ذلك السياق الذي رفع رايات رموزه دون تكلّف. إذ بدا «الإسقاط» واضحاً على القضيتين المعنيتين بالتحديد، من دون أدنى لجوء إلى لغة قصصية تنهل من الواقع مفردات وتفصيلات الإسقاط ولغته المكينة. ويبقى أرتين يتلوى على هواجس اللقاء (رمانة. ويتحقق ذلك المرغوب. لننظر: «حين توافق على ذلك. يزدرد أرتين آخر لقمة في فمه وتسارع هي إلى مسح شفتيه براحة يدها... مسحاً يأخذ القلب بأطراف الأصابع فيتشجع أرتين. يطوي خجله، ويأخذها إلى صدره طرية ناعمة، لدنة كالحرير، وتأخذه هي إلى صدرها في ضمّة عمرها ألف عام معتقة كالنبيذ، فقد آن الأوان».[53] وتلك حقيقة أن الأوان قد آن كما هي رغبة حسن حميد؛ ونتلمس دون عناء حكاية «أرتين ورمانة» وتابعهما بشتاوي لنخرج من جلد القصة ملتفتين إلى بشتاوي الذي يُخبرنا- بعد أن يضم أرتين رمانة إلى صدره، وهي كذلك- أن تسللاً قد قام به العدو إلى مقربة من المخيم، وقد أصيب أرتين من جراء ذلك التسلل، عندما كان يقوم بإصلاح عطل أصاب سيارة خليل أبو جودة. وهنا يذهب أرتين ويتلاشى، ويبقى بشتاوي

(52) المصدر السابق، ص 8
(53) المصدر السابق، ص 14

حائراً. لننظر: «أبكي؟ أم أفرح لأن أرتين استشهد وهو يقوم بواجبه؟».[54]

في سردية «ذلك الصديق»[55] التي ثابرت هي الأخرى على أن تلمّس الأطراف المقدسة لحكاية الحب والعشق، عبر لغة تبتعد عن التجليات كثيراً ليبقى الحب والعشق الذي يطمح إلى صنع لحظاته العاشق والمعشوق، متسكعاً يلهث خلف السراب مخلفاً «آه الحب»، من دون إيقاع ولا ترانيم. هكذا تساوقت حكاية «دياب عيد وفرجيني الجزيرة»، ليصاب عندئذٍ بطل قصة «ذلك الصديق» بمسّ الحب. لننظر: «قبل سنتين فقط من الآن قرأت كتاب ماريو بوزو (العراب)، ورأيت الشاب ميخائيل يصاب بصعقة الحب. وأنا لم أسمع عنها من قبل لكني عشتها... فالذي أصابني يومها صعقة الحب».[56] لكن البطل في القصة يصرّ على أن يسوق حكايته مع «فرجيني» بطريقته، وهذا حقّه. لننظر: «ومع الأيام غدا الصغار يتغامزون وراء ظهري... فالأستاذ حين يلمح فرجين من نافذة الصف يغيب عن طلاب الصفوف الستة، ويشرد بصره وذهنه مع فرجين في خطوها الوئيد والتفاتتها السريعة... وكانت فرجين تعرف بهواي... ويبدو أن القرية كلها تتندر بعشقي».[57] لكن المسّ الذي أصاب البطل كان مسّاً أراد من خلاله دياب عيد، كما نعتقد أن يستبيح صورة العشق والتواشج من أطرافها المختلفة، تحقيقاً لمدّ جسرٍ من الروابط مع خيوط القصة التي أرادها أن تكون تعبيراً نافراً عن الآخر الأرمني وصورة حيواته. لكن هذا الحبّ الذي جاء سريعاً تلاشى سريعاً أيضاً ولم يبق منه سوى ذلك الطيف الدافئ متضمناً حكاية فرجيني التي كان البطل فيها يحتاج إلى من يذكره بفرجيني كي تستيقظ الصور والمشاهد، من دون أي أثر أو تجلٍّ يخص العشق... والعشق وحده طاغية صغير يتربع على نبض القلب كي يقول كلماته. لننظر: «انطلقت السيارة وأنا لا أرى أحداً لأن الدموع حجبتهم

---

(54)   المصدر السابق، ص 16

(55)   المصدر السابق، ص 19

(56)   المصدر السابق، ص 24 - 25

(57)   المصدر السابق، ص 25

عني... فرجين كانت على المنعطف وحدها... لم تلوح بيدها... كانت دموعها وهزة الرأس الصابرة تغنيان عن تلويحة اليد.... يا لهذا القلب كم سيتحمل! كم من الأبناء غدا لك يا فرجين... ربما هي جدة الآن... لكنك تظلين أبداً الحسناء التي أسرت قلبي ذات ربيع انقضى منذ قرون وقرون». [58]

وهكذا تتلاشى الحكاية في ثنائية «دياب عيد وفرجيني الجزيرة» لتختفي معالمها، دون قيد أو رابط يشدها نحو القصة والقارئ معاً في الوقت الذي تناثرت فيه توضعات ثنائية العشق والحب وإسقاطاتهما في النصوص التي اخترناها تمظهر تباين لافت من جراء ذلك، إذ استطاع بعض النصوص استباحة وامتلاك آلية التعبير عنها والبعض الآخر أخفق بوضوح تام في استلهامها ورصدها. وبتقديرنا أن هذا التباين، يعود إلى ملكات الروائي أو القاص أو المبدع المؤلف عموماً في الإحاطة الشاملة، بموضوعة العشق، والحب وإسقاطاتهما فالعشق مكنونة، تحتاج إلى لغتها الخاصة، والمميزة كي تستطيع إدراك حكاية ما أو أحدوثة ما وغياب اللغة الدافقة والمنثارة لا يحقق تلك التجليات التي تدفع بالعشق وحكاياته إلى التمظهر والبائن والبينية، وإنما يبقيها صريعة الاعتياد والمألوف، يتيمة كمفردة بلا أجنحة تدفعها للتحليق والطيران.

(58) المصدر السابق، ص 26

4- النسق التعويضي

النصوص المختارة:

1- الهدس، رواية إبراهيم الخليل

2- الصهريج، قصة قصيرة – إبراهيم الخليل

3- كوهار، قصة قصيرة – إبراهيم الخليل

4- أوراق الليل والياسمين، رواية فيصل خرتش

5- أفو، قصة قصيرة – الياس فركوح

6- مدن الملح (التيه)، رواية عبد الرحمن منيف

في البدء، وقبل أن نلج إلى مفاصل النسق التعويضي، لا بدّ لنا من أن نوضِّح بعض المسائل التي تتعلق بهذا النسق وآلية مفاعيله، والذي جعلناه مختلفاً عمّا سبقه من المحاور والمرتكزات. وذلك يعود إلى ماهيته البنائية المختلفة من جهة، ومن جهة أخرى، ارتهانه إلى مناظير ذات أبعاد «نفسية تحليلية» نحاول من خلالها تقصي الآلية «الجوانية»، أو الداخلية، للمرغوب التعويضي عند الآخر الأرمني وفق تجليات حضور صورته.

والمسألة الأهم في هذا المقام، والتي نرغب في تكوين رؤية عنها، تتعلق بشكل مباشر بمقدرات «الكاتب العربي» وملكاته، وكذلك مدى استطاعته الخاصة في امتلاك آلية «تقمص» الآخر الأرمني والتماهي به. وذلك لتبيّن الأبعاد التي استطاع المبدع العربي استلهامها في هذه الشخصية أو تلك،

وبالتالي الوقوف عند معايير تميز هذا العمل عن عمل آخر. لذا، جعلنا هذا النسق يقوم على محورين، يكمل الواحد منهما الآخر.

الأول: نتناول فيه تحليل المنظور الملفت، أو الاشاري، الذي تقوم عليه السمة المميزة للشخصية ذات البعـد التعويضي- والتي تعتمد في سلوكها الخارجي على مفاعيل أبعادها الداخلية- والذي تحدده مجموعة من الرغبات التعويضية، تبدأ بحالة الشعور بالغربة، وتنتهي بالقيام بفعل يحقق أمام من حولها حالة تغيّب وإقالة مفاعيل الشعور بالغربة والافتقاد.

الثاني: آثرنا النظر إليه في سياق «الأحلام» التي توضعت في النصوص، ومقاربتها مع سلوك الآخر الأرمني اليومي ومجريات حيواته، وذلك من أجل تحقيق استكمال تلمّس معايير تحليلية، نصّية نتبين من خلالها مدى استلهام هذا المؤلف أو ذاك لشخصية الآخر الأرمني في بُعدها الداخلي، والذي سيبقى عصياً على البعض، إذا لم تتماسك صورة التماهي ومفاعيل استلهام أبعاد ذلك الآخر الأرمني، ببعديه الخفي المتواري، والمتجلي الظاهر. لذا، تباينت النصوص التي توضّـع فيها النسق التعويضي، وتفاوتت أيضاً فيها مستويـات «التماهي» و«الاستلهام» وفق معايير مقاربة الآخر الأرمني وسيـاقه النفسي من أجل إجراء عملية نتبين من خلالها المؤتلف والمفارق بين النصوص ومعايير المستوى التعويضي.

تأتي رواية «الهدس»[1] في مقدمة الأعمال التي تمظهر فيها «مرغوب» البحث عن «الأرض والمكان - أرمينيا». إذ تبدت هذه المسألة الجوانية عند «ساكو» من جهة، وعند «آرو» من جهة أخرى. لكنها حسب تقديرنا كانت أكثر جرأة واتقاداً عند ساكو عما هي عند آرو، وذلك يعود إلى ارتهان آرو وغرقه في صمت مطبق أقرب إلى التأمل منه إلى أي شيء آخر، وذلك عبر رحلة ساكو التي جاءت محاولة تكشف عن أعماقه عبر حكمته التي يطلقها

____

(1)   الهدس، رواية إبراهيم الخليل.

تعبيراً عن الحصار الذي يحيط به، ورغبته في الانفلات من اغتراب الأمكنة. لننظر: «كم هي وسيعة وضيقة هذه الأرض؟»[2] والغربة وافتقاد المكان العتيق، ماهي إلا تلاطم لمعايير، ينكمش عند مقايسها ساكو. فهي بالنسبة إليه عندما لا تكون أرمينيا ضيقة، لكونها تحاصره بأمكنة أخرى غير التي يعرفها، ويتلمسها بروحه قبل يديه.

أمكنة تستحيل إلى زحام من الدوافع، لتذكّره بالماضي الذي كان يحياه بالأمس. وهي وسيعة بمداها وأفقها الذي لا يوحي بنهاية لهذا الترامي سوى ما يقع بين ناظريه من البوادي والحماد. فكل وساعةٍ بالنسبة إليه هي مجرد طريق طويلة تبرق في ذاكرته مشاهد الأرتال التي أكلت لحم أقدامها وعورة الطرق، وابتلعهم الليل، وقطاع الطرق والسفاحون. كل الأشياء تتساوى أمام المأساة الكبيرة، وكل الأشياء تختلف، حينما لا تبلغ حدّ التعبير عنها، لذا وجدنا ساكو ينساق إلى الخروج طوافاً بين القرى والعربان. وقد تكون مفاعيل الخروج، عند ساكو، هي إحدى أهم المؤشرات التي ترسم مشهد الرغبة في «الأرض المفتقدة» ومقاربة نفسية للتعبير عن أجوائها. فهو ما انفكّ يهجس باحثاً عن ظله وأجزائه المتناثرة عبر انفتاح على أفق واسع من التأويل والمقاربة، وما لهفة ساكو وهيامه بالخروج والترحال، إلا الرغبة العارمة في الدخول إلى لحظة الانعتاق من المكان (الحصار) الذي يلف أحلامه وهواجسه. لننظر: «إنك تبدأ يا ساكو يتصاعد في عروقك النشيج، وتحن إلى رائحة البيت وضحكة آني وصخب ديكران المشاغب. ماذا فعلت الأيام بالوجه البدري والعيون العسلية، ماذا ألم بفرخي الحمام؟ منذ أعوام وأنت تدفع حمارك من قرية إلى قرية ومن بيت شعر إلى آخر ترطن بالأرمنية في آذان البدويات، هل تعرفن آني فيضحكن وتمضي حزيناً في عراء البوادي. أنت المهجر الضائع، تبحث عن آني وديكران على خط البليخ، هكذا مثل حفنة ملح ذابا»[3].

(2)‏   المصدر السابق، ص 64

(3)‏   المصدر السابق، ص 67 - 68

لا فكاك لساكو عن الترحال، بحثاً عن الظل المفقود والبيت المفقود والوطن المفقود. مثلث افتقاد يستغرق العمر بطـوله دون أن ينتهي، رحـلة البحث عن آني وديكران هي رحـلة البحث عن «أرمينيا» متمظهراً بأشكـال مختلفة وأسمـاء مختـلفة، مجتذَباً إلى ذاكرة من الثأر والدم، من القتل والسلب، تستعر في الرأس كالهشيم وتقطع الأعصاب دون هوادة.

أما الاستعارة الأخرى التي لمسنا فيها مفاعيل الرغبة لديه، فقد أخذت شكلاً آخر لمقاربة المكان المفتقد، وآلية التعبير عنه في لحظة انتشاء رقراقة، تبدت بأشكالها الأخرى. تلك الأشكال التي لها مذاق تراتيل القداس ونكهة الانصياع، والصلاة. إنه طوطم يدعى «الأرض». حيث كان الشمال بالنسية لساكو مبعث انفجارات انفعالية تدفع فيه الرغبة الجامحة للخروج من جلده والانتشاء أمام تذكر اللحظات المريرة إلى درجة تصل حدّ التحليق والطيران. وكل تلك الصور ما هي إلا التعبير الأمثل عن رغبة الانفلات مجدداً من حصار المكان الراهن، نحو المكان الذي يشرع في الذاكرة ما يوقظ في الجسد الخريفي رعشة الأعصاب ليستحيل عندئذ إلى ربيع يتألق زهواً وحيوات. لننظر:

- «شبعنا من الشمال ساكو، شبعنا من الشمال آرو؟ أنت تعرف أكثر مني الدروب التي أكلت من لحم أرجلنا؛ مسيرات الجوع والتشريد والقتل.

- هات عرقاً آرو.

- تكرم، ولكن افرد وجهك.

- سأفرد وجهي وذراعي وصندوق قلبي، ومع لذعة العرق، بدأت دندنة خفية كنشيش الماء تدغدغ حلقه، تناور أوتار الحنجرة، تضيء شكلاً أرمنياً خالصاً بحزن أرمني خالص، بلغة أرمنية لا تكذب قلباً أرمنياً. ومع كل هذا الحزن المتدفق من هضبة أرمينيا إلى خاصرة البحر.

- أوحشتنا أغانيك ساكو. وكرع القدح، ثم ملأه من جديد وانسرب اللحن إلى القدمين حاراً ثم تعالى إلى عصب الحنجرة. شرب بعطش بعير، وقام

متمايلاً خادشاً كشوك الصرّ والقَدحُ في يمناه. رقص، كما لم يرقص عمره. اتحد بالمكان والطين وحجارة المحل، هوّمت روحه غيمة من الزرازير في الحقول التي تركها هناك وفاضت الكلمات خشنة مبحوحة. مدّ يده إلى آرو فاستجاب ليناً مطواعاً، وغاب. شعر بأرمينيا فتاة حلوة ترقص تحت ضوء القمر، وتلعب بالنجوم على قمة الآرارات. شعر بأرمينيا إيقاعاً يقود قدميه ويتلبس جلده ويغمر النبض عروقه. وكل ما حدث لم يكن غير كابوس عابر، غاب كالمتصوف يكتشف عذوبة اللغة وثرائها».[4]

من هنا نـدرك أن ثمة مشهدية رائعة للعلاقة ما بين الرغبة، وأدوات التعبير لاستظهارهـا كمشهـد لصـورة المفتـقد. فالانسيابية في استنطـاق المكـان، وتواتر التعبير عنه قد تحول في «الهدس». إلى طقس بدائي تحاصره التمظهرات والتجليات التي باح بها ساكو دفعة واحدة في رقصته الحالمة. ولم يكن الشمال إلا الطريق التي تؤدي إلى أرمينيا. إذ كلما تكالب الوجع ترتقي العوالم إلى مفاعيل مزاوجة بين الحلم ونقيضه وما بين الواقع «الحصار» ولغة الانفلات منه.

ولكي نتبين هذه المسألة لا بدّ لنا من الإشارة إلى آلية تدرج متواليات السيـاق الداخلي للمشهد السردي عند ممارسة المفاعلة داخله، حيث ستتحصل على الحالة الانفعالية التعبيرية، وصورة رغبة الانفلات عبر حالة الرقص، بدءًا من تمظهر الرغبة لديه، وحتى لحظة غيابه عن عالمه الراهن الذي يرقص فوق مكانه.

انكشاف الرغبة وتحقيقها[5]

سنعمد الآن إلى تفكيك صورة الرغبة وفق الإشارات التي تحصَّلنا عليها من مشهد الرقص الذي تنادى إليه ساكو وآرو في لحظة النشوة التي داهمتهما

---

(4)   المصدر السابق، ص 1585 - 159

(5)   لا بدّ أن نلحظ بأن نسق النزول نحو الأعماق، ابتدأ من الأعلى إلى الأسفل، بينما كان النسق التعبيري في لحظة الفعل الرقص صاعداً من الأسفل إلى الأعلى.

معاً. وذلك حين غابت الحدود، والقوانين الاجتماعية ومسالك الرصانة والاتزان والفرق بينهما كجيلين مختلفين في السن ليتحدا جسداً واحداً لا فكاك لكل جزء فيه عن الآخر. لننظر أرقام درجة الانكشاف وإشارات سياق النص كالتالي:

درجة انكشاف	سياق إشارات النص
1	سأفرد وجهي وذراعي وصندوق قلبي
2	وانسرب اللحن إلى القدمين حاراً
3	رقص كما لم يرقص عمره
4	اتحد بالمكان
5	هوّمت روحه غيمة من الزرازير في الحقول
6	وغاب
7	شَعَرَ بأرمينيا فتاة حلوة ترقص تحت ضوء وتلعب بالنجوم على قمة الآرارات
8	شَعَر بأرمينيا إيقاعاً يقود قدميه
9	غاب كالمتصوف يكتشف عذوبة اللغة وثرائها

إزاء هذا الجدول رقم (1) الذي تبدأ الحركة فيه من الرقم (1) في الأعلى، هبوطاً نحو القاع والأسفل نحو الرقم (9) لانتشال الرغبة الكامنة عند ساكو والصعود بها إلى مقاربة الفعل الذي يتم التعبير عنه عبر حالتي (الرقص ورعشة الجسد)، وهما الحالتان اللتان ترتديان بتقديرنا شكلاً من أشكال لبوس (النوبة) التي تجتاح كل شيء. ولعل الدرجات التسع التي يتشكل منها سلم الرغبة عند ساكو، هي محاكاة نرغب من خلالها تفحصاً يتحقق لنا فيه اكتشاف المكونات غير المباشرة والخفية لرغائب المكان (الوطن) عند ساكو.

1- **الدرجة الأولى**: هي التماوج، ولحظة بدء انفلات الرغبة، والشروع في حالة المطلق من خلال فرد الوجه، والذراعين، وصندوق القلب، كحالة يتبين فيها فعل السيطرة والقوة اللاشعورية عند ساكو، وغلبتها على رقابة الشعور الواعي، والذي ارتهن إلى جملة من الضوابط التي تشده إلى مكانه الراهن غير الأرمني. لذا، تُعدّ الدرجة الأولى في سلم الرغبة هي حالة رضوخ واستسلام تامّين يتغلب فيهما الداخلي على الخارجي، مقيماً الشكل الأوالي والإشاري من أجل لحظة جوانية خالصة.

2- **الدرجة الثانية**: يتبدى فيها نسق الرغبة في مرحلته الثانية، وذلك من خلال حركة القدمين وتأثرهما باللحن الأرمني الذي كان يدندن به ساكو. وكما نرى أن القدمين في حركتهما أقرب مرادف للإشارة إلى مرغوب الأرض، وحالة دقيقة للتعبير عنه من جراء فعل الاحتكاك بها والقرع بهما عليها، وذلك لإقامة طقس من الإشارات المتلاحقة والإيقاعية، للإفصاح عن مسار نسق الرغبة، وتحديد الحالات التي وصل إليها في طريقه إلى استنفار الأجزاء التي ستقوم متناغمة ومنسجمة في صنع إحدى لحظات التعبير عن الرغبة، والانتشاء بتحقيقها.

3- **الدرجة الثالثة**: يطال الانسجام ماهية الدرجة الثالثة في تمظهرها الحركي والتعبيري عبر رقص ساكو وارتقائه إلى مشهد متواتر وإيقاعي يتم فيه التمهيد لمرحلة الاتحاد بالمكان والتماهي به.

4- **الدرجة الرابعة**: يتبدى الانسجام والاتساق، متناغمين مع صخب الحركة فوق ذلك السطح العائم الذي تجلى دوره في إقامة سحر الانجذاب، واستقطاب كل الحركات والانفعالات، نحو الاتحاد بالمكان الذي يقع عليه فعل الرقص والحركة الصاخبة.

5- **الدرجة الخامسة:** تنبثق مفاعيل تلك اللحظة إلى حالة من التماهي يستحيل المكان الراهن فيها إلى نقطة انطلاق يخلفها ساكو، محلقاً بروحه التي تحوّلت إلى غيمة من الزرازير فوق الحقول؛ أي أنها اللحظة التي يتم فيها الانفصال تماماً عن المكان غير الأرمني، وتقمص المكان الأرمني بصورته المجازية. إذ نتحصل من خلال هذا التفحص التحليلي على تلمّس صورة الغيبوبة التي لوحت بالوجه الآخر لبداية اشتغال الخيال.

6- **الدرجة السادسة:** يتأتى الغياب، والتلاشي الآني، كمرحلة تشير إلى الوجود المادي لجسد ساكو لحظة غيابه. وهي أيضاً تعبير داخلي عن محاولة ساكو تغييب كل من حوله، كي يتسنى لروحه التي شرعت في التحليق أن تتصور المشهد كما تريد بسرية تامة تخصّها وحدها.

7- **الدرجة السابعة:** يتم فيها رؤية أرمينيا على هيئة فتاة حلوة، ترقص تحت ضوء القمر وتلعب بالنجوم على قمة الآرارات. والرقص تحت ضوء القمر في حقيقة الأمر ما هو إلا الرقص بدافع تحريض مفاعيل الرغبة في ظلمة «الخافية» وكوامن اللاشعور. وهي المحاولة الحلمية للصعود نحو فعل ما يحقق حالة من النور والعلانية، كما أنها اتساق جديد في مفاعيل ساكو الذي أراد لهذه الرغبة أن تكون كنجوم تلعب فوق الآرارات. والنجوم هي الصورة الناصعة لاستمرار حالة التحليق الذي ما زال ساكو يتقلب على جماره الكاوية.

8- **الدرجة الثامنة:** هي انقياد القدمين على إيقاع الرقص، وما تناغمهما عبر هذه الحالة إلا نوع من الترابط ما بين القدمين وحركتهما، وفعل الطرق على الأرض، حيث يتحوّل هذا الترابط إلى صورة جلية لسعادة تحقيق الرغبة.

9- **الدرجة التاسعة:** يتبدى فيها مشهد الرغبة متحققاً. عندئذٍ

نلحظ ساكو وقد تحوّل إلى متصوف أحسَّ وشعر بعذوبة الكشف (أي تحقيق الرغبة) وبدأ بتذوقها.

هكذا تتبدى في النص أبعاد «التمّاهي والحلول» بمعناهما الصوفي، وتجليات استلهام «الكاتب» لمرغوب شخصية لا ينتمي إليها ولا تنتمي إليه إلا في أبعادها الإنسانية. وما استطاعه إبراهيم الخليل ومقدراته السردية في إطار استلهامه لشخصية ساكو الأرمني، ليس سوى الجزء الهام من شمولية سلوك ساكو الداخلي، وتحقيقاً لمبدأ الرغبة الحُلمية لديه.

كذلك هي مناظيرنا نحو «آرو» عند إبراهيم الخليل كمعادل للإحساس بالمرارة، مرارة المأساة الأرمنية، ولكن بصورتها الأخرى، والمختلفة عن مشهدية ساكو. فللهاجس عند آرو معلمان اثنان هما «المكان الوطن»، حيث البعد التأملي الذي يطاله أفق الانتظار المقدس، ويخضع لصورة الترنيمة أكثر من أي شيء آخر. لننظر: «على كتف الشاطئ تمدّد آرو، وراقب الرمل والماء والشجر، والسفن القليلة وسلسلة الجبال البعيدة. يا الله كل عظيم بعيد».[6]

مما لا شك فيه أن تمظهر المقاربة المكانية عند آرو يختلف عما هو عليه- وإلى حدّ بعيد- عما عند «ساكو الطيب». فبعد تجلّي رؤية (المكان الوطن) لديه عبر التمدد على كتف شاطئ الفرات، سنحاول في هذا المفصل أن نفعِّل تحليلية كاشفة ومتقصّية لذلك المشهد، بغية تبين محاور المكون الدلالي الداخلي لتلك الصورة وتمفصلها مع المشهد الراهن من جهة، ومن جهة أخرى اكتشاف دوافع الرغبة في جوانيات آرو عبر إجراء شكل من أشكال التفكيك النصي المستند على مشهدية الحالة السردية وفق اعتماد رقم نسق الحالة، ورصد البعد الاشاري المقابل له. لننظر:

<hr>

(6)   الهدس، ص 167

165

البعد الإشاري للنص	نسق الحالات
التمدد على كف الشاطئ	1
مراقبة المكان الراهن	2
موجودات المكان الراهن	3
المكان البعيد، والمكان المخيالي التأملي	4

* **الحالة الأولى:** يتبدى مشهد الاسترخاء والاستسلام بغية التوحد مع صورة النهر التأملية من جهة، ومن جهة أخرى تمظهر المؤشرات اللاإرادية لعلاقة نهر الفرات بالمكان الأرمني الذي جاء متسقاً مع مصدر النهر، ومنبعه من هضبة أرمينيا. وتلك مقاربة جوانية، منشؤها صورة جريان النهر وتدفقه، كحالة تماهي مع تدفق «أرمينيا الوطن» في الذاكرة، واستنهاضاً لمعالم مكانها بواسطة نقطة مبتدأ تدفق ماء النهر، ومروره أمام آرو، وهو على ضفة النهر ذاته في مكان اغترابه البعيد عن وطنه أرمينيا.

* **الحالة الثانية:** تتمظهر آلية التأمل، ويبدأ طقس من المقاربة بين نقطة التأمل وإبصار حالة النهر، ومشهد انسياب الماء بين ضفتيه.

* **الحالة الثالثة:** يتكون فعل اجتذاب موجودات المكان المادي، ومقاربتها مع المكان الذاكري، عبر علاقة الأشجار والسفن بالماء والنهر. وهي العلاقة التي يُعدّ الماء مرجعية لها. فوجود النهر مبرر طبيعي لوجود الأشجار والسفن. لكن ذلك في إطار مرغوب آرو الذي يشكل علاقة نافرة مع الشكل الذي يعتمد على الذاكرة في إنشاء الصورة التأملية، حيث إن موجودات المكان الراهن- من نهر وأشجار وسفن- مؤشر هام أيضاً على انكشاف (المكان الوطن)

166

التأملي ومفارقته عن الأمكنة الراهنة.

- **الحالة الرابعة**: يتبدى مشهد الجبال البعيدة على الضفة الأخرى للنهر، مع مقاربة مشهد جبال الآرارات في الذاكرة، وعلاقة الآرارات بالنهر كمصدر لتدفقه. لكن لحظة الانعتاق من المكان الراهن تتمظهر عبر اعتبار كل بعيد عظيم. (وسلسلة الجبال البعيدة يا الله كل عظيم بعيد) ضمن السياق المتتالي للجملة واكتشاف معانيها الترابطية، فالراهن (سلسلة الجبال) والمخيالي التأملي (عظمة كل بعيد). وهكذا تَساوقَ تحقيق رغبة آرو مع آلية سلوكه التأملي عبر صورها التي تناغم فيها ما هو صوفي وناسك مع التعبير الجواني للخافية (آرو الصامت).

لقد ثابرت سردية «الهدس» على طرق أبواب هذا الجانب الخفي من جملة جوانب ومناظير الشخصية الأرمنية. وقد تجلّت عبره حيث كشفت عن الوجه الآخر للتعويض بصورته المخيالية، انطلاقاً من ماهيات توضع مجازات الصور السردية الراهنة لوقائع ومعالم النص، وأبعاده المتوارية. من هنا ندرك أن سردية «الهدس» عمل روائي له أهميته ضمن جملة الأعمال التي رسمت صورة الآخر الأرمني بوجهيه الظاهري والمختفي. وقد استطاعت «الهدس» أيضاً تقديم معايير لافتة للتماهي بشخصية الآخر (غير العربي) بصورة لا تُفقد هذا الآخر بعديه الإنساني والقومي، في الآن ذاته.

أما قصته «الصهريج»[7] فهي سردية يتجلّى فيها شكل مختلف للتعبير عن تعويضات الآخر الأرمني، وتوضُّعات صورته، والتي بدورنا ستقصى مقاربات الحلم عبرها في ذاكرة أرتين الذي هاله ذلك الحلم وتفصيلاته، مؤثرين البدء أولاً بوقائع ذاكرة أرتين العتيقة. ثمّ سنذهب معه من بعد ذلك إيغالاً في وصايا أبيه له، عن ذلك البساط الذي احتل مكاناً هاماً ومقدساً في

-----

(7) رحيل اللقالق، ص 41

بيتهم. لننظر: «لا أعرف؛ كل ما أعرفه أن أبي رحمه الله كان يحدثني كثيراً عن «موش» والهجرة وصناعة البسط التي عُرف بها أجداده. وكنت أسمع ذلك بقليل من الاهتمام. فأنا مفتون بالسيارات والحديد، يجذبني أكثر من الصوف. مرة واحدة أذكرها غضب مني وكان غضباً مدمراً، لأنني دست على بساطه المقدس. نعم مقدس، لأنه حاكه بيده، وغزل صوفه بيده لونه بيديه، فصاح بي: في هذا البساط إحساس أكثر مما في قلبك. لقد خربك الحديد حتى نسيت أصلك». [8].

كما يتبدى في السياق، لم يثر انتباه أرتين أي شيء سوى الحديد. فقد كان مولعاً به إلى درجة كبيرة، ولم يجتذبه الصوف ولو لمرة واحدة طيلة حياته. لكن غضب الأب وتأنيبه لأرتين– حين داس على البساط– ترك آثاراً اختفت حينها لتبقى كامنة في عقله الباطن، من دون أن يتخلى عن هوسه بالحديد وافتتانه به. ويتبين لنا أن أرتين يصل (في سياق سرودات قصة «الصهريج») إلى حدود ضيّقة مع فاتنه «الحديد»، ليتحول الأفق بعدئذٍ في رؤيته نحو الأشياء، إلى أفق مفتوح لا يحدّه حدّ. وذلك من خلال شعوره برتابة الترحال على هذه الآلة الضخمة، وإيقاع صوتها الذي غدا يعرف كل نأمة فيه. ثمة شعور جديد داهم أعصابه وأحاسيسه، طفرت روحه من المحطات التي يرتادها في الذهاب إلى الجزيرة، والإياب منها إلى حلب. لننظر: «وماذا بعد يا أرتين؟ أيها الأرمني الطائر. ثلاثون عاماً مرّت عليك وأنت في صهريجك المجنون بين الجزيرة والفراتين، وحلب. لا تعرف معنى الراحة والهدوء، تحمل الوقود إلى المحطات المتناثرة في ذلك الفضاء الهائل، وتشرب الشاي الأسود والعرق والنبيذ، وتستمع لثرثراتِ العمال بثيابهم الزرقاء الملطخة بالشحوم والزيوت المعدنية وتنام في الغرف الضيقة، أو وراء المقود. تستمع لأشرطة التسجيل وتنفخ أسى، أو تضحك مع خيالاتك كالمخبّل. ولا جديد في عراء الجزيرة وطيورها، وأرانبها، وقطعان الأغنام والرعاة، والمدن الرثة الطالعة من

<hr>

(8) المصدر السابق، ص 51 - 52

السل والغبار، ومواويل الواردات على السواقي. لا شيء؛ الطريق الطويل، والصهريج الحديد اللامع، ورائحة النفط، لقد تحول قلبك نفسه إلى محطة معزولة وضائعة في الحماد، تلفها زوابع العجاج في الصيف حتى الاختناق، ويحجر قلبها الجليد في الشتاء. هذا أنت يا أرتين، تحرق سنوات عمرك كالهشيم، لم تعرف الحب، روح من الفولاذ، والمطاط، والنفط، لا تعرف معنى الاستقرار، أو رائحة البيت. مهدد دائم بالرحيل، والخوف من الأيام. من أين جاءك الخوف؟ لقد نسيت قهوة الصباح، وكأس العرق مع الندامى آخر الليل ماذا بعد؟... هل هو هروب أم ماذا؟ من سفر إلى سفر، ومن محطة إلى محطة؛ وحيد ومفرد، تختنق في البيوت والمطاعم الأنيقة، وتهفو إلى الرحيل دائما. لماذا؟ هل تستطيع أن تجيب يا أرتين».(9)

شيئاً فشيئاً، تتجلى هواجس عذوبة الذاكرة على وقع الصور العتيقة في رأس أرتين المتعب، الذي بدا حائراً أو ضائعاً، تتجاذبه الحكاية القديمة، حكاية البساط المقدس، وصناعة الأجداد، وقهوة الصباح وكأس العرق مع الأصحاب. كل ذلك كان يسري كدبيب النمل في أعصابه، وهو يرتحل من مكان إلى آخر طائراً من الفولاذ ليتساءل- في كل مرة، وفي كل محطة- عن نهايات لهذا الترحال الدائم عند حدود يصل إليها دون أن يؤوب إلى مكان قدومه. ثمة ترنيمة يحيا على شواطئها أرتين؛ إنها الترحال والسفر الذي يشبه الدائرة، يبدأ من مكان ما فيها ليعود إليه، من دون خروج عن محور الخط الواحد والوحيد. وفي خلال ذلك، نجد أن سياقات المقاربة عنده تتواتر بعفوية شديدة التماسك والائتلاف نحو هاجس واحد يخضع إلى «تقمص» صورة رواية الأرمني لأمكنته الأولى (الوطن). وقد استطاع الخليل أن يبرهن من جديد على فهم عميق لهذه المسألة، وآلية تفعيلها وبصورة متعددة الجوانب، وفي أكثر من عمل أدبي. إلا أن حكاية أرتين جاءت شاهداً جديداً على رؤية «تقمّص» مشاهد الانعتاق والانفلات من المكان الراهن، رغبة في رحلة نحو

(9)   المصدر السابق، ص 57 - 258.

الوطن الذي لا فكاك للآخر الأرمني عنه. لننظر: «فرأيت كما يرى الحالم وأنا بين اليقظة والنوم، رجلاً عجوزاً يرتدي ثياباً قديمة الطراز ويحمل على كتفيه بساطاً موشى بألوان جذابة ورائعة، وبيده طنفسة جميلة، وقد اختلط الغضب في ملامحه بطوفان من الحنان، وراء قرية صغيرة يتصاعد الدخان من مداخنها وتفوح منها رائحة الطين والورد والقرنفل والخمرة، وإيقاع رقصات الصبايا في الأفراح والأعياد؛ صبايا ناييري الرائعات. خفتُ وانكمشت أمامه، فطمأنني بصوت حنون، ولغة أرمنية صافية وعذبة لها مذاق التفاح الناضج ثم قال: يا ابني... يا أرتين، لا تخف. أنا جدك وهذه موش، فلا تبتعد كثيراً. خذ هذا البساط وأفرشه في بيتك لتعرف طعم الدفء ورائحة أهلك. المسه بأصابعك ستشعر فيه بقلب ينبض وروح تتحرك، وشمَّه ستملأ أنفك رائحة الصبايا والرمان والنبيذ ولا تنسَ أجدادك أعظم حُيّاك للبسط. خذ؛ ومدَّ يده بالبساط والطنفسة... واختفى، تاركاً إياي للحيرة والبكاء. نعم، بكيت بحرقة ومرارة. وحين صحوت كانت أم هاروت إلى جانبي حائرة مدهوشة: حتى أنت يا أبا هاروت بدأت تؤمن بالأحلام! تخبل عقلك يا رجل؟ هذا حلم... مجرد حلم يا رجل».[10]

ثمة حلم وثمة ذاكرة، ثمة طقس بادر إلى شدّ الوثاق ما بين الذاكرة والحلم، لنشهد فتحاً جديداً لرغبة دفينة عند أرمني يدعى أرتين. مشاهد ثلاثة أقامت في تداخل صورها الحدّ الفاصل بين الرغبة وتحقيقها، واستطالت الحكاية مؤثرة «الحلم» على أي شيء سواه، وهي راحلة في غياهبه المعتمة، تبحث بدأب لا كلل يشوبه، تقتفي أثر الصور، صورة تلو صورة، حتى غدت هاجساً عكف على الانعتاق من المكان الراهن راغباً بالمكان المختفي. ليبدأ بعد ذلك مشهد الانعتاق والانفلات من المكان الراهن عند أرتين، وذلك عبر مسارات نسقية متعددة يتمظهر فيها «الحلم» بأوجهه المختلفة عبر آلية معقدة ومركبة، سنحاول تلمّس مفاصل مفاعيلها بعد تحديد أبعاد الحلم. ولكي نحدد أبعاد

<hr>

(10) المصدر السابق، ص 51

170

«الحلم» ويقظة هاجس الوطن بين وقائع سردية التعبير عنه، لا بدّ أن نتلمّس الدوافع التي جعلت من الحلم مثار رغبة، وتعبير روحٍ تتلهف، بعد ترحال وتنقل استغرق عمر وحياة أرتين بأكملها.

إن أول الدوافع التي طحنت روح أرتين، هو الترحال الدائم. فقد كان بالنسبة إليه متنفساً لغربة امتدت به طويلاً دون أن تنقضي. وكانت أيضاً دافعاً لفتق جراح الماضي في كل مرة عبر إيقاعها الرتيب واليومي. لكنها في مضامينها العميقة كانت تعبيراً نافراً لسلوك غير مستقر. ولأن أرتين كان على الدوام يملأ الفراغ «المكاني» بترحاله الدائم بين المحطات، والمدن والبراري، ينقل ناظريه بين الوجوه التي تختلف من مكان إلى آخر، ومن محطة إلى أخرى، من دون أن يجد ضالته التي لا يعرفها، ولا يتلمس معانيها. لكن ثمة شيء كان يداهمه بين وقت وآخر، ويدفعه نحو مطلق من الفراغ والذاكرة، يجول في أعماقه ويقرع أبواباً تُعدّ ولا تُحصى. عندئذٍ تبدأ رحلته الغارقة في ماضي تفاصيلها، باحثاً عن أجوية شافية لأسئلته الكثيرة. لننظر: «لا شيء؛ الطريق الطويل والصهريج... ورائحة النفط. لقد تحوّل قلبك نفسه إلى محطة معزولة وضائعة في الحماد».(11)

لا بدّ أن تناغم السؤال في هذه المقطوعة الآنفة، كان له وقع في حيرة أرتين ولهفته لوضع حدود جديدة لهذا الترحال الدائم والقلق المجنون، وأن مجرد محاكاة هذا التنقل في الأمكنة سينقل أرتين إلى طقس جديد من اللذة والسعادة والارتياح. لننظر: «فقد أطلق العنان للسرعة، فشعر براحة وأمان أكثر. ثم أدار مفتاح آلة التسجيل، فاندفع صوت المطربة يعبق في المكان، فنسي كل شيء وعاد إلى طبيعته المعتادة».(12) ذلك ما تحصلنا عليه من خلال تفكيك العلاقة بين الحلم والذاكرة، كما أن مفاعيل شريط الوقائع الذهنية، وأسئلة أرتين الحائرة، حققتا في سياقهما العالق الأهم، والذي ساهم في الانتقال به

(11) المصدر السابق: «الصهريج»- مقتطفات من تداعيات أرتين، ص 57 - 58
(12) المصدر السابق، ص 51

نحو مكان آخر غير المكان الذي حفظه أرتين عن ظهر قلب؛ مكان آخر يتجلى فيه جده وأبيه، وتتمظهر بين وقائعه الوصايا، كذاكرة (البساط والطنفسة) بين يدي الجد، حلماً يترامى ثملاً نشوان على دروب أرتين موثقاً بماضية، ومنشداً إلى تعويض ينهل منه تحقيق رغبة لطالما خامرته في سرّه، من دون أن يدرك حدوداً لها، ولا ملامح لمشاهد صورها العتيقة. ولكي نتلمس العلاقة بين الحلم والذاكرة، لا بدّ أن نتفحص مقاربتيهما اللتين حددت سياقهما الشواهد التي تطرقنا إليها عند ذكر الحلم، والذاكرة التي يحملها أرتين عن أبيه ووصاياه عن البساط وقدسيته. لذا، فإن المعايرة المقارباتية هنا تبيّن لنا مفاعيل بنية العالق الذي ينتمي إليه كل من الحلم والذاكرة في لحظة تكاشف الواحد منه على الآخر، وفق جدول المعادلات الدلالية التالية:

الدلالة	مقاربة الذاكرة «الأب»(14)	الدلالة	مقاربة الحلم «الجد»(13)
ماضي الذاكرة	كان أبوه يحدثه عن موش وصناعة البسط فيه	ماضي الحلم	رجل عجوز يحمل على كتفيه بساطاً موشّى بألوان جميلة وزاهية
اللامبالاة	عدم اهتمام أرتين بحديث أبيه وافتتانه بالحديد	الإثمية	وجه الجد كان يختلط فيه تعابير الغضب والحنان
العقاب	غضب الأب لمجرد أن أرتين داس على البساط	الريبة	خوف أرتين، وانكماشه أمام الجد
المقدس	احترام الأب وتقديسه للبساط فهو الذي صنعه بيده	تلاشي الخوف	يُطمئن الجد أرتين بصوت حنون وبلغة أرمنية خالصة
الوصية	يقول الأب لأرتين: هذا البساط له إحساس أكثر مما في قلبك	الوصية	يوصي الجد أرتين بلمس البساط لتحل السعادة به

(13)   المصدر السابق، ص 51 - 52

(14)   المصدر السابق، ص 51 - 52

لقد آثرنا النظر في العلائق التي أقامها «الحلم» مدفوعاً بزخم شديد من وقائع الذاكرة العتيقة عند أرتين. لكن الغاية الأساسية من «المنحى» الذي ذهبنا إليه في ثنائية المقاربة التحليلية، يعود إلى محاولة إقامة نوع من المعايرة بين الحلم والذاكرة التي تخص موضوعه، وهذا ما وجدناه فعلاً ضمن صيغه الدلالية وإشاراته النافرة. حيث انصاع أرتين إلى ماهية حلم يقارب وقائعه التي أخذت طريقها إلى الكامن في عقله الباطن آنذاك. وهذا يعود لرغبة أرتين، وافتتانه بالحديد والسيارات، من دون أن تكون لديه أية رغبة في التفاعل مع حكمة أبيه في تقديسه للبساط، ورؤية هذا الأخير لرمزية البساط، ودلالاته التي تخص الشعب الأرمني دون غيره. ومن هنا حضر الحلم ومتوالياته في الذاكرة، كثنائية مقارباتية في دلالات وقائعها ومفاعيل صورتها. وهكذا نجد أن الدافع الرئيس لتعالقها مع بعضها البعض، هو شعور أرتين بالحاجة إلى لحظات تصنع له انعتاقاً من المكان الراهن نحو آفاق تلملم الماضي في الذاكرة، وتقرّبه من منظور الحلم، في محاولة للخروج من الصمت الصاخب الذي يحياه مع صهريجه كل يوم، وذلك لقناعته بضرورة وضع حدّ لهذا الصمت الذي يتّقد فيه سحر الرائحة، ونبض القلب، والإحساس بالرغبة الكامنة.

لا شكّ في أن الحلم جاء شكلاً آخر لصعود الرغبة الدفينة (لصورة المكان المفتقد)، وتعبيراً عن كآبة أرتين وضجره إزاء رتابة إيقاع المكان الراهن. والحلم أصبح عند أرتين مبعث تساؤلات كثيرة، وجدت إجاباتها في استيقاظ ذاكرته العتيقة عن أبيه، وقريته موش، وبساطها الملون. وهذان مؤشران ساهما في دفع أرتين إلى أفق ملون، كألوان بساط من موش.

لكن اللون الذي تبدى في قصة «كوهار أو الطريق إلى أورفة»(15) بدا لوناً حلمياً رائقاً بذاكرته العذبة، يستنطق الماضي رغبة في الانعتاق من الحاضر. كبرت هدلة بنت ناصر (كوهار)، التي تخلفت مع من تخلفوا من السَوقيات، وتزوجت وأنجبت؛ سياق سردية تنبض كما ينبض قلبها الحزين، وكدمها

<hr>

(15) كوهار، قصة قصيرة- إبراهيم الخليل، ص 191 من هذا الكتاب.

173

الحار. ومع كل نأمة تسترجع هدلة أيام الدم، والقتل، والبيوت القديمة كذاكرتها المتعبة، تسترق النظر صوب تلك البلاد التي أتت منها، تلفها الرغبة وشجن هواجس الاستذكار. لننظر: «وبعد الصلاة ظلّت في مكانها مأخوذة بشيء كالسحر، يعاودها في أوقات متباعدة، فتنقاد له وكأنها نُوّمت تنويماً مغناطيسياً، فيشرق في البال... كان يا ما كان... أغنيات مرحة وأعراس، وشموع، وأجراس كنيسة، وجوقة ترتّل صلوات دينية بلغة أخرى، تفوح وتعبق برائحة بخور وبشر، تطلّ من خلالها وجوه نورانية لآباء ورهبان، وصلبان حجرية، وثياب ملكية موشاة بالذهب، وخيوط الفضة؛ زيت وشموع ووجوه مصورة لقديسين شهداء تفيض بالإيمان والشحوب والمكابدة. صوت بلغة أخرى يصيح في الباحة، ورجل أنيق يعبر الممر، ومن أصابعه يتعالى رنين الذهب والمهارة الفائقة، والخبرة في تشكيل المعدن أشكالاً تسحر النساء، وتذهب بعقول العرائس...».[16] ذلك هو الحنين، وقد تبدى ترانيم نحو تلك البلاد البعيدة، وهو الزائر الدائم والساحر الذي لا تراه هدلة بنت ناصر. يتعقبها في كل مكان ويهمس في أذنها كلمات بلغة أخرى، غير اللغة التي تُنادى بها، فتذهب نحوه دون إدراك، مسلوبة ومقيدة بوثاق مكانٍ آخر غير مكانها الراهن. تجوب القرية من أطرافها إلى أطرافها لتسترق ولو نظرة واحدة صوب الحدود التركية. لننظر: «ثمة بيت على تلة في مدينة نأت».[17] ذلك مشهد الرغبة وقد حاصر سلوك كوهار، وهيمن على حراكها وهي مدفوعة نحو اللحظة التي تمظهر فيها صورة معطيات حضور الحلم، ذلك الطيف الذي ما انفكّ يزورها ويوقد نيرانه في جوفها، لتبدأ آنئذٍ من جديد، غمغمات اللغة الأخرى والمشاهد العتيقة، لكن بعد أن يداهمها (آروش) نصف المجنون، ونصف القديس، ويدعوها دعوة حارقة للذهاب إلى أورفة، تصمت وترنو. لننظر: «شلّتها المفاجأة. فلأول مرة ترى (آروش) يبدأ إنساناً بالكلام مرحّباً بوجوده معه، ثم تابع كالمأخوذ: أورفة... أو... ر... فة.

<hr>

(16) المصدر السابق، ص 192 - 193
(17) المصدر السابق، ص 192 من هذا الكتاب.

وسكت برهة... قبل أن يدفأ أ... و... ر... فة. هناك... اذهبي». [18] لقد كان لدعوة (آروش الداشر)، كما يطلقون عليه، نأمه ودبيبه. إذ تدافعت الصور في ذاكرة (هدلة كوهار) كما لم تتدافع من قبل، خلفته وراءها وسارت. وفي المساء صمتت ترقب كل شيء بحذر، وبعد أن ضَلَّت. لننظر: «تمددت على الأرض، وفي أذنيها ترن كلمات آروش الداشر ... أورفة». [19]

هكذا تتساوق الرغبة كي يتجلى شفيف الحلم أطيافاً تعدّ ولا تحصى، يلملم شتات الذاكرة من كل صوب، وتعتمل حينها المشاهد الأخيرة لتحقيق مرغوب كوهار كي تلتذّ حين تتلمس عن قرب تفاصيل صورة قريتها الصغيرة وحدودها، والكنيسة، والصلبان الحجرية، وهيبة القديسين. لننظر: «ورأت نفسها- كما يرى النائم نفسه- تعبر نقطة الحدود التركية إلى الداخل، وإلى جانبها بدر يحمل حقيبته وابتسامته، ويباسط في الكلام الواقفين وهم يسألون: إلى أين يا بدر؟ إلى أين يا أم بدر... ولا تصدق كيف تنتهي الإجراءات المعتادة لتركب السيارة وتمضي وهي تلوح أورفة... لغة غامضة. تقف السيارة وتنزل مع بدر، وكأنها عائدة إلى بيتها بعد غيبة. تمشي في الشوارع بألفة وريبة... ترتقي المرتفع مع بدر، ثم تتوقف أمام المنزل بسقوفه المائلة، وممره الطويل، وباحته الواسعة. تقرع الباب... فينفتح عن وجه مألوف يلبس رداءه الكهنوتي ويحمل صليبه... تود أن تصرخ لكنه يشير عليها بالتزام السكوت، ويستدير فتتبعه. وحين يعبر الممر يفتح لها الباب ويطلب من بدر البقاء. وتدخل الغرفة تغرق في ظلال الشموع، وثمة رجل حين رآها رفع أصابعه فرنَّ صوت الذهب منها، وهمس بصوت خافت: كوهار... كوهار، يا صغيرتي لقد تأخرت كثيراً. وأغفى كطفل متعب... ولم تعد اللغة الغامضة غامضة، في سمع كوهار بدروسيان». [20]

(18) المصدر السابق، ص 197 من هذا الكتاب.

(19) المصدر السابق، ص 197

(20) المصدر السابق، ص 198 - 199 من هذا الكتاب.

هي ذي الرغبة تتحقق، ويطيب للراغب أن يتلمس كل غامض كان يداهمه بين الفينة والأخرى، يتحسس الأشياء، كما كان يتحسّسها من قبل. يغدق الحلم في مشاهده عند (هدلة كوهار) كي تتلوّن حكايتها بألوان لا تحصى. وليبقى هاجس المكان المفتقد حلماً على هيئة معبود تقام أمام سلطانه صلوات من الرغائب، وطقوس من الأمنيات. لكننا وبعد تفحص ثلاثة أعمال توضعت، فيها سياقات الأحلام بقوة لافتة في عوالم الخليل القصصية والروائية، لا بدّ أن نتوقف قليلاً عند هذا السياق الحلمي كي نتبين المناظير التي رأى من خلالها الخليل من جهة، ومن جهة أخرى سرديته المعبرة عن مدى حرصه الشديد على تقديم صورة الأرمني الحالم، والأبعاد الإنسانية لماهية تلك الأحلام. وقد تبدت في السياقات الحلمية مقاربة لافتة لملمت خيوط الحلم في الأعمال الثلاثة (الهدس الصهريج - كوهار). إنها مقاربة الأحلام الكبيرة التي استطاع إبراهيم الخليل أن ينظر إليها ضمن أبعادها الشمولية، مكرساً رغبة الوطن المفتقد دون غيره. وقد تمظهر ذلك في سردية «الهدس» عبر شخصية الآخر الأرمني، وهي شخصية محمّلة بوصية أرمنية خالصة لا تشوبها شائبة، حيث يبدأ الوطن في سياق رغبة متقدة، وينتهي إلى نسق من مفاعيل تحقيق المرغوب. وكذلك هو الهاجس «الأقوامي» الذي تبدى في قصتي «الصهريج» و«كوهار»، ليكوّن حكاية وطن من جهة، ومن جهة أخرى تحقيقاً لوجوده في نسق حلمي يلفه الصفاء والشفافية.

أما الحلم في سردية «أوراق الليل والياسمين»[21] كما يتبدى من وقائعه كحلم اليقظة، وقد تناثرت داخل مشاهده أطياف حكاية المكان المفتقد في أبعادها القريبة، وضمن الحدود التي رسمها (مكرديج)، بعد رحلة العذابات التي عاناها، والويل الذي شاهده، ليظلَّ الحلم بالمكان الآخر براقاً؛ حلم يستمد دوافعه من الحاجة إلى بيت يبنيه في مكانه الراهن. لكنه يشبه ذلك البيت الذي كان في قريته (زيتون). لننظر: «وسار على غير هداية. لفحته رائحة

(21) أوراق الليل والياسمين، رواية فيصل خرتش، ص 186 - 187

المساء فانتعش صدره. تابع السير فوصل إلى منطقة مرتفعة. جلس قليلاً على صخرة بيضاء. امتد أمام عينيه المدى فسيحاً أخضر مليئاً بالأشجار، ووراءه في الأفق امتدت زرقة السماء تلفّ جمال الكون... حلم البارون مكرديج أن يبني بيتاً له في هذه البقعة... يكون مثل بيته في زيتون... ثلاث درجات وباب خشبي مزين بالمسامير وسقاطة فوقه. في الداخل دهليز وباحة دار واسعة في وسطها بئر وعلى أطرافها شجيرات الورد. وسوف تعرش زهور الياسمين فوق الباحة... ويشرب كأسه الصغير ويشرب واحداً آخر ثم يُخرج نايه ويبدأ بإرسال حزنه إلى الأسفار البعيدة؛ ويظل يعزف لحنه وتتجاوب معه الرياح والصخور، ونسمات الريحان، وشجيرات القرنفل، وتهتز عريشة الياسمين، وتسمع مانوش النداء».[22] هكذا يستيقظ متأخراً البارون مكرديج بحلم يتسع لليقظة أكثر مما يتسع لأحلام النوم التي لها طعمها وتجلياتها. لكنه حلم ينتمي في سياقه إلى «الأماني»، أكثر من انتمائه إلى الرغبات المخبوءة والدفينة في عمقها السحيق والبعيد. وهو يشير في مضامين مفاعيل الحلم إلى قضيتين: الأولى هي بناء بيت لمكرديج يطابق في شكله، ومعماره، وتفاصيله، بيته القديم في (زيتون). أما الثانية، فهي أن يعزف بنايه لحناً حزيناً تسمعه مانوش الضائعة.

لا شكّ في أن هاتين المسألتين تشيران في منحى سياقهما إلى ترابط ما بين الوطن ومكانه المفتقد، وضياع مانوش عبر العزف على الناي الذي يترنم به مكرديج. لكن سياق الحلم وتفاصيله يبقى عند فيصل خرتش - كما سنرى - حلماً ناقصاً، إذ لم يبادر إلى التمسك بالرغبة الشمولية نحو المكان الآخر (الوطن). فقد جاء تحقيقه ناقصاً أيضاً. لننظر: «ثم جاء ذلك اليوم، وبنى البارون مكرديج بيته في سفح جبل الغزالات، كما تخيله تماماً، ومثلما كان بيته في زيتون؛ يطلّ على الخضار وعلى زرقة السماء، ولكنه لم يكن يشاهد سوى زرقة السماء وصوت نايه الذي كان يرسله كل ليلة ليفتش عن اخضرار عيني

---

(22) أوراق الليل والياسمين، رواية فيصل خرتش، ص 186 - 187

177

مانوش». [23] ونلحظ هنا أن زمن تحقيق الحلم وفق أبعاد «الأمنية» وبناء البيت القـديم بكل تفاصيله، جاء في المكان الراهن، وليس المكان الآخر المفتقد. هـذا من جهة، أمـا من الجهة الأخرى، فقـد بقيت لحظة البحث عن مانـوش قـائمة، لم تغب ولم تتلاشَ، وهذا بتقديرنا تحقيقاً لحلم أراده مكرديج- وكذلك فيصل خرتش- أن يتحقق كاملاً، تلبية لرغبة في لاشعور الآخر الأرمني، وتوضعات صورته.

لكن مقاربة الحلم في إطار التنسيق التعويضي الذي نحن بصدده، شيء، والبحث عن الأمنيات الصغيرة شيء آخر ومختلف. وهذا ما لمسناه مثلاً في قصة «آفو» [24] حيث يتمظهر لون تعويضي آخر، ومختلف في طعمه وشكله، إذ تمتد مفاعيل البعد التعويضي في سردية «آفو» حتى درجة احتلال كامل تفاصيل القصة برمتها. والمفارقة التي يقدمها الياس فركوح هامة في محاكاتها لصمت (آفو) المطبق ولحركته المشدودة نحو مرتكز آثر القاص فركوح الاشتغال عليه بدراية واسعة واستلهام دقيق لصورة الآخر الأرمني، ومدارات التعويض في سلوكه وحيواته.

تبدأ القصة بالصمت، وتنتهي بالإشارة إلى ماهية الصمت ذاته. لكنه صمت كما يريده آفو دون غيره. صمت لا بدّ على الآخرين أن يعبروا حدوده كي ينصتوا. لننظر: «ولا ينطق، ولكنه في صمته إن أخذت نفسك بالصبر والذكاء، يكشف عن اللغة التي تريد ولا تملك». [25] ولصمت آفو معادله، ومعياره الآخر، حيث إن الصمت عنده متساوق مع التعبير عما يريد، ولكن بصمت الأشياء التي تنطق عن نفسها، بشكلها، ولونها، وحركتها. لننظر: «ماذا يصنع باللغة؟ إنه يقول ويحلم، يتذكر (الصخرة) حين كانت آذاناً بعيداً. يتذكر الحارات المصقولة أحجارها، كيس الكتب القماشي، (عصرونة) رغيف

(23)   المصدر السابق، ص 192
(24)   آفو، قصة قصيرة- الياس فركوح؛ اللوتس، ص 38
(25)   المصدر السابق، ص 39

الزعتر... وتفاحه. يقول إن هذه تفاحة... ويحرك يديه فيصير الشيء تفاحة... يلمس الكتلة ويقول لها. صيري تفاحة! فتصير... نبي على طريقته! ولأنه كذلك، فهو عرضة للهزء من الساخرين حوله. ولأنه كذلك، فهو يكبت غضبه عنهم، ويفجره في بيته لغة تقول ما لا تقدر أنت أن تقول! هل تقدر على أن تنطق الصخر، أواديس يقدر».[26]

تلك هي حالة التبئير التي تستجمع أحدوثة التعويض في قصة آفو عبر مفارقة الصمت والصخب بل النطق وعدمه. آفو (أواديس)، ذلك الأرمني الذي سرقت الحرب نطقه وتفاحته. تاركة له خياراً واحداً بقي رهينة له دون رادٍّ ولا رادع. وظلَّ يعبِّر بالأشياء والأحجار، والصور عما يريد أن يقوله بلسانه. لننظر: «ليس من فرق بين الحرب والتشويه الأول. ولكن، أهي الحرب في الحكايات الطقوسية لبني قومه يسمعها آفو... ليتحصن ضد الظلم. وما عرفها؟ أم تلك التي نتشت رغيف الزعتر منه، وحوّلت قضم التفاحة إلى اشتهاء يشبع باليدين؟ لا بأس، فالأولى جعلت من نوم آفو دماء وصراخاً وسيوفاً معقوفة، وعرايا تسبح بالذبح. أما الثانية، فهي التي أحرقت الوجه وأخرست اللسان في آفو، فأنطقت لغة في يدي أواديس».[27] لا بدّ إذاً من أن تكون للتفاح حكاية، ولمنحوتات أجساد النساء اللواتي قُطّعن حتى صرن أنصافاً، وكذلك للنساء اللواتي دون أثداء حكاية أيضاً. ففي هذا الإطار، نلحظ مفارقة شديدة الأهمية، جعلت الياس فركوح، ينحو باتجاه معايرة يتم من خلالها فصل المسار التعويضي عند آفو إلى شطرين: الأول كان مشدوداً بأدواته نحو التفاح، كتعبير عن فقدان آفو لتفاحته التي كان يقبض عليها عندما أصابته شظايا الحرب عام 1948 واحتلال الجزء الأول من فلسطين، والشطر الثاني هو المنحوتات التي تكوّن أجساداً لنساء بلا أثداء أو أجساد نسوة حتى الخصر قدّت. قد يكون لهذين الشطرين أهمية بالغة، إذ

---

(26) المصدر السابق، ص 43

(27) المصدر السابق، ص 42

ستتلمس من خلالهما لغة التعويض في مكنونات آفو، ونكشف أيضاً عن البنى الهواجسية الصامتة التي آثرها دون غيرها عبر تعبيره الصامت، وصمته المعبر وفق التحليلية التالية:

1- حكاية التفاح:

«هكذا تستطيع التعرف على أشياء (أواديس) الصغيرة. قد تقول إنها «كالطبيعة الصامتة»! تفاح... كراس... تفاح... نخالة خشب... تفاح... صنوبر يقطر... تفاح... ذباب... تفاح، تفاح... لمبة بلاطة ماء أكواب تفاح، تفاح...! يدخل (أواديس) ويخرج... يغسل الأكواب بيده... وبيديه يتحسس التفاح، بيدين مرتعشتين يلمس السطوح... ويمضي»[28]. لكن طقس التعويض بالتفاح يستمر بلا انقطاع. لننظر: «فوق الجرن والبلاطة المستطيلة مقدار متر من الصيني الأبيض، على كل قطعة بيضاء رسم ساذج لتفاحة. على سطح باب الثلاجة ألصقت صورة لتفاحة. على أحد الجدارين الخاليين سمّرت ورقة جريدة كانت إعلاناً لتفاح لبناني»[29].

ثمة ما يحيط بشخصية آفو، ويدفع حضورها الآسر إلى التمظهر من خلال الصور، والأشكال، والترانيم الواحدة، حيث لعبة المجاز وعلاقتها بصورة الثمرة «التفاح» ولا شيء آخر. يتلمسها واحدة، واحدة. يخالجه شعور بالسعادة والألم، فالتفاح بالنسبة إليه هو طفولة الخطيئة المحترقة التي فارقها النطق، وقتذاك، شرع يتلمس الأشياء بإحساس يخصه وحده دون سواه. هكذا يتبدى المشهد التعويضي في دكان آفو، لكن في بيته يختلف الطقس وتتقاطع الترانيم، حيث تصبح شيئاً آخر يتمظهر آفو من خلاله خالقاً لأشياء تخصه بآلية يحسها هو ولا أحد يستطيع أن يضاهيه في مخلوقاته العجيبة. لننظر: «غابة كتل في كل المكان، استدارات... تكورات... حجارة... قطع خشب... تفاح من حجر، تفاح من خشب! منها ما هو بحجم التفاحة... ومنها ما هو بحجم

---

(28)   المصدر السابق، ص 42

(29)   المصدر السابق، ص 42

(أواديس)... تفاحة حجرية مقضومة... تفاحة خشبية مشطورة... تفاحات كاملة بحجم الكف على الأرض، والداخل».[30]

2- حكاية أجساد النسوة:

هي حكاية النصف الآخر من صمت آفو؛ صمت الذي يستذكر المقتلة، والمذبحة التي حلت بالأرمن، شريط لا فكاك لآفو من تمثل أبعادهما، ولكن بلغة أخرى- لغته هو صاحب الألم الكليم. آفو الصامت، آفو الذي يسوق الحكاية بسحر حار وغرائبية. لننظر: «منحوتات نصفية لنسوة حتى الخصر قُدَّت... ودون الثديين والحلمتين كانت! تمشي للأمام فَتصِرُّ شظايا الحجر من تحت الحذاء، تنحني فيكون إزميل ومطرقة على كتلة جديدة لم تنجز!».[31] لقد تضافرت جملة من الوقائع على صياغة ذلك الأفق التعويضي لآفو (أواديس) ليظلَّ في ذاكرة القارئ ما هو لافت ونافر، ولتبقى القصة في مجملها سردية سياقات وأنساق، ولغة لها أثر هام يشير إلى براعة الكاتب ومأثرة الموضوع الذي ترك لنا حدوثته. لننظر: «عن أرمني أبكم لا يحكي، صامت كالحجر محروق الوجه؛ عن آفو الذي سرقت حرب النكبة تفاحته... وحرب العثمانيين جده، وحلمات نساء قومه».[32]

عند عبد الرحمن منيف يتساوق «التعويض» مع وقائع جديدة، وأحداث أكثر إثارة في نسقها حيث الشكل الآخر والمتباين في تعويضاته المختلفة. ففي سردية «التيه»[33] يتمظهر آكوب بلغة حارة ومتقدة عبر إدهاش الآخرين من حوله، واستغرابهم لما يجلبه معه، أو ما قد كان يملكه دون غيره، بدءًا من بابور الكاز، وانتهاءًا بفرامة اللحمة. وتلك الغرائب في سياقها الوقائعي قد لا تترك أثراً يستدعي الالتفات نحوها؛ فهي مجرد أشياء يجلبها الأرمني آكوب

(30) المصدر السابق، ص 45
(31) المصدر السابق، ص 45
(32) المصدر السابق، ص 44
(33) مدن الملح التيه، رواية عبد الرحمن منيف.

181

بالدرجة الأولى كي يستعملها لوحده. لكن سرعان ما ينهال عليها الطالبون من كل صوب.

لكن منظورنا لهذه المسألة يقترب من الدوافع التي جعلت من آكوب شخصية ذات سياق ملفت وسردية تعتمد على عفوية سلوكها الذي يجذب الآخرين من حوله، وإشعارهم بأهميته، وذلك لإقامة صرح يتوازن فيه شعوره بغربته من جهة، وافتقاده «للمكان الوطن» من جهة أخرى. فإذا كانت نصوص «الهدس» و«الصهريج» و«كوهار» و«أوراق الليل والياسمين» وكذلك «آفو»، نصوصاً لجأت إلى رؤية المكان المفتقد وتعويضاته في مناظير الحلم ومقارباته، فإن سردية «التيه» لجأت إلى التعويض الآخر والمختلف، والذي أشار إلى قضية عامة، تطال الآخر الأرمني، ليس في الأدب وحسب، وإنما في سياق حيواته الاجتماعية المختلفة، حيث يُنظر إلى التميز في حياة الأرمن عن سواهم- ومنذ القديم- وخصوصاً في أبعادها المهنية. وتلك رؤية عبد الرحمن منيف التي استلهمت هذا الجانب الهام من سياق الآخر الأرمني، وعزفت على إيقاعه ترنيمة آكوب. آكوب الذي ملأ حرّان بغرائبه ومفاجآته، معبراً- وبشكل نافر- عن المستوى «الإلفاتي» الذي تحتاجه هكذا مسألة، ومقيماً النمط البياني لتساوق غربته، وتناظرها مع الطقس الغرائبي الذي خلفته تلك الحاجيات في ذاكرة من يعيشون في حرّان، وما تراكم في أذهانهم من جراء احتكاكهم بآكوب الأرمني. وهذا يُعدّ أيضاً مؤشراً آخر لأبعاد ذلك التوازن ومعاييره، والتناظر بين الغربة التي يحسها آكوب بداخله، وجملة الأفعال التي يقوم بها كتعبير عن تخلق ذلك التوازن الذي يجعل من سلوك حياته سياقاً منسجماً لا يشوبه اعتراك أو خلل. لننظر: «ومثلما كانت تصل القوافل من قبلٍ، ومعها المؤن والأقمشة والرسائل، أصبحت (سفينة نوح) كما أطلق الأمير على سيارة آكوب، تصل مرتين أو ثلاث مرات في الشهر، وعليها كل شيء. الناس ينتظرونها بلهفة واهتمام. إذ إضافة إلى ما تحمله من المؤن والاقمشة والرسائل، كان آكوب يحمل معه أشياء جديدة باستمرار.

وهذه الأشياء التي لفتت نظر الأمير، وجعلت آكوب شخصاً مقرباً إليه»(34).

لكن أحدوثة الغربة وأفعال آكوب وغرائبية الحاجيات التي يجلبها إلى حرّان، بدأت تساهم شيئاً فشيئاً في دفع تلك الغربة نحو التلاشي، وإقامة شكل من أشكال التوازن مع المحيط عبر تبدّل مناظيره نحو ذلك الأرمني. وهو الأمر الذي جعل آكوب يفكر أكثر عند اختيار الأشياء التي يجلبها باستمرار. ومردُّ ذلك يعود إلى شعور آكوب الذي كانت تغمره السعادة وهو يلحظ أهميته وحضوره الآسر عند أهالي حرّان، ولهفتهم لساعة قدومه. فقد تحوّل آكوب تدريجياً إلى منقذ ومخلص لهم في كثير من المآزق التي يتعرضون لها. لننظر: «فبعد أن ضعفت بطارية الراديو، ولم يأت حسن رضائي بواحدة جديدة لأنه كان مسافراً، وأصبح صوت الراديو لا يكاد يُسمع إلا في الليل المتأخر، وعلى شكل حشرجة غير مفهومة، كان آكوب هو المنقذ؛ إذ شحن البطارية وأبدى استعداده أن يفعل ذلك كل مرّة. وقال إن البطارية حتى لو ماتت يمكن إعادة الحياة إليها. وقد أدهش هذا الأمر الكثيرين- خاصة الأمير ولم يصدق في البداية- لكنه حين سمع الراديو يهدر، أثنى على هذا الأرمني الإبليس»(35).

لا بدّ أن يبقى آكوب مهماً ونافراً في حرّان، وإلا حصلت أشياء قد تودي بسلوكه إلى نحو مغاير. قد نشهد آكوب شخصاً شرساً، أو شريراً، إذا لم تتحقق علاقته بمن حوله بصورة متوازنة. فهو بقدر ما يكون مهماً عند الآخرين لا بدّ سنراه منفرج الأسارير، مداعباً ومازحاً الجميع، والآخرون يتدافعون لاستثمار خدماته، وخبرته في كل شيء. عندئذٍ ندرك أن حالة التوازن هي التي تحدّد شعور آكوب وترسم كذلك مقدار التماثل مع الآخرين من حوله.

لقد سعى عبد الرحمن منيف في إطار هذا الجانب، إلى الإسهاب نصياً في تمتين روابط العلاقة ما بين آكوب، واحتياجات الآخرين في حرّان، فاستمرّ

---

(34) المصدر السابق، ص 436
(35) المصدر السابق، ص 436

بتغذية سياقاته السردية بالكثير من الوقائع التي تجعل من آكوب مهماً في تأدية الفعل الغرائبي والمدهش، تساوقاً مع مشاعر الغربة التي تطحنه من الداخل. لننظر: «أما حين أحضر آكوب مكانة يدوية لفرم اللحم، وبدأ أبو كامل استعمالها في حرّان، فقد أدهشت الجميع وهم يراقبون آكوب يثبتها على دفٍ قوي أولاً، ثم وهم يراقبون أبا كامل يضع قطعة اللحم الكبيرة في ناحية، وتخرج قطعاً صغيرة من الناحية الثانية».(36) لكن الأبعاد التي يخفيها آكوب جرّاء أفعاله تلك، ظهرت بائنة حينما دفع إليه (ابن نفاع) أجراً لإصلاحه بابور الكاز. لننظر: «رفض آكوب بإصرار».(37) وقد جاء الرفض منسجمًا مع كل ما جلبه آكوب إلى حرّان، إذ يكن في ذهنه أن يفعل كل ذلك من أجل الربح. لننظر: «وفي حالات كثيرة، لم يكن في ظن آكوب أو تخطيطه أن يبيع هذه الحاجيات».(38) كذلك هي الأشياء الأخرى. لننظر أيضاً: «عشرات الأشياء المتنوعة المثيرة كانت تصل أيضاً على سيارة آكوب: أمشاط العظم القوية المصقولة، المرايا، المحاقين الصغيرة، والأحذية المصنوعة من مطاط السيارات ثم المسلات والخيوط القوية. كل واحد يريد حاجة... فالمصباح الذي يعمل على البطارية الجافة كان يستعمله في تفقد محرك السيارة، أو حين ينزل تحتها لمراقبة بعض أجزائها. لكن ما أن يراه الناس، فيبدأوا بإشعاله وإطفائه، حتى يروق لهم، وإذا بكل منهم يرغب بالحصول على مثله».(39)

لقد استطاع آكوب أن يحقق ما غيَّب عنه قلق الافتقاد والغربة عبر مفارقات الإدهاش والغرائبية التي كان يجلبها إلى حرّان. وقد كان مشدوداً إلى تشييد أفق فيه من الإلماح والبريق ما يوازي غربته وإحساسه الدائم بافتقاد أمه وأبيه وإخوته ووطنه. فقد كان افتقاد الوطن مدمراً بالنسبة له. وما ذهبنا إلى تلمسه، لم يكن إلا ذلك المعادل الصعب الذي كان آكوب صورته المنثار، ومشهده

<hr>

(36)   المصدر السابق، ص 436
(37)   المصدر السابق، ص 438
(38)   المصدر السابق، ص 437
(39)   المصدر السابق، ص 437

الحار والمتدفق، عبر بحثه الدؤوب عن لحظة غرائبية- وإلفاته إدهاشيه ترتهن إلى محاولة جلب أنظار الآخرين نحوه- يستعيد من خلالها اتزانه وهيبته أمام تدفق مستمر ليقظة شجون الغربة وصور المكان المفتقد. وقد أبانت لنا التلاوين المتعددة التي آثرنا من خلالها رؤيتها الآخر الأرمني في سياقه التعويضي العديد من الاستنتاجات التي يأتي في مقدمتها المعادل الذي يشير إلى أن الأرمني يتميز بخصوصية لافتة تتضمن في جوهرها مسألتين:

1- الصراع الداخلي والجواني الملحوظ لمركباته النفسية، وذلك يعود في مبعثه إلى الشعور بالغربة والافتقاد.

2- بحثه الدؤوب عن معادل يعيد إليه اتزانه المفتقد عبر تجليات الحلم وتمظهرات الوقائع التي تخلق بدورها «الوطن المفتقد» في أحداثها وحدوثتها موقفاً جلياً ناصعاً يتدافع إليه الآخر الأرمني ملهوفاً للقبض عليه بكلتا يديه. لكن الواقع والحقيقة يداهمانه كجدار من الفولاذ تستحيل من بعده الأشياء إلى مراثي يظلّ الحلم فيها أبيض ناصعاً، وتظل الأحدوثة أرضاً خصبة لآمال جديدة قد تغدو فيها الأحلام وقائع متحققة ولا غبار عليها.

5- النسق العصابي

النصوص المختارة:

1- مدن الملح (التيه)، رواية عبد الرحمن منيف.

2- أرتين، قصة قصيرة- عبد الرحمن سيدو.

3- موجز تاريخ الباشا الصغير، رواية فيصل خرتش.

4- كوهار، قصة قصيرة- إبراهيم الخليل.

5- الضاحك الباكي (ثروت)، رواية فكري أباظة.

لا شكَّ في أن تقاطع جملة من القضايا والمسائل في النسق العصابي- موضوعنا في هذا المفصل- قد توضح من خلاله بعد جديد من أبعاد الشخصية الأرمنية، حيث نتلمس عبره تلاوين «العصاب» وبنية تواتره ضمن توضعاته في النصوص الأدبية التي تباين فيها مبعث ذلك العصاب ومنشأه، وشَكلُ تمظهره. إلا أن التموضع في تلك النصوص كان محدوداً للغاية، حيث اقتصر تناثره على التمركز في محورين اثنين هما:

1- محور الغضب والحزن.

2- محور مشهد رؤية الدم.

لقد كان لمفهومة لعبة المحاور وفق أبعادها، وخطوط سياقاتها السردية المتناغمة، ما يشي عن تعالق يربط معايير التأثيث بين المحورين المذكورين، حيث ساد التناغم بين مشهد الارتباط والتعالق، وبين أدوات وآلية وقائع

186

التواشج بينهما، إذ تطلعت الكثير من الوقائع فيهما إلى إقامة طقس «نفساني» مهيب تتلاطم فيه الانفعالات وتتصارع من حيث تزامنها مع حدث شَكَّل الجسر الذي يعبر عليه ذلك الانفعال كي يتمكن من رسم مشهد لحالة «العصاب» وتلاوين وقائع نوباته. وهذا شكَّل المعطيات الأساسية للتحليلية التي نحن بصددها.

1- محور الغضب والحزن:

آثرنا النظر إلى هذا المحور وفق صورة أقرب ما تكون إلى التوصيف النفسي للانفعال، دوت اللجوء إلى تحليلاته «المرضية». وذلك يعود لخصوصية السياق النفسي للشخصية الأرمنية في النصوص، وذلك لغياب النسق «البسيكولوجي» العميق لها من جهة ومن جهة أخرى ارتهان طبيعة توصيفاتها في النصوص الأدبية وعدم تكامل أبعادها كشخصية «مرضية» ترتهن إلى عصاب أو نفاس محدّد بذاته يرجع منشؤه إلى عقدة نفسية محددة أيضاً. وذلك ما جعل منظارنا إليها يعتمد رؤية تتلمس الأبعاد السطحية للمنشأ النفساني دون اعتمادنا على دوافع ذات بعد افتقادي عام له مرجعية مرضية.

إن أولى التمظهرات الانفعالية لهذا المحور تجلَّت في سردية «التيه»[1] فالأرمني آكوب كان بالنسبة لعبود حجة يتذرع بها عندما يريد تأجيل موعد سفر السيارة. فقد كان أهل حرّان يعرفون أن الأرمني آكوب حينما يكون مجبراً على السفر، سيكون غاضباً والغضب بالنسبة إليه يعني أن تأتيه «نوبة السودا» ما سيعرضهم في سفرهم معه لمكروه لا تحمد عقباه. وذلك ما يُخلص عبود من كل الأسئلة التي يتعرض لها بشأن قيام الرحلة والإسراع بها. أما إذا لم يتجمع العدد الكافي من الركاب والحمولة، فإنه (أي عبود) يقول - حسماً لكل الأصوات التي تنهال عليه طالبة موعداً نهائياً للسفر: «إن الأرمني جاءته السودا وما يريد يتحرك». فإذا سافر بدون رضاه يمكن يذبح الركاب»[2] مع

---

(1) مدن الملح التيه، رواية عبد الرحمن منيف.

(2) المصدر السابق، ص 434

187

العلم أن آكوب هو الوحيد الذي يعرف متى وكيف تنتابه لعنة «السودا». فقد كان يتحسّسها مثلما يتحسّس مقود السيارة، بل يذهب أكثر من ذلك في درايته بمرضه، وزمن استيقاظه آلاماً لا يمكن لأي شخص أن يتحملها، وهي آلام يشعر بها في مؤخرة رأسه الأشيب. ويتجلى حينها آكوب ليصف مرضه مقروناً بمرض سيارته، حيث يخالجه الشعور ذاته، بأن السيارة حين تمرض وتتعطل فهذا يعني أن آكوب مريض. لننظر: «السيارة مثل الكلب، أنا مرضت هي مرضت»[3] لكن لننظر أيضاً: «المرض يبدو غامضاً وبعض الأحيان مستعصياً. فآكوب الذي يعرف كيف يبدأ مرضه وكيف يتطور، ومتى يحصل ولماذا، بدأ يحس في الفترة الأخيرة بأعراض لم يعرفها من قبل ولا يجد لها تفسيراً. حتى الطبيب الذي نقله إلى حرّان- والذي استأجر ثلاثة دكاكين معاً، وافتتح عيادة كان يستقبل فيها المرضى ويجري العمليات، وخصص فيها أيضاً قسماً للإقامة له وللمرضى الذين يجري لهم عمليات ضرورية وعاجلة- عجز عن تشخيص مرضه. حتى صبحي المحملجي لم يستطع تشخيص مرضه، أو يفسر الأوجاع التي يشكو منها. كان الألم يبدأ من مؤخرة الرأس ثم ينتشر إلى كل مكان من جسمه، مصحوباً بالشعور بالإرهاق، وفقدان الشهية وارتفاع الحرارة، خاصة في الليل».[4]

ربما يكون الهم الأساسي الذي داهم آكوب وصعّد آلامه وأحزانه، هو قدوم السيارات الجديدة إلى حرّان، وكذلك العسف الذي ملأ دنياه، لشعوره بأنه قد تلاشى؛ ليس كرجل يدعى آكوب، وإنما تلاشى وبدأ يضمحل لتلازم تلاشيه واقترانه بتلاشي فعل سيارته التي بدأت أهميتها تتراجع شيئاً فشيئاً. يضاف إلى ذلك قدوم تلك المواكب المهيبة التي كان لها أثرٌ هام في تبدد أحلامه الصغيرة أيضاً. لننظر: «كان آكوب يتوقع أنه خلال سنة واحدة إذا استمر العمل كما هو الآن، وبعد أن يبيع (القرقيعة) ويضيف ثمنها إلى ما جمعه أن

(3)   المصدر السابق ص 459

(4)   المصدر السابق ص 459

يشتري سيارة أخرى- سيارة أحدث ولن تمر بعد ذلك سنة واحدة، وعلى أبعد تقدير سنتان، إلا ويقول لحرّان وللخط كله: كولا... كولا ويقفل عائداً أولاً إلى حلب، وبعد ذلك إلى أرمينيا. هكذا كان يفكر ويحلم ويخطط. فإذا مرّت هذه الأفكار برأسه، ورآها واضحة جلية كاملة، تنبسط ملامحه ويشرق وجهه».[5] لكن سيارات «رضائي وابن النقيب» قتلت كل الأحلام، وجعلتها طيفاً يلهث آكوب خلف ظلاله، موثوقاً إلى إيقاع جنائزي تولجه مؤخراً، مخلفاً إياه غريق إحساس غريب؛ وكأن كل شيء قد انتهى بالنسبة لآكوب. لحظتها يجتاحه طقس من الحزن والغضب، يتناوبان التمظهر في سلوكه، ويثابران على دفعه نحو موقف أكثر جلاء مما قبل، حيث تقف له «نوبة السودا» بالمرصاد، لتداهم جسده المنهك وأعصابه. لقد فقدت كل تلك الأحلام الصغيرة بريقها، حتى العودة إلى أرمينيا، ذلك الحلم الكبير الذي سعى إليه آكوب بكل ما يملك، غاب تماماً وتلاشى، لتحل النهاية المريعة، ويختفي آكوب محملاً بأحلامه وأمنياته الصغيرة. لننظر: «بعد أذان الصبح كان آكوب قد انتهى لا... مع الأذان تماماً خلص. الحكيم رفع يده قال: البقية في حياتك».[6] لقد كانت «نوبة السودا» لعنة قاتلة، كان القتيل فيها أحلام آكوب الأرمنية أولاً، ومن ثم آكوب نفسه، وهو الذي رسم انتصاراتها وإخفاقاتها، وانكساراتها بشفافية وحنو، وحميمية.

أما أرتين[7] ذلك الأرمني الذي تطاله وتعسكر به «نوبة الجنون» أيضاً حينما يغضب من أجل مسألة ما تخل بالنظام الصارم الذي يفرضه على راكبي سيارته «الشيفروليه» حين يكتشف «أن أحدهم، أحد الفلاحين وضع في الفسحة الخلفية للسيارة كبشاً أو تيساً، تفتح باب السيارة تصرخ: هذه سيارة منشان إنسان، مو منشان معز... الله... هالله».[8] وهنا نلمس أيضاً عقلية أرتين

(5)   المصدر السابق، ص 451

(6)   المصدر السابق، ص 468

(7)   رحيل اللقالق، ص 44

(8)   المصدر السابق، ص 45

وصرامة تعليماته التي يطلب من الركاب تنفيذها بحذافيرها. لا بدّ أن يجري كل شيء عند أرتين بانتظام وكما يريد هو. وحين يُسأل عن أحـواله يكتفي بالقول: «خليها على الله».(9) ثمّ يبدأ من بعد ذلك طقس من الجنون خلف مقود سيارته. لننظر: «وتصمت ثم تعود بجنون. تنسحب... أعمدة الهاتف خلفك، تغيم الطرقـات، وتذوب معـالم الدنيا وأنت تدوس، وتـدوس وتهيل من العرق اللاذع في جـوفك، تحمرّ عيناك، وقتها كانت الناس تقول: أتته نوبة الجنون... دعوه حتى يهدأ».(10)

هكذا كان أرتين- كما هو آكوب عند عبد الرحمن منيف- يقترن الغضب لديهما بنوبة جنونية، بالرغم من اختلاف شكل حلولها وحضورها ومواقيتها. لكنها في نهاية الأمر مردّ لغضب، أو حزناً على مفتقد. ولا مجال للمقارنة بين أرتين وآكوب؛ فآكوب الشخصية الأعمق، والأنضج في تجليها العصابي، في حين أن أرتين ليس سوى ظل من الظلال التي خلفها آكوب الأرمني على أرتين بعد موته.

كذلك هي العجوز الأرمنية «الديجين» في سردية «موجز الباشا الصغير». (11) وقد تمظهرت مؤثرة تجليات طقس غرائبي، في إطار استظهارها للنسق العصابي، مشدودة في الوقت ذاته إلى تلك النوبات التي تزورها بين وقت وآخر، وهي في حالتها أقرب ما تكون إلى شكل من أشكال التشنج الذي يطال الجسد برمته. لكن هذه الحال تأتي على العجوز كلما حزنت حزناً شديداً فهي لا تتوانى أبداً عن الرضوخ إلى ذلك الطقس العصابي بغرائبيته، ومنذ أن زارها الباشا الهارب من كل شيء، وراعها وأحزنها أيضاً اختفاؤه الدائم والمخاطر التي يتعرض إليها كل لحظة ما فتأت ما وهي تسأل بحزن يشق الصدر، ويقلق الأعصاب. لننظر: «إلى متى يظل هكذا مثل الذيب؟ عليه أن يقعد عند

---

(9)   المصدر السابق، ص 45

(10) المصدر السابق، ص 45

(11) موجز تاريخ الباشا الصغير، رواية فيصل خرتش.

190

أولاده وأمهم... حرام... الله يُخلصه».[12] ذلك أن شعور الأرمنية العجوز هذا، وشدة حزنها على الباشا، كان مبعث حضور «النوبة» التي دفعت ابنتها الكبرى نحو الباشا النائم. لننظر: «أن تمسك بيده وتهزه. أفاق هلعاً قالت: أمي اجتمع الأولاد في زاوية القبو بجانب النافذة ما بين النافذة والزاوية. طلب طاسة الماء أسرعت الكبيرة؛ أخذها من يدها. ملأ يده ورشها فوق وجه الأرمنية، كانت تبتسم ثم عبست مال حنكها إلى طرف. هرتمت بكلماتٍ غير مفهومة. بدأت تصيح: اتركوني، أنا لا أريد شيئاً أنا لا أعرف شيئاً. الأولاد يبكون بصوت قوي، صرخ بهم أن اسكتوا. لم يسكت الأولاد. سحل مخاطهم على طرف فمهم، راح يكبر: الله أكبر... الله... الله أكبر. البطن ينتفخ يكبر أكثر. هي تصرخ... الأولاد يبكون ويصرخون هي تصرخ، هو يكبر. بطنها يعلو أكثر، يصبح كظرف السمن المليء. من أطراف فمها يخرج الزبد، يرش وجهها بالماء ويكبر. هي تضحك ثم تبكي، وبطنها يزيد في انتفاخه يقرأ آية الكرسي، الأولاد يبكون، ينهرهم. يتذكر المرات التي رآها فيها على هذا الشكل، دائماً كلما حزنت بشدة، تكون جالسة، ثم تسهم فجأة، وتميل برأسها ثم ترتمي، وتأخذ بالصياح والانتفاخ، الذين حولها غالباً ما يسألونها أسئلة وهي تجيب عنها وتعرف ويسألونها: ماذا ستلد فلانة؟ أصبي أم بنت؟ وترد عليهم. يغتنمون فرصة وقوعها ودخول الجن إلى بطنها ولا يتركون سؤالاً إلا ويسألونها إياه».[13] لم يكن ذلك الحزن العميق الذي يجتاح العجوز الأرمنية في بنيته، ومشكلاته إلا الشعور الحاد باستذكار ذلك اليوم الذي تركت فيه وحيدة ومفردة. تتذكر عندما تركتها أمها عند «علي الشامي»[14] بعد أن قبلتها وضمتها إلى صدرها. يومها بقيت أياماً صامتة لا تكلم أحداً إلى أن حصلت بداية ذلك اليوم اللعين. لننظر: «عندما أصابها ذلك في الحمام- حمام السوق- كانت مع البنات؛ تركها وذهبن؛ لم يبق أحد في الحمام نسوها. الفتاحة أيضاً ذهبت، ارتخت في الأرض

(12) المصدر السابق، ص 84

(13) المصدر السابق، ص 85

(14) المصدر السابق، ص 42 ص 43

في الجواني وقعت، داخت، ظلت هكذا ساعات طويلة حتى جاء الوقاد، يريد الدخول من بيت النار. أراد أن ينعشها بالماء البارد حين أفاقت ورأته وهي عارية، صرخت صرخة عظيمة يقولون أن الوقاد قد شاب شعره منها. صار كله أبيض، وهرب ثم جاءت الحمامية، وألقت فوقها مئزراً وحملوها إلى المصطبة حتى أفاقت، ومن يومها... كلما حزنت يكون لها نفس الفصل».[15]

لقد تبيّن بجلاء بعد شريط تلك الوقائع أن العجوز الأرمنية بقيت معلقة بذلك اليوم الذي تركتها أمها فيه وحيدة، يلفها الفقد من كل ناحية وصوب. هذا من جهة، أما من الجهة الأخرى فيعود الأمر أيضاً إلى اللحظة التي تُركت فيها وحيدة في حمام السوق. وتلك الواقعة كانت مبعث ذاكرة قديمة للوحدة والفرادة؛ حيث تركها البنات اللواتي كن معها. أمّا الواقعة الأخيرة التي كان الباشا شاهداً عليها، فسببها إحساس العجوز الأرمنية بأن الباشا قد غدا وحيداً بلا أولاد وزوجة وبيت، وهذا بتقديرنا مصدر آخر للحزن الشديد، ومبعث للنوبة التي حلت بها. لكننا سنحاول الآن تحديد بنية النوبة وماهيتها عند العجوز الأرمنية، وذلك وفق النقاط التالية:

1- **الافتقاد الأول:** افتقاد أمها التي تركتها «وظلت الصغيرة أياماً لا تكلم أحد».[16] من هنا ندرك أن صورة الحزن العميق هي التي رسمت الشكل الكامن لحالة الافتقاد.

2- **الشعور بالوحدة:** شعورها بأنها وحيدة في الحمام بعد أن «كانت مع البنات، تركنها وذهبن»[17] حيث «وقعت، داخت، ظلت هكذا ساعات طويلة».[18] فالوحدة هنا شكلت دافع استيقاظ الذاكرة (التخلي والترك) الكامنة في لا شعور «الديجين الأرمنية».

(15) المصدر السابق، ص 85 - 86
(16) المصدر السابق، ص 43
(17) المصدر السابق، ص 85
(18) المصدر السابق، ص 85

3- **الإحساس بوحدة الباشا:** ذلك الأمر يطال العجوز الأرمنية عندما يتبدى لها الباشا وحيداً، وهارباً، لا بيت، ولا أولاد. إنها اللحظة النافرة التي تقيم مفاعيل التأثيث لمشهد صورة الحزن الشديد. «يتذكر المرات التي رآها فيها على هذا الشكل، كلما حزنت بشدة تكون جالسة ثم تسهم فجأة، وتميل برأسها ثم ترتمي وتأخذ بالصياح والانتفاخ».[19] لقد ارتبط مشهد النوبة في ماهيته مع الإشارات التي تحيل إلى الغربة والتّرك والفرادة والوحدة.

إن سردية وقوع النوبة في سياق الأرمنية العجوز ظلت مشدودة بقوة لا تخلو بالتأكيد من ارتباطها بالحزن الشديد؛ ومقاربة هذا الحزن تنطوي على معايير الإحساس والشعور اللذين يرسمان لوحة الافتقاد؛ افتقاد أم العجوز الأرمنية، ومقاربة الوقائع التي توقظ في ذاكرتها. الافتقاد العتيق لوقائع وصور ليس من السهل نسيانها.

2- محور مشهد الدم:

المذابح الأرمنية هي الأم الرؤوم لمخيال النصوص الأدبية، أو توليفاتها في الإطار الذي يتعرض له هذا المحور. إذ أن مشاهد الدم، صورة لا تنسى، ولا تستطيع أية وقائع وأحداث أخرى مهما كانت أهميتها أن تنال المكانة التي تركتها في ذاكرة الآخر الأرمني، كأحدوثة تحكي قصة الألم وآثاره المرعبة والمريعة، لقد كان الموت، والذبح يداً تطول كل شيء؛ لا يحدّها حدّ، ولا يصدّها قيد. ولأن رؤية الدم طاغية يدفع الأعناق إلى الالتواء، والأجساد إلى الترنح؛ لا يفرق بين الرضيع والكهل. كل شيء أمام طغيانه مستباح. لذا كانت المشاهد تتدافع في الذاكرة، كي تحيل الحزن والغضب والافتقاد إلى حالة من الجنون، والمس الذي يبعث بالاتزان السلوكي عند الآخر الأرمني إلى حالة من السوداوية والهواجس، حيث يتجلى مشهد الدم في رؤاه المتعددة- إضافة إلى الأشكـال

---

(19) المصدر السابق، ص 85

والمقاربات التي ينضـوي تحتـها- وذلك من خـلال مـا تمظهر في النصوص الأدبية من توضعات رسمت ملامح ذلك المشهد بتناغم وانسجام ملحوظين.

لكن ما تجلّت به وقائع سردية «كوهار أو الطريق إلى أورفة»[20] رسم بخطوط نافرة، مرثية لمسٍّ أصاب «آروش الداشر»، محيلاً إياه إلى طقس من ارتهان التعلق بالأمكنة المهجورة مقسوم إلى نصفين. لننظر: «نصف القديس، ونصف المجنون- هذا الذي لا يعرف أحد عنه شيئاً- جاء مع السَوقيات، ثم تخلف مع من تخلف من الضعفاء فعاش في الطاحون يغزل الصوف مقاليع، لا لصيد العصافير، وإنما لتحذيرها من الصيادين، حتى عُدّ حارس العصافير المجنون، وعدو بنادق الصيد الذي يحاول اختطافها، وتحطيمها على الصخور وهو يصرخ: دم... دم... يكفي أيها القتلة».[21]

عند «آروش» يختط الدم ومشاهده طريقاً نحو ذاكرة تلملم ما تبقى في جعبتها من صور مرعبة لأناس كانوا بالأمس حوله، مخلفين له أحدوثة القاتل والقتيل التي لا فكاك له عنها، والتي ظلّت في ذاكرته كالدمامل والعطابات، يرتهن إليها مؤثراً منع القتل بلغة أقرب إلى الجنون منها إلى الوعي؛ جنون يبدأ بتحذير الفريسة من الصياد. إنها أحدوثة آروش التي تركت بريقاً ووهجاً في قصة كوهار التي أقامت حكمة مجنونة في مقاربة الدم بالقتل، والقتل بالدم؛ ثنائية استطاع الخليل أن يصوغ من خلالها أفقاً جديداً «لفوبيا الدم» لا تغيب عن معالمها البراعة والخبرة، حيث كان الترابط بين الدم والقتل، مفهومة متناغمة، ومنسجمة في سياقها العصابي من جهة ومن جهة أخرى كان لعزلة آروش مقامها المتطابق مع نسجه للمقاليع التي أرادها لتحذير العصافير من الصيادين. لقد تبدت «كوهار» عبر أروش ترنيمة تتساوق مع الرعب الذي حلّ به من جراء مشاهد القتل والدماء التي كان شاهداً ضعيفاً أمامها.

(20) كوهار، قصة- إبراهيم الخليل، ص 191 من هذا الكتاب.
(21) المصدر السابق، ص 196

أما سردية «ثروت»[22] التي تداهمها نوباتٌ من التشنج والصراخ، لحظة تذكر مشهد حبيبها الذي ذبحه القتلة. لننظر: «تجهش بالبكاء وقد قبضت على ملف الأوراق... وتنتابها إذ ذاك حركة تشنجية ثم يستولي عليها فجأة طارئ جنوني فتطوق بذراعيها عنق شكري بشدة وقوة، ثم تصيح فزعة مأخوذة وهي ترتعد ارتعاداً واضحاً: أنقذوني من الوحوش إنهم ذبحوه!... أتوسل إليك أنقذني. جاء دوري. احمني من السكين»[23]. وهكذا تتساوق أحدوثة الدم في حكاية «ثروت، ماجنسيتي» الأرمنية التي تخضع في سلوكها هي الأخرى إلى تلك النوبات المارِدة، والتي تبعث في كيانها وأعصابها ارتعاداً، مخلفة إياها فريسة لمشهد الذبح والسكين، ولصورة القاتل وفريسته. والقاتل هنا في تلك المشاهد بقي ذاكرة أليمة مقروناً بدماء الآخرين كوشم مستديم.

(22) الضاحك الباكي ثروت، رواية فكري أباظة.

(23) المصدر السابق، ص 27 - 28

مناظير رؤية النصوص

نؤثر الآن رؤية توضعات الأبعاد التي خلفتها صورة الأرمني داخل النصوص الأدبية، والتي قمنا بتقصي تأثيثاتها وفق آلية قاربنا من خلالها عمق الشخصية الأرمنية، وأبعاد حضورها، جاعلين من ذلك معياراً لكل عمل على حدة، وذلك بغية الوقوف على الملامح التي ساهمت وصنعت سردية ذلك الأفق وتجلياته.

ولنتبيّن أيضاً مقدار استلهام معالم حيواته الاجتماعية، ومقاربتها بالنصوص التي كانت أنموذجاً للتفحص. هذا من جهة، أما من الأخرى، فسنحاول أيضاً عبر الجدول الآتي أدناه رؤية النصوص التي اشتملت في مضامينها على المحاور والمستويات، وكذلك الأنساق مشيرين من خلال الجدول إلى توضعاتها بدقة نتلمس عبرها مقدار الاقتراب أو الابتعاد عن البنى الأساسية لاستلهام هذه الشخصية أو تلك، أو هذا العمل أو ذاك. وسنقوم بذلك عبر توضعات الآخر الأرمني في النصوص موضع البحث، ومن خلال النظر إلى لوحة تناثر مفاعيل حضور الشخصية الأرمنية في أدبنا العربي، تساوقاً مع النصوص التي اشتغلنا عليها في هذا البحث، حيثما تقاطعت خطوط الترابط فيها بين النصوص. وسوف نبيّن آلية المقاربة التي جعلناها سياقاً تحليلياً تفحصنا من خلاله تناثر تلك البنى التي رسمت اللوحة الشاملة للآخر الأرمني وصورته.

ولكي نتمكن من رؤية المفاصل الأساسية في جدول التوضعات، فلا بدّ لنا من النظر إلى الجدول بصورتيه، العمودية والأفقية، وذلك لدفع الرؤية النقدية التي نحاول بعثها نحو أفقٍ أكثر دقة وتفصيلاً. بناء على ذلك، ستتكوّن

لدينا وجهة نظر تحليلية، شاملة وتفصيلية، لثبت النصوص التي تعرضنا إليها من منظاري الرؤية العمودية والأفقية. لننظر إلى الجدول التالي:

(جدول توضعات صورة الشخصية الأرمنية في النصوص موضع البحث)

عدد توضعات	عصابي	تعويضي	الحب والعشق	جنسية عربية	جنسية أرمنية	أقوامي	سلبي	مهني	انتماجي	سياسي	اسم العمل الأدبي
7		✳	✳	✳	✳	✳		✳	✳		الهدس، رواية
7	✳	✳		✳	✳	✳		✳	✳		التيه، رواية
3		✳	✳						✳		الأشرعة، رواية
4				✳			✳		✳	✳	بنات نعش، رواية
3						✳	✳		✳		التيجان، رواية
3						✳		✳	✳		الشقائق رواية
1									✳		صخرة طانيوس، رواية
2									✳	✳	رياح الشمال، رواية
4			✳	✳		✳			✳		رياح 1917، رواية
4				✳		✳			✳	✳	بيت الخلد، رواية
4	✳			✳			✳		✳		الباشا الصغير، رواية
6		✳	✳	✳	✳			✳	✳		أوراق الليل، رواية
1									✳		المصابيح، رواية
3							✳	✳	✳		المستنقع، رواية
4		✳		✳			✳		✳		في سبيل، رواية
2							✳		✳		النخلة، رواية
5	✳		✳		✳		✳		✳		الضاحك، رواية

اسم العمل الأدبي	سياسي	اندماجي	مهني	سلمي	أقوامي	جنسية أرمنية	جنسية عربية	الحب والعشق	تحريضي	عصابي	عدد توضعات
كوهار، قصة		*				*			*	*	4
الصهريج، قصة		*	*			*	*		*		5
آفو، قصة		*							*		2
ملاين الخوري، قصة		*									1
الجذب، قصة		*									1
سال الدم، قصة		*	*								2
ذلك الصديق، قصة		*	*		*	*	*	*			6
أرتين، قصة		*	*			*	*			*	5
بائع التماثيل، قصة	*	*									2
قرب البحر، قصة	*	*	*		*	*	*	*			7
صورة بيرم، قصة		*	*								2
حرائق صغيرة، قصة		*	*								2
رسالة آزو، قصة		*				*	*				3
العرس، قصة		*				*					2

1- المنظار العمودي:

لقد أظهرت تقصيات المنظار العمودي في (جدول التوضعات) جملة من اللوافت التي أشارت بدورها إلى العلائق التي حكمت آلية تلمّس النصوص للمستويات، والمحاور، والأنساق، والثنائيات. إذ تبين من خلال ذلك الغياب الواضح لحضور «المستوى السياسي» في الكثير من النصوص والأعمال الأدبية التي احتلت حيزاً هاماً في تجليات الشخصية الأرمنية، وتناثر صورها. وقد

اقتصرت محاكاة المستوى السياسي المشار إليه وفق الجدول أعلاه كل من نصوص «مدارات الشرق (بنات نعش)، و«رياح الشمال»، و«سوق الصغير»، و«بيت الخلد»، و«بائع التماثيل»، دون غيرها من النصوص الهامة الأخرى.

أما «المستوى الاندماجي» فقد كان لمحاكاة النصوص فيه مفاعيل مهمة؛ إذ تبدى ما يشير إلى أن جميع النصوص موضع البحث قد تركت حيزاً لها في التوضّعات، وأن أهمية الأثر الذي تركه هذا النص أو ذاك، يُعدّ من المسائل الاستراتيجية في آلية حضور النصوص وتوضعات معانيها. لكنها استطاعت، في نهاية المطاف، أن تُكوِّن لها مضامين متعددة الأبعاد والجوانب.

كذلك هو «المستوى المهني»، حيث اقتربت منه بعض النصوص وابتعد بعضها الآخر عنه؛ لكنها في مجملها ارتهنت إلى مهن متقاربة ومتباينة في أحيانٍ أخرى، حيث تناثرت المهن وتوزعت في نصوص وفق التالي: «الهدس»: حواج، حلاق، خمار. «مدن الملح (التيه)»: حواج، سائق، ميكانيكي. «مدارات الشرق»: مصلح راديوهات، ميكانيكي. «أوراق الليل والياسمين»: معلم بناء، مصور فوتوغرافي. «المستنقع»: مجموعة كبيرة من المهن. «كيدون الأرمن»: حلاق، - خمار. «الصهريج»: سائق. «سال الدم»: ميكانيكي. «قرب البحر»: ميكانيكي. «ذلك الصديق»: ميكانيكي. «صورة يبرم كورديان»: مصور فوتوغرافي. «حرائق صغيرة»: خياط. ومن الملاحظ أن التوزع المهني في هذا المستوى، اقتصر في مشهده على مهنتين اثنتين هما «سائق» و«ميكانيكي». وهذا يشير بدوره إلى التميز المهني للشخصية الأرمنية ضمن إطار هاتين المهنتين.

أما «المستوى السلبي»، فقد لازم في ماهيته نصوص مثل: «مدارات الشرق» و«رياح الشمال 1917» و«موجز تاريخ الباشا الصغير» و«المستنقع» و«في سبيل الحرية» و«النخلة والجيران»، و«الضاحك الباكي» دون غيرهم من النصوص الأخرى. كذلك هو «المستوى الأقوامي»، حيث احتلت الثنائية الأقوامية نصوص: «الهدس»، و«مدن الملح (التيه)»، و«مدارات الشرق»،

و«بيت الخلد»، و«ذلك الصديق»، و«قرب البحر». أما باقي النصوص فقد آثرت تقديم سياق أقوامي، ينال من سطوح المعنى أكثر مما ينال من عمقه.

أما ما يتعلق بسردية «الحنينيات الأرمنية» وتداعياتها المؤلمة، فجلّ شواهدها احتلت حيزاً هاماً في نصوص: «الهدس»، و«الصهريج»، و«كوهار»، و«مدن الملح (التيه)»، و«أوراق الليل والياسمين»، و«في سبيل الحرية»، و«الضاحك الباكي»، و«ذلك الصديق»، و«أرتين»، و«قرب البحر»، و«رسالة إلى آزو»، و«العرس الأرمني». إلا أن تلك النصوص لم تتساوق جميعاً في استلهام تلك السياقات الحنينية، وفي تظهير مفاعيلها، حيث تميزت بعض النصوص؛ منها مثلاً: «الهدس»، و«كوهار»، و«الصهريج» للروائي إبراهيم الخليل و«ومدن الملح (التيه)» للروائي عبد الرحمن منيف عن غيرها من النصوص. وذلك يعود لمقدرات الروائيين على تولج تلك الطقوس من الحنينية بأشكالها المتعددة داخل السرديات المختلفة.

لقد آثرت نصوص كثيرة محاكاة الوجه الآخر لسردية ما أسميناه بـ«الحنينية العربية»، واستلهام أبعادها الإنسانية/ مثل: «الهدس»، و«التيه»، و«مدارات الشرق»، و«رياح الشمال- 1917»، و«بيت الخلد»، و«موجز تاريخ الباشا الصغير»، و«أوراق الليل والياسمين»، و«الصهريج»، و«ذلك الصديق»، و«بائع التماثيل»، و«قرب البحر»، و«رسالة إلى آزو». وفي الوقت نفسه، نجد أن التمايز ظل قائماً أيضاً في أبعاده المختلفة ضمن نصوص مثل «التيه»، و«مدارات الشرق»، و«الهدس»، و«الصهريج». حيث دفعت تلك النصوص ألواناً متعددة من التمظهر، انطوت على مواقف تضامنية، وحميمية للشخصية العربية داخل النصوص مع الآخر الأرمني، ومفاعيل ظهور صورته؛ حيث تعددت فيه المذاقات، والصور. وكذلك الأمر بالنسبة لسياق «ثنائية العشق والحب»؛ فهي الأخرى تناظرت في صورها ومراياها داخل نصوص مثل: «الهدس»، و«مدارات الشرق (الأشرعة)»، و«رياح الشمال -1917»، و«في سبيل الحرية»، و«الضاحك الباكي»، و«ذلك الصديق»، و«قرب البحر». إلا

اننا نجد في نصَّي «الأشرعة» و«الهدس» – كسرديتين متماسكتين ومتناغمتين –
بنية تلفها عذرية العشق وشغف الارتباط به.

لكن «نسق التعويض» ظلَّ حكراً على نصوص دون غيرها، لافتاً الانتباه
إلى البعد النفسي والجواني لشخصية الآخر الأرمني، ومدى استطاعة المبدع
العربي أيضاً تقمّص معايير ومفاعيل هذه المسألة، والتجلي في مياسمها، من
دون اللجوء إلى أبعاد التوليف المركّب وضرورات الإقحام والقصد المسبق.
لذا، بدت نصوص مثل «الهدس»، و«التيه»، و«أوراق الليل والياسمين»،
و«كوهار»، و«الصهريج»، و«آفو» في تمظهراتها، لوحة نافرة لتجليات الخبيء
في جوانية الآخر الأرمني، وتبديات صوره داخل النصوص موضع البحث.

أما «النسق العصابي» فقد تباينت في مضامينه وصوره، أبعاد نفسية محددة،
ولها مشاهد تؤكد حضورها داخل السرديات، كما هو الحال في نصوص:
«التيه»، و«موجز تاريخ الباشا الصغير»، و«ثروت»، و«كوهار»، و«أرتين».
أما سرديات «التيه»، و«كوهار»، و«موجز الباشا» فكانت الأبرع في استلهام
الأبعاد العصابية للشخصية الأرمنية، دون غيرها من النصوص التي توضعت
في هذا النسق الخفي والهام.

2- المنظار الأفقي:

نؤثر الحديث هنا بصورة تفصيلية وعبر منظار الشكل الأفقي لمفاعيل
النص، وكذلك تبعاً لتوضع كل سردية داخل مفاصل المستويات أو الأنساق،
وكذلك أيضاً الإشارات الحنينية. ذلك أن العرض الذي لجأنا إليه في «المنظار
العمودي» لا يفي بغرض توضيح مفاصل الرؤية النقدية ومفاعيلها؛ وكذلك
إبداء الرأي المنطقي في النصوص التي تفحصناها. ولحرصنا على أن نستلهم
معايير التذوق والتقييم من داخل النص كهاجس رئيس لنا، لجأنا إلى محاكاته
مقارنة بالأثر الذي خلفه على الأبعاد الإنسانية لحيوات الشخصية الأرمنية –
وتعدد صورها.

وبتقديرنا أن هذه المسألة ستساهم في استشراف الأبعاد التكاملية للشخصية الأرمنية، وتكشف عن آفاقها المختلفة. مع العلم أن مسألة تكاملية الشخصية وتعدد أبعادها ستبقى مرهونة بقدرة هذا الكاتب أو ذاك على دفع الحياة في نسقها أو اللجوء إلى القصدية النبيلة والمثالية، والتركيب النافر، وذلك على سبيل الالتفاف والمواربة على عملية الخلق الفني لحالات إنسانية بعينها، لها طقوسها وترانيمها المنيعة.

لكن تبقى النصوص واكتشاف مفاتيحها، هي المعيار الحقيقي لمقاربة الابتعاد أو الاقتراب، وما محاكاة ثنائية الاقتراب والابتعاد، وتفعيلات ظهورها إلا رؤية ترسم حدودها مقدرات تلك المحاكاة وذائقة الاكتشاف فيها.

سنحاول الآن تلمّس حدود النصوص وآفاقها، وتقصّي إضاءاتها وآثارها، معتمدين في ذلك على (جدول التوضعات)، وعلى مقدرات تولج النص، ومحاكاته في إطار العلائق التي أقامها «كنص» مع مقاصل التوضعات التي تمتح من معادلات الآخر الأرمني وتجلياته الأقوامية.

بانوراما سرديات النصوص

1- «الهدس»، «الصهريج»، و«كوهار» – إبراهيم الخليل

ثمة ما يميز السردية الأقوامية لعالم إبراهيم الخليل؛ إذ يتجلى في الأفق الذي ترسمه النصوص وسردياتها طقس الأقوامية بجلاء، ولكن ليس بشكلها وصورتها المباشرة، بل يحاول الخليل الإيحاء بها عبر منظومة من المسائل والمقاربات، وذلك باحتكامه إلى السياق التاريخي للشعب الأرمني، المدون منه والشفاهي. وتُعدّ هذه المسألة إحدى أهم المسائل التي يشتغل عليها نص الخليل وفق طقوس يجيد الروائي استحضار شخوصها وكياناتها. وكما لاحظنا في جدول التوضعات، فقد أشار الخليل إلى مساراته النصية بصورة لافته، إذ ارتقت المعادلة النصية عنده إلى المستوى الاندماجي بقوة عبر أحدوثة «ساكو»، و«آرو»، وكذلك «آزنيف». كما هو الحال في سردية «الهدس»، حيث تبين الحضور القوي أيضاً في قصة «الصهريج» وسائقه أرتين وقصة «كوهار» بنت بدروسيان، فقد استطاعت تلك النصوص الثلاثة استدخال الاندماج بباهيته البارزة، مخلفة الآثار البعيدة للقيمة الإنسانية في حيوات الأرمن وتواشجهم، وتوالفهم مع محيطهم.

أما حضور النصوص الثلاثة في إطار المستوى المهني، فقّد تباينت توضعاتها إذ ثابرت سرديتا «الهدس» و«الصهريج» على بث الإيقاع المهني، في الوقت الذي تلاشى ذلك الجـانب في قصة «كوهـار». وهذا يعود إلى سياق الـأحدوثة في «كوهار» ونسق احتكامها المهني. لكن البعد الآخر لنشاط حيوات الآخر الأرمني ومشاركته، تجلّت في «الثنائية الأقوامية» عبر صور التواشج التي أشاحت عن شخوص النصوص مشاهد أكثر تحديداً ونضجاً.

في «الهدس» تبدأ الرحلة الثنائية بين أحمد الفياض، وساكو، وآرو،

وأزنيف؛ رحلة تنبض بالحياة النبيلة، يلفّ جوانبها شِيمُ العربي وإخلاص الأرمني ووفاؤه مقروناً بأحدوثة ساكو الطيب، وآرو الحالم، وآزنيف الحزينة. إلا أن الحنين إلى أرمينيا ظل ذلك المبثوث النافر في «طغيان التداعي الحنيني» عند الآخر الأرمني، فالروائي الخليل أكسب هذا البعد شغفاً من جنون اللغة المثارة حيث ارتهنت سردية «الهدس» في طقسها الأرمني، إلى لغة صافية وشفيفة، ترنمت بالحنين بولع وتمامٍ، وأيقظت فيه أحاسيسه الخبيئة مفجرة ذلك العمق الرهيب الذي كان كامناً عند ساكو الطيب، مفتديا بروحه حفنة من تراب الوطن.

هكذا كانت الأبعاد تتعدد في «الهدس»، لتنتقل العدوى من بعد ذلك إلى أرتين في «الصهريج» الذي غدا طائراً أرمنياً يبحث عن قريته (موش) وتراث أجداده، وكذلك هي «كوهار» التي طحنتها سنين الانتظار الطويلة وهي ترقب ا لأضواء، والنجوم على الحدود التركية؛ تبحث عن نسمة من ذلك الصوب البعيد. لكن الوجه الآخر للحنينية في عوالم إبراهيم الخليل ما انفكّ ينبض في تفاصيل احتواء العربي للآخر الأرمني، نقياً شفافاً في مضامينه، ومتدفقاً كنهر الفرات؛ يلامس كل شيء في طريقه دافعا الحياة فيه. ذلك ما خلفته «الهدس» في طغيان تداعيات «الحنينية العربية».

ثمة إيمان مطلق بالوفاء آثره أحمد الفياض نحو ساكو وآرو وآزنيف، وحققه عواد في قصة «الصهريج» نحو أمه العجوز الأرمنية، فاتحاً أبواب وصيتها اللافتة، ومرغوبها في أن يصلي على قبرها رجل من مِلتها.

أما ثنائية «العشق والحب»، فقد تفردت سردية «الهدس» في العزف على أوتارها عبر علاقة فلورا الأرمنية بأحمد الفياض، لتنسج قصة حب تحكمها قيم العذرية قبل احتكامها لأي شيء سواها. وإذا كانت أحدوثة العشق ومتتالياتها قد أفردت سياقاً بارعاً فإنها في الآن ذاته رسمت خطوطاً متميزة للغة شفافة وصافية، لكن تلك العوالم آثرت أيضاً أن تفصح عن خباياها في «النسق

التعويضي» بحنينها التبادلي، ويراعها اللامع مُنشِئَة خصوصية الأحلام التي تنم عن تعويضاتها، مشدودة إلى بقاع لا تطالها الأجساد الناحلة، ولا القلوب الخافقة؛ يترنم الآخر الأرمني فيها متجلياً بمرغوبه الذي استطاع الخليل تقمّص مضامينه وآفاقه ورسم تلاوينه بدراية العارف بباهيته وبناه، ومتلمسا علائقه، بحذاقة الخابر والصانع. ذلك ما تمظهرت به «الهدس»، التي لوّحت بأحلام الأرمني من مرتكز هام كان النسيج الحلمي فيه يقارب في تطلعاته لغة الوقائع في الانفلات نحو تلك الأمكنة، متحرراً من مكانه الراهن.

ومثال ذلك ساكو الذي أصابه جنون الرقص، وآرو الذي مسّته غفلة التأمل فغدا يهجس بلغة أخرى غير لغة المكان الراهن، ويطمح إلى رؤية ذلك المكان البعيد. كذلك أزنيف التي ارتهنت إلى انتظارها المرير عبر لغة البحث عن آني وديكران اللذين افتقدتهما في ذلك اليوم المريع والمخيف؛ إذ كلما مرت ببالها مشاهد ذلك اليوم، تغرق في حزن شديد ثم تعكف في صمتها الذي نسج خيوطه الخليل عبر عوالمه الساحرة، مستخدماً آلية لعبة الرغبة التي استلهم فحواها من جوانية أعماق الآخر الأرمني وتحولاته النفسية.

أما لغة الأحلام التي أيقظت شريط الإشارات والإلماحات في سردية «الصهريج»، فكانت حلماً له طعمه المختلف. إذ أن الانفلات من المكان كرغبة أرداها الخليل بساطاً مزركشاً ينتمي إلى خصوصية أرتين ولغته الكامنة، فكان الحلم تعبيراً صارخاً عن تلك الرغبة عنده ومقارباً أيضاً للانعتاق من المكان الراهن نحو قريته البعيدة (موش). كذلك هي قصة «كوهار أو الطريق إلى أورفة» باعتبارها المعادلة الأصعب في لغة التعويض عند إبراهيم الخليل، حيث يحقق من خلال تساوق الوقائع- مقرونة بالتعبير عنها- لغة حلمية خالصة لرغبة الانعتاق من المكان الراهن. ومنذ الكلمات الأولى التي أطلقتها هدلة بنت ناصر فبدت (ومعها الخليل) منبراً متقداً يتميز برهيف الكلمات التي تتحول شيئاً فشيئاً إلى طقس من القداس، يلملم تناثره حلم كوهار بالعودة إلى المكان البعيد.

لقد أنشأ إبراهيم الخليل- كروائي وقـاصّ- عـوالمه عبر آلية لها خصوصـية متفردة، إذ تبدى لنا صـانع عوالم تتميز بالعفوية، والجذالة، ولكن بلغة لها مقدرات الوعي والرؤية والدربة.

2- مدن الملح (التيه)- عبد الرحمن منيف

ما من شكّ في أن لغة الاستلهام عند عبد الرحمن منيف، لغة فارقة تجعل من عوالمه الروائية حالة خاصة ومتميزة إلى حدود بعيدة. كما أن تعرُّض روائي كبير وهام مثله للمسألة الأقوامية في سرديته «التيه»، لهي مسألة مثيرة ولافتة؛ وقد تجلّت من خلالها نواظم الاستلهام عند منيف بأبعادها المفتوحة، والتي رأينا فيها محاولة من الروائي لرسم مشهد متكامل لصورة الأرمني بأبعادها المكانية المختلفة.

ولما كان المكان عند منيف بطلاً لا منازع له في «مدنه المالحة»، فقد بدا آكوب الأرمني في السياق الروائي لتلك المدن، حقيقة يتساوق مع التشكيلات الاجتماعية التي ترسم مفاصل وحدود ذلك المكان الذي أراده منيف بطلاً (لعوالم مدنه الخمسة)[1] وليبقى آكوب تعبيراً متعدد الأبعاد والمرامي في واحد من تلك العوالم التي رسمها منيف بأناة وحذاقة، ليتمظهر من خلالها آكوب بأحدوثته أرمنياً خالصاً، لا فكاك لأرمنيته عنه. ذلك ما يتجلى في «المستوى الاندماجي» و«المستوى المهني» حيث كان للمستويين آلية تداخل بارعة تناظرت فيها لغة التعايش والاندماج، مفتونة بلغة المهنة الصاخبة؛ وتلك مفارقة هامة أيضاً استطاع منيف استدماجها إلى حدّ بعيد ببراعته وخبرته الروائية، فبرز آكوب متناظر الحضور في السياقين، عبر إيقاع السرد الروائي، حيث يداهم كل سياقٍ السياق الآخر بعلائق المقاربة التي تجمعها.

لقد كان للمستويين الاندماجي والمهني، الحيز الأكبر من أحدوثة آكوب في سردية «التيه» عبر لغة استلهامية حققت طموح الروائي منيف في إثارة

---

(1) أجزاء «مدن الملح» الخمسة.

الأبعاد الأقوامية عبر شخصيتي راجي وآكوب، كثنائية نافرة في سياق المكان الواسع، إذ كان التنافس بينهما إشارة إلى خصوصية كل منهما، بالرغم من مقاربة حيواتهما الظاهرية، واتفاق شكل المهنة عندهما. لكن آكوب تقاطع مع راجي في حنينيته الأرمنية، مقيماً طقوسه وقداسه بالإيحاء المباشر نحوها، وذلك من خلال حديثه عن المكان الذي ولد فيه، ورغبته في العودة إليه. لكن إيقاع حنينية راجي نحو آكوب ارتهنت، في خواتيمها، إلى طقس من الألفة الجديدة التي لم تكن تسود علاقتهما من قبل. وكأن الروائي منيف أراد أن يُحدث تبدلاً مفاجئاً في آلية التواشج والوفاء التي اعتاد راجي استخدامها نحو الآخر الأرمني آكوب، جاعلاً من راجي راوية يسرد للآخرين في حرّان يوم ميتة آكوب بلغة حزينة ومؤلمة؛ مشدداً على صورة السياق الجنائزي اللافت لذلك اليوم، والذي خرجت به حرّان كلها خلف فقيدها الأرمني آكوب.

أما حكاية منيف مع «النسق التعويضي» فكانت حكاية سادها التميز والفرادة؛ إذ عبّر عنها بأشكال مختلفة وفق سمات الاستلهام، واللعبة الفنية التي ساهمت في دفع الشخصية الأرمنية نحو أبعاد تكاملية استطاعت أن تحقق لها شرط خلود الأثر الإبداعي. وقد وجدنا أن منيف لم يتوان عن تذكير القارئ، بين الفينة والأخرى، بقضية هامة- بل شديدة الأهمية- وهي إظهار إحساس آكوب الخفي بالغربة والوحدة، على الرغم من اندماجيته وتساوق سلوكه مع حيوات الآخرين من حوله. كذلك الحال بالنسبة لمفارقات «البنية التعويضية» عند آكوب، والتي تمظهرت في سردية «التيه» كأثر لافت، من خلال إقامة مفاعيل يأتي بها آكوب ويتمّ من خلالها إيجاد معيار يحقق التوازن بين ما يحسه آكوب وما يفعله. وقد تركت هذه المسألة أثرها البارع في هذا المستوى الخفي الذي كان من الصعب على روائي غير عبد الرحمن منيف الكشف عن أبعاده واستلهامها. وهذه أيضاً إشارة من الإشارات التي تشي بمقدرات منيف العالية في الاشتغال على السلوك الخفي عند آكوب، ومقدرته على إبانة أبعاده ومراميه الحارة.

لقد اختتم عبد الرحمن منيف رحلة آكوب في «تيه المدن المالحة» بأحدوثة الغيبوبة التي تداهمه من وقت إلى آخر، مؤكداً على أبعادها التي ارتبطت بشكل مباشر بالحزن الذي يقبع في ذاكرة آكوب ويتقلب على جمار غربته من جهة، ومن جهة أخرى شعوره بأن الكهولة دبّت في كل نأمة من حياته التي توشك على الانتهاء.

وتبقى شخصية آكوب في «التيه» من أشد الشخصيات الأرمنية تماسكاً في السرد وتألقاً في الفعل البنائي؛ كما أنها تمتلك من البراعة ما يمنحها مكانة الأثر الفني الخالد.

3- مدارات الشرق- نبيل سليمان

الأشرعة – بنات نعش – التيجان – الشقائق

ثابر الروائي نبيل سليمان على تلمّس الأبعاد التاريخية المختلفة لصورة الآخر الأرمني في مداراته المتعددة؛ مؤثراً سياقاً متتالياً في تأثيث أبعاد وطموحات مشروعه الذي بدا كبيراً- وكبيراً جداً- لنبش ماضي الشرق عبر إيقاع السرد الفاتن في لغة تتكاثر في مداها الفسيح المراثي والبطولات، وكذلك الانكسار وهزائمه، وتتولجها أيضاً الألقاب والأسماء، موتى وأحياء، أمكنة وأزمنة؛ كل إشارة فيها تحاول أن تقول حكمة في سياقها التاريخي الذي كان بؤرة توليف لوثائق وأحداث ووقائع ومعارك، جمعتها براعة روائي خبير في رؤية التاريخ من جوانبه المتعددة، ومن منظار سياسي يجيد آلية النبش والإيحاء بالمسكوت عنه.

لقد أبدت سردية «الأشرعة» أبعاد اندماجية الآخر الأرمني بوتائر متصاعدة، حيث كان العم حاتم فيها مفترق الاتجاهات التي أنشأت طقوس التواشج مع ذلك الآخر الأرمني، وخلّفت أحدوثة «شما الأرمنية» بلغة تنتمي إلى تداعيات الذاكرة المريرة، محيلة بنية العلاقة بين حاتم وشما إلى قدّاس

ومرثية بقيت هاجساً ينهش الهدأة والسكينة من سياق حيوات العم حاتم بقوة وضراوة. لقد كانت «الأشرعة» (عبر أحدوثة العم حاتم وشما) البعد الخفي الذي جعل من العم حاتم شخصية ذات أبعاد وآفاق متعددة، ومنحه من الأهمية والإلفات ما لم يستطع تحقيقه في خضم كبير وطاحن من السرد التاريخي الذي يرتهن إلى آلية انتقال سريع، من حدث إلى حدث، ومن واقعة إلى أخرى. لكن العلاقة بشما الأرمنية وزواجه منها، وذبحها أمام عينيه، قد دفعا به نحو أفق من التأمل الذي بقي مشدوداً إليه حتى اللحظات الأخيرة من رحلته في مداره الشرقي، حاملاً ذاكرة شما كصليب على ظهره.. وهكذا نجد أن العم حاتم ما انفكّ يستيقظ على حلم شفيف يرتهن من خلاله إلى سياق من الإسقاطات على شخصية نجوم الصوان التي بعثت فيه ألقاً جديداً ينتشله من كهولته، ويدفعه إلى يقظة ترسم مشاهد للذاكرة العتيقة؛ ذاكرة شما الأرمنية التي غدت لعنة تلازمه في كل شيء.

بتقديرنا أن الروائي نبيل سليمان استطاع أن يبعث في شخصيات (شما وحاتم ونجوم) أفقاً سردياً لافتاً، وسياقاً لا يخلو من البراعة في دفع الألفة إلى التنافر، ودفع التنافر إلى الألفة. وكأن الروائي هنا أراد أ يجعل لعبة المختلف والمؤتلف مثار تداخل بين الأضداد. ولاحظنا أيضاً أن العم حاتم أودع قلبه شما، لكن نجوم الصوان، التي داهمته بلبوس شمّا، قد أيقظت فيه أفق الألفة لتطال بحضورها الآسر كهولته وذاكرته، باعثة اليقين قبل الشك، بأن شما لم تمت؛ وذلك عبر سردية حزينة يتناوب فيها إحساس العم حاتم في رؤية (نجوم) على هيئة شما مرة، وفي الأخرى رؤية شما على هيئة (نجوم).

أما مدارات الشرق الأخرى (بنات نعش، والتيجان، والشقائق) فقد كان الآخر الأرمني فيها متعدد التباين والإطلالة، وهذا يعود برأينا إلى مكنة وقدرة السرد التاريخي، على إضفاء روح التأريخ الذي يقدم استنتاجاً يليق بحضور التاريخ كواقعة قابلة لقراءات متعددة. وهذا بتقديرنا ما جعل آلة السرد عند نبيل سليمان تتحرك وفق معايير مفتوحة، ولها أبعاد إنسانية قبل أي شيء آخر،

حيث نجد أن الأثر الذي استطاع أن يتسلل من حصار ذلك الكم الهائل من القيود، هو ثنائية العلاقة ما بين وليف والمعلم سركيس في مدار «التيجان»، واستمرار تلك العلاقة في مدار «الشقائق»، حيث يبيّن البعد المهني لشخصية الآخر الأرمني، موثوقاً إلى طقوس التواشج والاندماجية، رافعاً راية العمق مع شخصية (مديح الجقلة) الذي دخل سياق الثنائية متأخراً بعض الشيء.

لكن المرتكز الهام الذي أظهر مقدرة الروائي نبيل سليمان على دفع الأبعاد المختلفة إلى وجهة واحدة، هو بصيرته في اختيار اللحظة المناسبة التي تدفع بالمعلم سركيس إلى تبني وليف بعد طرده من عمله؛ وكذلك لملمة مديح الجقلة، بعد مطاردته ورفضه من العمل، ليبدأ بعد ذاك توهج الطابع المهني عند الشخصية الأرمنية، من دون تخليها عن سياقها الاجتماعي الذي تبدى في مضامينه حنيناً يرسم الخطوط الأخرى للوفاء والمودة، عند المعلم سركيس الذي استحال في اللحظات الأخيرة إلى ملجأ آمن احتمى فيه وليف ومديح، بعد رحلة شاقة من المطاردة والفرار والضياع.

4- صخرة طانيوس- أمين معلوف

كان اللقاء عابراً بين طانيوس والأرمني هوفسبيان- مترجم القنصل الإنكليزي- وظلّ عابراً. لكنه استطاع أن يترك أثراً بارزاً، على الرغم من إطلالته العابرة؛ فقد تحوّل المترجم الأرمني في السياق الروائي إلى وسيط بين القِسّ وطانيوس في لحظة كان فيها طانيوس صريع رحى الانتظار المرير لرؤية القِسّ ولقائه.

وبتقديرنا أن التماسك الذي أبداه هوفسبيان الأرمني أمام طانيوس، قد منح هذا الأخير لغة انتظار جديدة في سلوكه القلق، مبدياً إعجابه الشديد بهوفسبيان، وبالأسلوب الذي أعد به ترتيب اللقاء مع القِسّ. لكن هوفسبيان (الأرمني العابر في سياق «صخرة طانيوس» ظلّ لافتاً في عبوره، ليّناً مطواعاً أمام رغبة أمين معلوف التي آثرت رؤّيته من هذا المنحى، تساوقاً مع شخصيته

التي كانت ظلاً يتحرك في دوامة فعل الوسيط الذي يُخدم، من جرّاء تحركه المتناغم، ليكوِّن مفاعيل الحدث الكبير الذي أراده لطانيوس وصخرته الملونة بسحر الشرق وغرائبيته.

5- رياح الشمال (بجزأيها سوق الصغير و1917)- نهاد سيريس

تظل لغة السرد الصافية عند نهاد سيريس مبعث اجتذاب لقراءة نصه من جوانب مختلفة الأبعاد. واحدية المنحى في منظورها التاريخي. وقد تجلى ذلك بشكل خاص في سردية «سوق الصغير» التي تضمنت سياقاً لو قدر له الإسهاب به عبر شخصية أرتين مادويان في نسقها العابر (الذي ألمح إلى تأكيده جدول التوضعات عبر المستويين الاندماجي والسياسي) لاختلف الأمر تماماً. لكن نهاد سيريس أقام حدوداً لمفاعيل شخصية أرتين السياسية، في حين ترك الباب مفتوحاً لتكوين صورة الأرمني الاندماجي عبر حوارية أرتين مع صالح. لكن تلك الحوارية لم تستطع إقامة طقس التواشج بصورته المتقدة والحارة؛ وهذا يعود بتقديرنا إلى طبيعة تلك الشخصية من جهة، ومن جهة أخرى توزع أدوارها في منحيين اثنين لم تستطع التماهي فيهما بغية إقامة شكل من التمايز لخصوصيتها، بل أخفق هذا التوزع وأبعدها بالتالي عن مسار الأهمية التي تجعل منها أثراً يضيف إلى رؤية الآخر الأرمني بعداً جديداً من أبعاده المتعددة.

لكن بروز أرتين مادويان في سردية «رياح 1917» بدا أكثر حرارة عمّا كان عليه في سردية «سوق الصغير». وعلى الرغم من هذا البروز ظلّ أرتين مادويان حبيس لغة السياسة بوقائعها المدروسة والقصدية، من دون أي مساس يرتبط بإثارة المشهد الأرمني لشخصية لها وقعها الاجتماعي ومكانتها السياسية والإنسانية. لكن تجليات سيريس التاريخية في رياح «1917»، كانت أكثر وثوقاً وتمايزاً عبر توسيعه لطيف دائرة المشهد الأرمني باعتماده على المخيال ومقارباته مرّة، وعلى وثائق المذابح الأرمنية مرّة أخرى. لكنه أقام في النهاية طقساً لافتاً

لتلك المذابح، وأظهر بعداً إنسانياً تجاهها عبر شخصية (عمر ينبوك) الذي تألق روائياً بصورة نافرة، أظهرته لغة السرد الصافي عند نهاد سيريس عبر تجليات ثنائية العشق من جهة، ونسق الحنينية العربية من الجهة الأخرى.

والحنينية العربية كانت عند نهاد سيريس في مضامينها ووقائعها ترنيمة «أرمنية عربية»، تزاوج فيها الإحساس عبر رجولة عمر بنبوك مقارنة بوفاء سيلوا الأرمنية وردّها للجميل الذي صنعه عمر بنبوك مع قافلة المشردين الأرمن التي كانت سيلوا واحدة من تعدادها. حيث كان النسيج الروائي في هذه النقطة بالذات، نسقاً يتفتق عن إحالات كثيرة، كانت تطمح في جملتها إلى صنع لحظة إنسانية، تتمازج فيها الأبعاد الأقوامية لصورة الآخر الأرمني، صافية نقية، وواضحة كمشهد موت سيلوا الأرمنية دفاعاً عن عمر بنبوك وإنقاذاً له من موت محتم.

6- بيت الخلد- وليد إخلاصي

إن أهم المفارقات التي تتركها سردية «بيت الخلد» براعة وليد إخلاصي في التورية والإحالة ضمن تأثيث روائي أقرب ما يكون في سياقه إلى طقس داخلي ذو بنية خاصة نلمسها من خلال شغف شفافية اللغة التي تميز عالم إخلاصي بتلاوينه المختلقة. وقد تركت صورة الأرمني في «بيت الخلد» آثار مراثيها عبر آلية رسمت حدود التناهي بين (بيير شدرفيان) وأكثم الحلبي وفق ثنائي المعادلة الصعبة في الإفصاح عن الظلم والقهر بأشكاله المختلفة. وبتقديرنا أن الإلماع الذي تطاول في شخصية شدرفيان الشيخ بير أضاف إلى لغة الإحالة في «بيت الخلد» سمة فنية بارزة، ترجع في تميزها إلى مسألتين:

1- أن وليد إخلاصي أفرد حيزاً كبيراً للشيخ بير كمادة خصبة لتكاثر التداعيات في ذاكرة أكثم الحلبي.

2- رغبة «بيت الخلد» البائنة في دفع الوقائع الروائية في سياقها الاستحضاري نحو أفق من الجنائزية، وإصرارها على أن تقول

أحدوثة حزينة يلفها نبض اللغة الحارة والمثار.

لكن المسألة التي لم يتحقق فيها منظور تكاملية الشخصية الأرمنية من ناحيتي البنية والتركيب، هي تجاهل «بيت الخلد» رسم البعد الماضوي للشيخ بير، والإشارة إلى انتمائه القومي. وهذا التجاهل يسهل كثيراً عملية استبدال الشيخ بير بأي شيخ آخر ليظل السياق الروائي بأحدوثته ووقائعه دون ملاحظة أي تغيّر في النسق السردي وحقيقة الوقائع التي يتحدث عنها. يظل أكثم الحلبي حينئذٍ مبهوراً ببقاء الشيخ، أو استبداله بشيخ آخر متماهياً به، من دون قيد أو شرط.

7- موجز تاريخ الباشا الصغير - أوراق الليل والياسمين- فيصل خرتش

ثابرت «موجز الباشا» على التمظهر من زاوية تختلف إلى حدّ كبير عما هي عليه «أوراق الليل والياسمين». إذ كان الآخر الأرمني في «الموجز» مبعثراً مترامياً لكنه كان مشدوداً بقوة وتماسك نحو الشخصية المحورية في رواية «الباشا الصغير». لكن السياق التاريخي للشخوص الأرمنية بدءًا من العجوز الأرمنية (الديجين) وانتهاءً (بهاروت) كانت خيوطاً تتباين، وتتقاطع مضامينها وعلائقها مع الباشا الذي لا فكاك لها منه.

لقد غدا الباشا في موجزه محركاً فاعلاً للأحدوثة وتجلياتها الأرمنية عبر لعبة التوازن والتناظر والتناظر فيها، متناغماً ومنسجماً مع مضي الحكاية شيئاً فشيئاً نحو أفق من الغرائبية والإدهاش. وذلك ما تجلّت به مشهدية العجوز الأرمنية في نوبات تشنجها التي تستحيل فيها بعد ذلك إلى عرافة تُسأل عن الغائبين والحاضرين، وعن جنس المولود القادم، وعن الحب أما هاروت فقد كان انشداده نحو الباشا مترافقاً مع التطورات التي حصلت في سياق حياة الباشا الجديدة، وتواتر أبعاد ذلك التطور الذي غدا فيه المظلوم ظالماً، والمطارَد مطارِداً. وقد يكون اختلاط الأوراق في «موجز الباشا» من جراء التطورات التي حصلت قد شكل الأبعاد

المختلفة لصورة الآخر الأرمني، ومنحه السياق الإنساني الخالص عبر لغة فيصل خرتش التي شكلت أحد أهم العوامل المميزة في موجزه الطويل.

أما «أوراق الليل والياسمين» فقد كانت خطاباً أرمنياً خالصاً من البداية حتى النهاية. وقد يكون لهذه الخصوصية التي تميزت بها سردية «أوراق الليل» ما يدفعنا إلى التوقف عندها تلمساً لملامح بناء معمارها الروائي مؤثرين النظر إلى سياق شخصياتها الرئيسة بشيء من التفصيل حيناً، والتلميح حيناً آخر ناظرين إلى مقاربتها مع وثائق المذابح الأرمنية التي ساقت حكاياتها هي الأخرى من منبر الشاهد غير المحايد.

منذ الوهلة الأولى تكشفت رغبة فيصل خرتش عن كتابة نص أرمني خالص، تتقد في وقائعه إلماعة إيقاظ نيران ذاكرة الدم الأرمني عبر أحدوثة طغى على شريط القص فيها طابع الحزن، والافتقاد، والهجرة، والضياع. وربما كانت تلك العلامات الفارقة في الشريط السياقي، هي أحد أهم المؤشرات التي صنعت النسق الزمني والتاريخي لبدء المذبحة ومتتالياتها، وانعكاس هذه المسألة على تفاصيل النص الروائي الذي بدأ بقوة لافتة تشير إلى امتلاكه الكثير من المقومات البنائية النصية عند فيصل خرتش لغة وسرداً، وتناغماً. ولكنها، وما إن بدأت رحلة الضياع الأرمني عند مكرديج وبعض الشخوص التي تدور في فلكه المأساوي، حتى هيمن على ذلك السياق المتماسك تصدّعٌ بائن في ألقه وإلماعه الذي أنهض بداياته المتناغمة. إن السبب الأساس في تلك الخلخلة وتبعثر العمارة الروائية وبنية السرد فيها، يعود إلى انقياد «أوراق الليل» وارتهانها إلى مجموعة من الوثائق التي تؤرخ للمذابح الأرمنية في سياقيها التاريخي، والمذكّراتي، مما قادها بالتالي إلى شكل من أشكال التخفي وراء تلك الوثائق عبر صياغة أحداثها ومشاهدها بأدوات تركيبية غاب عنها أي إجراء فني، متوافق مع معايير الكتابة السردية. وقد جعلها ذلك حبيسة أبعاد وتداعيات تسجيلية.

لكن لو قدّر لمكرديج أن يتواتر– كما هي بداياته– دون انقياده إلى لعبة الضياع الأرمني وظلاله الوثائقية، لتحوّل مجرى بنيته السياقية إلى مشهد أكثر حرارة واتقاداً، يجمع حكاية الأرمني من جوانبها المتعددة ويبعثها حزمة مضيئة تدفع بالإشراقة القومية عنده إلى نحو مختلف؛ بل مختلف تماماً. لكن فيصل خرتش آثر أن يدفع مكرديج إلى هاوية الانصهار في مكانه الراهن، عبر سرد حلمه القديم بأن يبني بيتاً فوق تلة غزالات شبيهاً ببيته في زيتون. وقد تحقق ذلك بالفعل؛ فقد بنى البارون مكرديج بيتاً فوق تلة غزالات شبيهاً– بل يكاد يكون عين بيته الأرمني القديم في زيتون– ناسياً ذلك المكان البعيد وضياعه، مكتفياً ببيت تلة غزالات، وناية الذي يبحث في أنينه عن اخضرار عيني مانوش.

8- المصابيح الزرق – المستنقع- حنا مينه

تظل الذاكرة بتفاصيلها الحارة والمتقدة، لصيقة بعوالم حنا مينه الروائية، ومنهلاً لجماليات السرد فيها. وحكاية الأرمني في عوالم سرديتي «المصابيح» و«المستنقع» لم تكن حكاية تفاصيل وتوقفات، بل آثر حنا مينه أن يتناولها سياقاً سردياً مبعثه المرور العابر حيناً، والمتوقف أحياناً أخرى، وذلك من دون اللجوء أيضاً إلى شخصية أرمنية محددة، متواترة الأحداث والأبعاد. وقد كان لطبيعة وخصوصية «المصابيح الزرق» عالمها الذي جعله حنا مينه مفاعيل لأحدوثة تسوق زمن الحرب الكونية الثانية، وانعكاساتها على وقائع زمنه الروائي، وتواتر أحداثه.

وقد كان للمشهد الأرمني توقفه في «المصابيح» عبر شخصية أرتين الذي ينير حنا مينه أبعاده الأقوامية بشيء من العمق والإسهاب، مقروناً بالموقف الذي يتخذه من جنود الاحتلال تضامناً مع العرب في الحي الذي يعمل فيه، وذلك بالامتناع عن بيع الخمور لجنود الاحتلال في المرة الأولى، وإغلاق محله في المرة الثانية، بعد تطور الصراع ما بين أهل الحي وسلطة الاحلال. وقد

كانت كل تلك الأحداث فضاءً لتجليات حنا مينه السردية، والتفاتته- التي لا تخلو من العمق في منظارها- نحو المشهد الأرمني في «مصابيحه الزرقاء».

لكن ما ذهبت إليه سردية «المستنقع»، كان عالماً أرحب ومتسعاً لإسهاب سردي أكبر في تواتره، وتطور الأحداث فيه. إذ تبدأ تفاصيل «المستنقع» متماسكة في تأثيثها، وبارعة في الاقتراب من معادلة استلهام الآخر الأرمني في بعض جوانبه. وتبدأ الحكاية على لسان الصبي رواية «المستنقع»، وتنتهي على لسانه أيضاً؛ تتدافع فيها لغة السرد إلى احتلال حيز في بعض من المفارقات الهامة والحاسمة. فالصبي هو الذي يشير إلى (الكيدون الأرمني) في اشتماله على مهن مختلفة. وهو أيضاً الذي يروي قصة العجوز الأرمنية التي تعلمه التسوّل. والأمر كذلك بالنسبة لحكاية المرأة الضالة، ذات الأصل الأرمني، التي يعترف الجميع بصدق تنبئها وعرافتها. كل ذلك جرى ضمن سياقات سردية حنا مينه البارعة، والخبيرة في قصّ طويل الأمد، تظل الذاكرة فيه شاهداً حاراً على الوقائع والأحداث.

والمعادل الفني الذي يلجأ إليه مينه في مشهد الآخر الأرمني، هو الإيقاع الذي يتم من خلاله تلمّس البعد الإنساني، وحالات التشرد والضياع الأرمني الذي كان مبعث أفعال ووقائع غرائبية كانت العجوز الأرمنية، وامرأة الخال العرافة أهم الالتفاتات الإدهاشية فيها. جدير بالذكر أن ذلك السياق ليس غريباً على عوالم حنا مينه الروائية، وإنما هو أحد المفارقات التي تملأ كونه وعالمه المولّع بالطفولة وذاكرتها المتقدمة.

9- في سبيل الحرية- عبد الرحمن فهمي

إن رواية «في سبيل الحرية»، التي بدأها الرئيس الراحل جمال عبد الناصر واستكملها عبد الرحمن فهمي، هي في حقيقة الأمر رواية تتحدث عن صمود الشعب العربي في مصر إبان حملة الإنكليز على مدينة رشيد. إلا أن ظهور الآخر الأرمني في رواية «الحرية» أتى على هيئة نسق يخدم الحدث العام، والشمولي، لتاريخ الواقعة التي رسمت صورة صمود أهالي رشيد أمام الغزو الإنكليزي. وينبغي أن نلاحظ أن الرغبة التي أظهرها الروائي عبد الرحمن فهمي في إضاءة محاور الشخصية الأرمنية وتأكيد فعلها التاريخي في أحدوثته، كانت جلية عبر الإشارات الهامة التي تبدّت في النص؛ مؤثراً لعبة السالب والموجب في رسم معمار صورة الأرمني داخل سياقاتها. ففي هذا الإطار جاءت شخصية (قطان باشا) سلبية بطبيعتها، وهي مبعث انسجام أيضاً مع تاريخها الذي تلفه الخيانة من جوانب عدة. فهو قاتل (هاجوبيان الشجاع) من جهة، ومن جهة أخرى، خائن للقضية الأرمنية ومتآمر كبير مع الأتراك عليها.

أما (نورهان صوفيا) فكانت الوجه الآخر للشخصية الأرمنية، إذ أفرد لها عبد الرحمن فهمي حيزاً هاماً داخل سردية الدور الذي لعبه أبناء الشعب العربي في مصر، وذلك بزواجها من إبراهيم الأدكاوي، ورفضها التجسس لصالح الإنكليز على الشعب والبلد الذي احتضنها عشرين عاماً. بيد أن المسألة الأخرى التي أراد لها فهمي أن تكون لافتة ولها حضورها أيضاً، هي قصة الحب الغامضة بين نورهان الأرمنية، وإبراهيم الأدكاوي، وذلك عبر لغة شفيفة، لا تخلو من الشاعرية والتأمل، حيث تنتهي تلك القصة بزواجهما. وقد تكون النهايات السعيدة في رواية «في سبيل الحرية»، مبعث قلق لأحدوثة كتبت في الخمسينات. ولكنها بتقديرنا تساوق منسجم مع زمن كتابتها من جهة، ومن الجهة الأخرى هي التعبير الأمثل لفترة تاريخية كان التوقد النبيل، والمثالي، مصدر إلهام للكتابة والكاتب في آن واحد.

10- النخلة والجيران- غائب طعمة فرمان

مما لا شك فيه بأن رواية «النخلة والجيران» من الروايات التي احتلت مكانة هامة في أدب التعبير عن الاحتلالات التي تعرضت لها بلدان عربية كثيرة. كما أنها تمتلك آلية وأدوات سردية لتصوير تلك الحالة أو وقائعها، وإبراز ما كان يجري بحيوات الناس الذين يرزحون تحت نير تلك الاحتلالات. وقد تميزت سردية «النخلة والجيران» باستخدامها اللهجة العراقية بتناغم ساحر، وقدرة لافتة، بالرغم من أنها كانت تتحدث عن الفترة التاريخية التي كان العراق فيها مستعمراً من قبل الإنكليز. وقد ظل التباين والتقاطع قائماً في الكثير من المسائل السياسية، والاجتماعية في الرواية، تساوقاً مع سياق المرور العابر، والثانوي لشخصية (خاجيك) الأرمني التي بدت لينة مطواعة بين يدي ساحر يدعى غائب طعمة فرمان، على الرغم من المنحى السلبي والمخادع لتلك الشخصية. وقد رسمت شخصية خاجيك حدود التميز المهني للأرمن، والثقة بخبرتهم في كثير من المهن، وهذا بتقديرنا، جعل الحديث عن خاجيك سرداً انسيابياً غير مقحم على النص، وكذلك غير مداهم لموسيقاه الاجتماعية وإيقاعه السياسي والإنساني.

11- الضاحك الباكي (ثروت)- فكري أباظة

ثمة مفارقة أسلوبية لجأ إليها فكري أباظة في قصته الطويلة «ثروت»، حيث تمظهرت في سردية النص على شكل تقاطعات، ترتهن إلى اعتماد الأحدوثة على المصادفة والقدرية. فقد التقى شكري بالأرمنية ثروت مصادفة في بنسيون، فأحبها وأحبته. وعلى الرغم من العلاقة العاطفية التي تربطها في الآن ذاته مع الضابط الأسترالي- وكذلك زمن اللقاء بينهما- فقد اختارت أن تلتقي شكري في الصباح، ليبقى المساء من نصيب الضابط الأسترالي.

كانت تلك المفارقات سياقاً رسَم حكاية ثروت في «الضاحك الباكي» بتكلف واضح، فيه الكثير من الوقائع التي جعلت من وجودها عبئاً على النص

والحكاية. هذا من جهة، أما من الجهة الأخرى، فقد أدى تدخل الروائي، بين الحين والآخر، لإملاء بعض التوضيحات على القارئ عبر مخاطبته بصورة مباشرة، إلى جعل السياق الروائي مرتعاً للانقطاع والبعثرة والعبثية.

إن الصورة التي رسمها فكري أباظة للآخر الأرمني في حكاية «ثروت» جعلت من السمة التركيبية والقدرية، مبعثاً لسياقاتها الوقائعية، ومساحة محدودة للغاية، حيث لمسنا العديد من الإقحامات السردية لمسائل مختلفة عن أجواء السردية الأساسية، إلى درجة تستفز القارئ وتولد لديه الإحساس بملهاة وعبثية الحكاية، بالإضافة إلى غياب الجدوى من اكتشاف معانيها ومراميها. لكن ثروت ثابرت على أن تسوق حكايتها الحزينة، لتنتهي عندئذٍ بانتحارها المفجع مع الضابط الأسترالي مخلفة لشكري ذاكرة مرّة يقع لبوسها على فتاة قبطية يتخيل شكري أنها ثروت الأرمنية عبر الإيقاع القدري ذاته وحكمة المصادفة فيه.

ومن منظورنا أن أحدوثة ثروت القبطية لم تستطع أبداً أن ترتقي إلى حرارة أحداث ثروت الأرمنية من الناحية السردية وتلاوين الوقائع، بل ظلت منقادة إلى أسلوب فكري أباظة الذي أثقل كاهل الحدث في الرواية، وجعلها أقرب إلى أن تكون فسحة لقارئ يبحث عن الملهاة، وليس لقارئ يتحفز لما تعنيه الكلمات في سياق الأحداث والوقائع التي تُخلِّق نسق النص وتجلياته السردية.

12- آفو- الياس فركوح

لقد كان لنص «آفو» إيماءاته وخصوصيته وفضاؤه المترنم بطقس فيه من اللذة، وسعادة الاكتشاف، ما يدفعنا إلى الاعتقاد بأنها (أي «آفو»)، من النصوص المهمة والنافرة في سياق تجليات الصورة الأرمنية في أدبنا العربي. فقد تمازجت في تلك القصة مشهدية الطفولة بالكهولة فيها، لتستيقظ الحكاية بينهما لغة شفافة كلما أسهبت في قص الأحدوثة، استحال التألق مرايا تبيّن حروفها مزيجاً من التقاطع والتباين؛ تستدخل فيه الكهولة شغف الطفولة

وعبثها، لتمرر حكاية حرب النكبة داخلهما، مخلفة ذلك الصمت الخالد لآفو أواديس، وشكل تفاحته، ورغيف الزعتر وحقيبة المدرسة؛ بالإضافة إلى ذاكرة يقتات منها لغته الخاصة، ليعبر إلى بحر آخر من الكلمات الخرساء، مفرداتها مطرقة وإزميل، وأشياء حادة أخرى تمثل كل ما لا يستطيع التعبير عنها بالكلمات. هذا بعض من ذلك الطقس الصامت لآفو الذي استطاع الياس فركوح دفعه للبوح بمعاني كل الأشياء الصعبة والغامضة، والتي تشير إلى الظلم والقهر بأصابع قوية. لقد استحال آفو في قصة الياس فركوح إلى محرّك للإحساس والضمائر دفعة واحدة عبر سياق لا تغيب عن مفاصله التقنية العالية في الكتابة، والإيماء الساحر بالكشف عن الأشياء التي لا تنطق.

13- ملايين الخوري، الجدب والطوفان، سال الدم- عبد السلام ا لعجيلي

يطل العجيلي عبر قصصه الثلاث بأبهة المبدع المتميز، حاملاً قصب السبق في التعرض لحيوات الآخر الأرمني في إطارها المهني، مستلهماً خصوصية هذا الجانب عنده، مؤثراً رواية «الخوري زينوب» كحكاية يشير سياقها إلى فقدان الاتزان العقلي عند (زينوب) الذي كان في فترة ماضية، رجل دين ومسؤول عن الطائفة الأرمنية في بلدة العجيلي الصغيرة، ليستحيل بعدئذٍ إلى عرّاف يقرأ الكف في المقاهي وعلى الأرصفة، كما يدَّعي توصله إلى اختراع سيجلب له ملايين الليرات إذا ما قام أحدهم بتبني مشروعه الرهيب، وساعده مادياً من أجل إتمام تلك الصفقة الرابحة.

إلا أن نكهة الحكي لا تقف عند هذا الحد في سياق العجيلي، بل تستمر في عرض وقائع الحكاية بأسلوب شائق، وعبر أدوات تتكاثر فيها التوليدات الأسلوبية المختلفة، إلى درجة أنك تفاجأ بالمرامي التي يريدها العجيلي من هذا العزف المنفرد على كمان «الخوري زينوب».

لكننا سنلحظ في سردية «الجدب والطوفان» تمظهر أسلوب العجيلي

السردي البارع، الذي اعتمد على الاجتذاب، ومتابعة تصرفات السائق الأرمني مع المأزق الذي تحفـل به حكـاية البدوي في ذلك اليوم القائظ. حيث يتجلى في «الجدب والطوفان» المنظور الإنساني للآخر الأرمني في حكمته وتصرفـه مع البدوي الـذي أصابه مسّ من الجنون من جراء القحط وشحّ المطر.

كذلك هو المشهد الأرمني في قصة «سال الدم»؛ فهو من وجهة نظرنا مخالف تماماً لمناظير العجيلي في قصتيه السابقتين. إذ تتمظهر صورة الأرمني في سردية «سال الدم» كمعيار مهني يمثل الحدود العليا للخبرة الميكانيكية عبر استقدام الحاج صالح (لِسِتْراك) الأرمني من أجل تركيب الآلة الكبيرة التي سوف يتفجر الآخرون غيظاً عندما تبدأ بضخ الماء إلى حقوله. لكن رغبة جارفة برزت لدى العجيلي، وأراد من خلالها أن تحرّك كل نص من نصوصه، حكمة تتراوح بين النافع والضار، والخيّر والشرير، والغامض والبائن، وذلك بغية وضع النقاط على حروف المبثوث الذي يرغب العجيلي في أن يكون مشكّلاً لمعاني حكاياته. ويلفتنا العجيلي نحو صورة الأرمني في حكاية «سال الدم» التي تمحورت على مستويات مختلفة، كان الوجه الأول فيها تلك الحدود المستحيلة التي لا يمكن تجاوزها لما تتضمنه من دقة في تركيب الآلة، والخبرة الكبيرة التي لا يستهان بها، ممثلة بالمعلم سِتْراك الذي لم يترك نأمة دون فحصها ومراجعة طريقة تركيبها. أما الوجه الثاني فهو عدم قيام الآلة بعد تركيبها بالعمل، مما أذهل سِتْراك وجعله كالمجنون يبحث في خطوات التركيب التي قام بها.

وبتقديرنا أن العجيلي أوقف حدود الخبرة المهنية عند هذا الحد المغلق، ومن ثم دفعها نحو تأدية الغرض الذي أراده، وهو أن على الحاج صالح إسالة الدم، وإطعام أهالي القرية، بعد قيامه بفعله الجديد هذا، مما سيغدق عليه في المستقبل المال الوفير والكثير. لكن الحاج صالح يصرّ على عدم إسالة الدم، ويذهب بعيداً في التشكيك بمهارة الأرمني سِتْراك في تركيب الآلة، ويعزم على استقدام

أرمني غيره من المدينة.

لكن المفاجأة التي تحصل وتذهـل الجميع، أن ولد الحاج صالح يقع فريسة لتلك الآلة الضخمة، مقطعة جسده الصغير إرباً، إرباً، ليسيل من بعد ذلك الدم على أطراف تلك الآلة وتبدأ بالعمل بصورة صحيحة بعد التوقف الذي أصابها.

لقد استخدم العجيلي أدواته لتحقيق حكمة إسالة الدم مع كل إتيانٍ بفعل جديد، لكن سِتْراك الأرمني ظل أحد أهم هذه الأدوات التي حققت فعل الحكمة.

14- ذلك الصديق- دياب عيد

ثابرت سردية «ذلك الصديق» على الاشتغال وفق بائنين:

البائن الأول: تركيبة المصادفة التي تجلّت عبر استخدام اسم سركيس كحالة تتكرر في السياق السردي عبر وقائع وأحداث مقحمة وغير مقنعة.

البائن الثاني: السياق اللغوي الاعتيادي الذي أخذ شكل التدوين المذكراتي عبر استخدام آلية إفصاح لغوية، تغيب عن ملامحها الصورة التي تتناغم مع الواقعة المعبر عنها، مؤثرة سرد الأحداث بتقريرية ومباشرة فجة، من دون أدنى لجوء إلى جملة قصصية تحمل في طيات شكلها محاولة للارتقاء بمضامين الحدث والواقعة التي تعبر عنها، من أجل دفع الأفق القصصي ودلالاته نحو طقس من الكتابة وتأملات القصّ الحارّة.

15- أرتين- عبد الرحمن سيدو

ربما يكون الطموح الذي دفع عبد الرحمن سيدو إلى الكتابة عن أرتين، مبعثه الحنين لصورة من صور الذاكرة العتيقة. لكن الشريط الذي رسم خطوط ذاكرة الطفولة في القصة ارتهن، بشكل من الأشكال، إلى التفيؤ ببعض من ظلال أحدوثة آكوب عند عبد الرحمن منيف. إذ تعود تلك المقاربة إلى أن

نسق الشخصية في سردية أرتين مستلهم في الكثير من وقائعه وأدوات حضوره السردي من سياقات حكاية «آكوب في التيه». وقد بدا ذلك في التوصيفات السلوكية له، والتي بدأت في المواقف، وانتهت في آفاق الحنين وتداعياته. لقد كان أرتين سائق سيارة (الفورد) القديمة، كما كان آكوب سائق سيارة (الشيفروليه) العتيقة، وتماماً كما كان آكوب تأتيه نوبة (السودا)- ما يدفع الركاب إلى الحذر منها- كان أرتين رهين نوبة (جنون) يحذرها الركاب أيضاً. وكذلك هي الأغنيات الحزينة التي كان يطلقها أرتين، كان آكوب يترنم بها أيضاً لتبقى غامضة عصية عن فهم الركاب لها.

أما حكاية تفقد السيارة والدوران حولها، فهي متشابهة تماماً عند كلّ من آكوب وأرتين، بالإضافة إلى الحنينية التي تسوق عند الاثنين (آكوب أرتين) رغباتها نحو تلك القرية البعيدة، والمكان البعيد وأمل العودة إليهما. كذلك الأمر تتشابه عند آكوب وأرتين تقاليد وضع الأحمال في مكانها المخصص لها، وكذلك حالة الغضب الشديد عند الاثنين من جراء ذلك. لكن الذي بقي في قصة أرتين- من دون أن يكون له مثيل في شخصية آكوب- هي حالة طفولة كل منهما، مع بقاء شخصية أرتين لافتة ومتميزة داخل سرديتها.

16- بائع التماثيل- فاتح المدرس

لو قدّر لسردية بائع تماثيل فاتح المدرس أن يحتل بطلها الأرمني كل تفاصيل قصته، لكان مناخ الحكاية أكثر إثارة وأكثر اتقاداً. لكن إيثار المدرس افتتاح الأحدوثة بطقس أقرب إلى أجواء السياق الروائي منه إلى سياق جملة القصة القصيرة، شكّل عبئاً واضحاً على النسق الوقائعي في «بائع التماثيل» الذي جاءت أحدوثته شفيفة للغاية، ورسمت خطوطاً نافرة، بلغة ملونة، تمظهرت بين طياتها فرشاة وألوان وقد تواشجت فيها رغبة فاتح المدرس في رسمها لوحة قبل أن يكتبها قصة قصيرة فيها أنفاس اللون ومعانيه التشكيلية.

17- قرب البحر- حسن حميد

منـذ الوهـلة الأولى، ومشهدهـا البدئي، تجلّـت رغبة حسن حميد في كتابـة نصّ تتخلل سرديته قضيتين متقاربتين، همـا قضية الشعب الفلسطيني والقضية الأرمنية.

أما الوجه الآخر لقصة «قرب البحر»، فهي الرغبة أيضاً في الاشتغال على النهايات التي وصل إليها إبراهيم الخليل في روايته «الهدس». لننظر: «وحين زوج آرو ابنه من نازحة مسيحية فلسطينية، سأل لأول مرة المفتي جادا: شيخي الولد الذي سيأتي من هذا الزواج ماذا ستكون جنسيته. فردّ المفتي: أرميناسطيني، وهذه ليست جنسية. لكنها بالتأكيد قضية».[2] ولا يخفى علينا أن سردية «قرب البحر» آثرت هذا الشكل من التزاوج- ولكن بطريقتها التي امتثلت إلى التركيب بصوره المختلفة والمتقاطعة- مؤثرة الاشتغال على ثلاثة أبعاد من المستويات:

1- شخصيتان صريحتا الانتماء والهوية، تتقاسمان في الحوار، وتمظهران الهموم والمصائب ومكان العمل والسكن أيضاً.

2- علاقة الحب والعشق بين أرتين الأرمني و(رمانة) الفلسطينية التي ظلت حتى نهايات القصة، سراً غامضاً خالياً من الأبعاد المعلنة.

3- التركيز الواضح على مشهد اختلاط دم أرتين بتراب أرض المخيم، ومنح أرتين لقب شهيد من بعد ذلك المشهد.

ويأتي استخلاص المعايير من هذه المستويات الثلاث وفق سياق قصة «قرب البحر»، وذلك رغبة منا في تفحص المعاني الكبيرة التي طمحت إليها، ومن خلالها. لكن الطموح شيء، وتحقيقه شيء آخر.

إن أهم المفارقات التي أودت بهدف فكرة قصة من هذا النوع، كان مفارقة

اللغة التي كتبت بها من جهة، ومن الجهة الأخرى صنعة التركيب الذي أثقل كاهل القصّ وسياقاته. ولكي نتبين هذه المسألة، سنحاول تفحّص مرتكزين اثنين في النص، دون غيرهما، وفقاً لما ما يلي:

1- اللغة وإيقاعها في القصة:

إن ما خلفته اللغة في «قرب البحر» هو كمّ هائل من المفردات والجمل المنسقة تنسيقاً بالغ التكلّف والحدة. لننظر: «وقد تركني نافراً إلى موعده مع رمانة».[3] وكذلك هي حركية الضبط في الجملة، وتوزّع المفردات المصنوعة ضمن سياق السردية. لننظر: «أراه، وقد تلامعت عيناه، وتندى أنفه، فأساعده حين أنثر أحزاني أمامه كي لا يختنق».[4] لننظر أيضاً: «حلق ذقنه مرات عدة وضبط أناقته وراقبها بعناية شديدة أمام المرأة. ونظف يديه من الشحم والزيت، كمن أصابه هاجس التلوث، وأخرج الوسخ العالق تحت أضافره بفرشاة الأسنان القديمة وأرخى كفيه في الماء الساخن لوقت طويل، ثم أخذ بالملقط الصغير زغب الشعر النامي على وجنتيه».[5] ولكي نستدل على البعد التركيبي في سياق الجمل التي جاءت صادمة، لا بدّ أن ننظر أيضاً: «وفي المساء وبعد أن ضبط أناقته وباقة الأقحوان بين يديه».[6]

إن ما أوردناه هنا من شواهد نصية يعد جزءًا بسيطاً من تناثر كبير حاول حسن حميد من خلاله جاهداً توليف الأبعاد الأخرى للجملة، والمفردة في الآن ذاته، لكنه من وجهة نظرنا لم يوفق في ذلك الطموح، لسبب بسيط هو أن اللغة والصورة التي تنشأ عنهما تحتاج، قبل أي شيء آخر، إلى الانعتاق من قيد القصد والانفلات نحو أفق من العفوية، التي تصوغ اللغة وصورها عبر اتقاد الإحساس بمكنوناتها.

(3)   رحيل اللقالق، ص 6
(4)   المصدر السابق، ص 8
(5)   المصدر السابق، ص 9
(6)   المصدر السابق، ص 12

2 - الصيغة والتركيب:

ومنظارنا حول هذه المسألة يعود إلى أن التباينات التي كان مبعثها المقاصد المسبقة لصناعة وتركيب قسري لثنائية تمشهد سياق ترابط القضيتين الفلسطينية، والأرمنية ولكي نحدد أبعاد هذا الترابط المصطنع لا بدّ أن نعود إلى النص، فالنص يقول: «كان يأخذني إلى ماضيه، وآخذه إلى ماضيّ... فلا نجد وقد فرغنا من الحديث، إلا وقد تجمع أساي فوق أساه فتغتم الروح وتنغلق، أساعده مرة ويساعدني مرةً».[7] ولا بدّ لنا من أن ننظر أيضاً: «أحسّ يا بشتاوي، أن رمانة تشبهني، أو قل تشبه المرحومة أمي. وجه أمي عالق في خاطري مثل طيف لا يزول. لا أدري لماذا يأخذ وجه أمي وجه رمانة حيناً، ولماذا يتداخلان حيناً آخر فأعجز عن التفريق بينهما».[8] ولكي تتأكد مسألة التصنع والقصدية لا بدّ أن ننظر هنا أيضاً: «من كان يتخيل يا أرتين أن لي ولداً أرمنياً سيأتي ويلتحق بنا في المخيم».[9]

لكن الشاهدة النصية التي لا غبار على تركيبيتها وقصديتها الصادمة، تمظهرت على نحو من هذا القبيل. لننظر: «أخاف يا أرتين، أن تكون قد أخطأت الطريق إلى أرمينيا، أو أنك ابتعدت عنها أكثر، فيبتسم ابتسامته الحزينة ويقول: أبداً دربنا واحد. أحاديثكم هي أحاديثنا والغائب عندكم غائب عندنا، والحنين هو الحنين. والذكريات هي الذكريات. والحزن واحد. جئت يا بشتاوي ليس من أجل السيارة فقط جئت لكي أقلل من حزني».[10] أما مسألة اختلاط الدم الأرمني بالدم الفلسطيني فهي مفصل رئيس أراده حسن حميد إشارة نافرة ولها أبعادها كما هو الحال هنا. لننظر: «أرتين لم يذهب... يا رمانة! وكيف يذهب وله بيننا دمه! وما أكثره! وله عند أم سهيل الشاي بالنعناع، لقد وعدها وله

---

(7)   المصدر نفسه، ص 6
(8)   المصدر السابق، ص 8
(9)   المصدر السابق، ص 11
(10)   المصدر السابق، ص 12

أنت...رمانة التي لا تنسى».[11]

تظل «قرب البحر» نصاً لمرثية تناسقت وتناغمت فيها القصدية والهدف المركب، والصادم وكذلك تشير بأصابع لا تنحني إلى منزلق الكتابة المشروطة والمبهورة بسحر الشرط ولذة تحقيقه، متغافلة عن تلاشي عفوية الكتابة وغيابها، والإحساس المعبر دون قيد أو شرط مسبقين.

18- صورة بيرم كورديان- ميشيل حبيب خياطة

لا بدّ للفوتوغرافي من ترك آثاره في نص ميشيل خياطة، فهي القصة التي حاولت أن تسجل أحاسيس استيقظت بدافع (ما) نحو الكتابة المدوّنة، وبلغة تسجيلية أقرب ما تكون إلى اللقطة الصامتة التي تشير إلى تقريرية الخطوط والظلال في مشهد ما.

لكن فن القصة القصيرة شيء، واللقطة (الفوتوغرافية) في الذاكرة شيء آخر، ومختلف، كالتباين الذي يحصل عبر مقاربة لصورة النهر والنهر ذاته. فشتان ما بين النهر المتدفق وصورته الصامتة.

19- حرائق صغيرة- حسين ورور

لكي يظل النص شاهداً على الكتابة والكاتب، وعلى الواقع الذي ينهل الجميع من لحظاته لا بدّ أن تكون لهذه الصيرورة أدوات تدفع الحياة في الوقائع، والأحدوثات والحكايات من أجل أن تفصح عن نفسها.

إلا أن «حرائق» حسين ورور ظلت أسيرة التوصيف والانفعال والافتعال، لافتة إلماعاتها الباهتة نحو ذهنية المعنى والمقاصد إلى نحوٍ من تسجيلية يتناوب في تجلياتها، وظهورها الاعتياد في الطرح، والغياب البائن للمعاني في الأفكار، ليستحيل من بعد ذلك إلى حريق يلتهم اللغة القصصية وبنية الشخصيات السردية فيها، فلا يبقي إلا على لميم الكلام وتبسيطات اللغة مغيباً التناغم في

____
(11) المصدر السابق، ص 7

الصورة والمعنى.

20- رسالة إلى آزو- محسن يوسف

آثر محسن يوسف أن يدفع بشخوصه إلى التناوب في كتابة الرسالة اللافتة إلى (آزو) التي استحالت في السياق القصصي إلى منثارٍ جميل ونافر يتمحور الشخوص حول حضوراته، وآفاقه كحزمة من الضوء صوبت نحو هدف مترامي الأبعاد، مترابط الهواجس والرغبات. وقد لاحظنا أن محسن يوسف استطاع أن يزف رسالة بحروف من الدم إلى الوطن الذي يتواشج أبناؤه على حمايته، على الرغم من كل التقاطع والتباين، والتقارب في الدين، والهوية والانتماء.

إنه نص أثبت جدارته أمام طقس نداء الوطن الذي لا بدّ أن يدافع عنه كل من يحيا على ترابه.

21- العرس الأرمني- فواز مزيك

للحنين لغته وللغضب لغته أيضاً، وللصمت لغته، وللكلام لغته، كما أن للحزن لغة وللفرح لغة أيضاً، وللذاكرة العتيقة لغتها أيضاً. لكن أجمل المشاهد هي تلك التي تستدمج لغتها كي تبوح بها، وتشهد على حدوثتها. هكذا كان عرس الأرمني فرحاً استغرق من الزمن قليله، ليبدأ من بعد ذلك طقسٌ من الحزن يملأ أطراف قصة فواز مزيك عبر التناوب، والتقلب على تداول لغة الحزن والفرح، أو الفرح والحزن، والتي كانت مرتعاً لتلاشي جماليات الفكرة القصصية اللافتة التي أتت عليها قصة «العرس الأرمني»، وكذلك عدم مثابرتها على التوازن المطلوب في دفع الانسجام، والتناغم بين ثنائية الفرح والحزن أبقاها أسيرة الحنينية المجاهرة بلهائها خلف الوطن المفتقد بلبوس الافتعال وغياب الانفعال بحساسيته الشفيفة.

يظل ما ذهبنا إليه من تفحص وتحليل، مجرد جهدٍ متواضع، رغبنا من خلاله

رؤية النصوص من منظارين مختلفين، تلمسنا عبرهما سياق الآخر الأرمني، وتجلياته في النصوص التي اخترناه أنموذجاً للبحث. لكن ما توصلنا إليه لم يكن سوى وجهة نظر في تلك النصوص وفحوى مضامينها والآلية الفنية لسياق الكتابة فيها.

مختارات من النصوص الأدبية

كوهار أو الطريق إلى أورفة

قصة قصيرة: إبراهيم الخليل

بدقة منبه سرّي لا يعرف الخلل، ومع صوت المؤذن الندي، وهو يتصاعد سرباً من الزرازير المرحة المنقَّطة في سماء قرية تل أبيض الحدودية، ثم ينتشر مختلطاً برائحة الزيزفون والبابونج والزعتر البري والعشب الطري ناقراً النوافذ وأبواب الخشب والأسماع بحياء وحب، متخللاً بيوت الطين واللِبن والأسيجة حيث أعشاش الدوري والخطاف الغارقة بالدفء والنوم الحذر.

في تلك الساعة من الزمان تستيقظ هدلة بنت ناصر. ترمش أهدابها قليلاً وما أن تعتاد الظلام الشفيف المنتشر، وتستوعب روح المكان السريّة، حتى تنهض كعادتها على مدى نصف قرن مضى تشب بقامة سبطة ناحلة ووجه مستطيل ارتسمت عليه أشكال من الوشم الأزرق برع في رسمها نساء الغجر، منها ما هو للزينة ومنها ما هو لأغراض غامضة تفهمها الغجريات ويهمسن بسرها بكلمات متقطعة هامسة فيها إيحاء أكثر مما فيها حقيقة، وقد أعطى الأنف لهذا الوجه وهو أقنى، مهابة وترفعاً لم تستطع قسوة الأيام أن تنال منه بل زادته جلال.

يا رب... أنت السلام.

تقول هامسة بتبتل صوفي وإيمان حقيقي وهي تعبر بخبرة ودراية المسافة بين فراشها وباب الغرفة، تَعُبُّ نفساً عميقاً من نسمات الليل الباردة الندية

230

الممزوجـة برائحـة الأرض وهـواجس مخلـوقـات غـامضة تحرس المكـان وتخالط الدورة الدموية لتعطى هذا الشعور بالألفة المستريبة، والفرادة النادرة مع الموجودات.

– هدلة...

خيّل إليها أنها تسمع صوته الدافئ الأجش العميق يناديها فطردت هذا الخاطر من ذهنها وهي تبسمل وتتعوذ، لكن الصورة والصوت ما زالا يلحان على البال وترن الكلمة...

– هدلة...

إنه موعد ذهابه إلى الجامع للصلاة، بثيابه البيضاء وابتسامته العذبة وأصابعه الممسكة بسبحة الكهرمان البرتقالية، وعباءته التي يلقيها بأناقة فيبدو كأمير من أمراء ألف ليلة وليلة.

إنها لا بدّ روحه، تحرس المكان، وتأبى أن تفارقه، وأنفاسه العطرة، وصوت ضحكته ورائحة قهوته التي يحب، أيمكن؟ وتطرد الهواجس، وتستسلم لأسر اللحظة، وفي باحة الدار تتلكأ هدلة بنت ناصر. تشرف من التلة التي تقوم عليها المنازل على القرية. بيوت صغيرة متناثرة من الخط الحديدي الذي يقف حدّاً فاصلاً مع تركيا إلى عين العروس، بينما تندفع في الفراغ أعمدة النور متوهجة بهالة من النور الشاحب، وهي أشبه بمخلوقات خرافية عملاقة، وذوّابات أشجار الكينا والسرو والتوت، تحرس مئذنة الجامع المدورة، وخزان الماء الرئيس.

وتنقل بصرها، ترقب النجوم الغائرة، والقمر، ولون السماء البراق، ثم تعاود اكتشاف البيت، الغرف وحظيرة المواشي، وأكداس الحطب، والتنور وسور البيت، والأشباح الغامضة.

– أمي.

يفـاجئهـا صوتـه، صـوت ابنهـا بدر فتتلفت جافلة، تقول باستنكار وحب: بدر؟

– أمي ما بك؟

– أنا لا شيء عيني، لا شيء.

تقول وقد تمالكت جأشها واستعادت روعها. ابتسم، ثم مضى منحدراً نحو الجامع للصلاة بقامته الطويلة وثيابه البيضاء والعباءة التي يرميها على كتفيه بأناقة، قالت: يحفظك الله.

ثم استدارت تبحث عن إبريق الوضوء وقد دبت الحياة في عروقها من جديد وأشرق نور أمل غامض. وفقدت إحساسها بالزمن والناس والأمكنة المحيطة، وبعد الصلاة ظلت في مكانها مأخوذة بشيء كالسحر يعاودها في أوقات متباعدة، فتنقاد له وكأنها نومت نوماً تنويماً مغناطيسياً فيشرق فـي البال.

كان ثمة بيت على تلة في مدينة نأت. بيت واسع بسقوف مائلة من القرميد الأحمر المغسول بالمطر وشعاع الشمس ورائحة النارنج والكبّاد، له باحة واسعة خضراء، تتعرش جدرانه عرائش الياسمين والعسل والنسرين، وله ممر طويل ومدخلان، ونوافذ تدخلها أصوات العصافير والأضواء.

كـان ثمة أسرة سعيـدة. امرأة ورجـل وطفـلان، صبي وفتـاة تنـام في سرير من الخشب الثمين بأبهة ملكية تسمع لترنيمات آسرة قبل أن يأخذ النوم بمعاقد أجفانها.

سأنصب أرجوحة على شجرة التوت تسقط حباتها في فم صغيرتي ويصدح البلبل المشتاق إلى صوتك.

كان يا ما كان... أغنيات مرحة وأعراس، وشموع، وأجراس كنيسة وجوقة ترتل صلوات دينية بلغة أخرى، تفوح وتعبق برائحة بخور وبشر، تطل من خلالها وجوه نورانية لآباء ورهبان وصلبان حجرية، وثياب ملكية

موشاة بالذهب وخيوط الفضة؛ زيت وشموع ووجوه مصوّرة لقديسين شهداء تفيض بالإيمان والشحوب والمكابدة...

صوت بلغة أخرى يصيح في الباحة، ورجل أنيق يعبر الممر ومن أصابعه يتعالى رنين الذهب والمهارة الفائقة، والخبرة في تشكيل المعدن أشكالاً تسحر النساء، وتذهب بعقول العرائس... الصائغ.

كان... يا... ما... كا... وتضيع الصور والتفاصيل. تنفرط الأشكال وتذوب كقطع السكر في الماء تاركة حلاوة وأسفاً ويأتي صوت بدر من الخارج.

– أم بدر... القهوة بردت.

وتقوم من مكانها مثقلة، رصينة، وكأن الصوت أحيا عروقها وأعاد إلى أوراق روحها الشاحبة الخضرة والشمس.

– أنا قادمة.

وأمام الابتسامة المرحة، والعيون التي تبدع حوارات دائمة، أشرق من وجهها من جديد. وحين جلست تحت الدالية في ضوء الصباح الوليد، قالت وهي ترفع فنجان قهوتها العابقة برائحة الهيل:

– بدر... ورشفت قليلاً من السائل الأسود ثم تابعت قبل أن تعطية فرصة للكلام او الرد.

– يجب أن أفرح بك.

– افرحي أم بدر... افرحي.

قالها مازحاً باسماً... فعاودت:

– أخواتك تزوجن، وأنا...

– أنت الخير والبركة.

ورشفت قليلاً من القهوة، وتابعت:

- دعك من مكر الثعالب هذا وقل لي: أليس في قلبك هوى لصبية من صبايا القرية؟

- بلى

قال بمرح سنجاب... فرددت:

- هل هي جميلة؟

- قمر.

- وهل أعرفها؟

- نعم.

- من هي؟ قل لي لأرتاح.

- أنت، يا أ حلى أم بدر.

- قلت لك دعك من مكر الثعالب، جاو بني.

- جاوبتك. ماذا جرى لك اليوم يا أم بدر؟

- البيت بلا أولاد جنة بلا ناس؛ موحش وكئيب يا بدر.

- البركة في أولاد البنات مريم وسارة وأمونه وملكة...

- هؤلاء أولاد الناس يا بدر.

- وأولادنا...

- أنت تهرب يا بدر.

- أنا لا أهرب يا أم بدر... وعندما يحين الوقت فأنا تحت أمرك.

- متى يحين؟

- هذا الأمر بيدك.

- أنا؟

- نعم يا أم بدر.

- كيف؟

- الأمر بسيط جداً. أنت تقررين الحج. أنا أقرر الزواج، واحدة بواحدة يا أم بدر؟

رددت الكلام، وكأنها تتذكر أمراً كان غائباً عن البال. ثم ابتسمت.

من أعلى التلة انحدرت هدلة بنت ناصر. حصى وأتربة تتطاير تحت قدميها. فضاء، وعصافير وكلاب وبشر من حولها. مرت ببعض الدور عاصفة صغيرة، زوبعة من لحم وعصب ودم وأنفاس لا تعرف الهدوء ولم تقف. سلّمت على نسوة وصبايا يقفن أمام لهب التنانير الساحرة أو ينحنين على الصاج يخبزن خبز الصاج وقد لفهن الدخان وفاض العرق متفصداً من المسام والعروق، فتوردت الخدود الشاحبة كورد القرع والبامياء.

إنها صاحية، يقظة، كسمك عين العروس. كل عضو منها مستفز، يرى، ويحسّ، ويراقب، ويستشعر عن بعد، حالة لم تألفها من قبل ولم تفهم أسبابها. لغة غير اللغة التي تحكيها. مفردات غامضة، وأسماء تدوّم كأجنحة الفراش ملوّنة وزاهية وخادعة. تابعت سيرها وهي تنوء وتئن تحت أحمال لا تطاق. هذا القلب يا هدلة إلى متى يحتمل؟ وهذه العيون إلى متى ترى ويظل فيها النور؟ هذه اللغة الغامضة متى يفهمها اللسان وينكرها القلب.

وتابعت هدلة سيرها. ثمة رفوف من طيور السمّان والقبرات وعصافير الدوري تمضي باتجاه عين الماء حيث تقصد. زقزقات، وأنفاس تملأ الفضاء، وثمالة من نشوة الماضي.

- أم بدر.

فاجأها صوت على حين غِرّة.

- ها!

التفتت جافلة، فرأت إلى جانبها حمدان العجوز يخب كحصان هرم مثقلاً بأحمال العمر وشقاء الأيام.

- مرحباً أم بدر.

- أهلاً عم حمدان.

- خير أم بدر. خير.

- كل خير.

- أراك شاردة؟

- الدنيا

- الدنيا بنت كلب.

قال، ثم انحرف إلى أحد البيوت. وتابعت. كان بصرها معلقاً لا يفارق قلعة خضراء تزهو بالبختري والأقحوان، تنتصب فيها شواهد القبور والأضرحة كحديقة حجرية للموتى. عبرت الدروب الضيقة الملتوية بين القبور حتى وصلت إلى غايتها. ووقفت أمام القبر بإجلال واحترام، قرأت الفاتحة ثم ركعت في صلاة سرّية لا طقوس لها...

لم تدر كم من الوقت مضى. حين صحت، مسحت وجهها براحة كفيها ثم عبرت إلى مزار الخليل، رحّب بها القيِّم بحرارة وهي تدس في كفه المعروقة بعض المال. ثمّة مشاعر متضاربة، وأرواح غريبة تهوّم في المكان، سلام ومحبة وأمان تنهمر كشلال من ماء وأسماك وعطور.

مدّت أصابعها بورع وخشية. لمست حجارة المقام بحب وتقديس ثم انتقلت إلى قطعة القماش الأخضر التي تتوّج مقدمته، فطاسة الزيت المقدس الذي يتبرك به المرضى. إنه العماد عماد الحجر والخضرة، والزيت ولهب القلب

المحروق كخبز التنور.

- يا رب، يا واحد، أنت الواحد.

صلّت ثم استدارت تعبر المدخل إلى خارج المقام، وقد سالت دموع كثيرة من القلب.

بين مقام الخليل وطاحون الماء المهجور... خطوات قليلة عبرتها هدلة بنت ناصر خلال دقائق، فقابلتها رائحة طحين وعفونة وخواء موحش وظلمة رطبة تخترقها العين بيسر وسهولة. لا شيء هناك سوى الحجارة الصخرية التي حال لونها ضارباً إلى الخضرة، والتراب، وأعشاش العصافير، ومخابئ الخفاش الذي يملأ السماء عند الغروب.

الإنسان الوحيد والدائم في هذا المكان المهجور كان أروش الداشر؛ العجوز الأرمني الغامض، نصف القديس، ونصف المجنون، هذا الذي لا يعرف أحد عنه شيئاً. جاء مع السوقيات ثم تخلف مع من تخلّف من الضعفاء فعاش في الطاحون، يغزل من الصوف مقاليع لا لصيد العصافير، وإنما لتحذيرها من الصيادين، حتى عدّ حارس العصافير المجنون، وعدو بنادق الصيد التي يحاول اختطافها وتحطيمها على الصخور، وهو يصرخ: دم... دم... يكفي أيها القتلة...

في الزاوية رأت هدلة أروش الداشر يحتضن ركبته ويحدق في السقف بعينين صافيتين صفاء عين الديك، فاحترمت صمته. لم تسلّم أو تتكلم. مرّت دقائق قبل أن يستدير أروش ويواجهها، كان العرق ينضح من جبينه، افترت شفتاه الجافتان عن فحيح مبحوح.

- أهلاً.

شلتها المفاجأة فلأول مرة ترى آروش يبدأ إنساناً مرحباً بالكلام بوجوده معه. ثم تابع كالمأخوذ:

- أورفة... أو... ر... فة.

وسكت برهة... قبل أن يردف:

- في قلب الشيخ قد يكون هناك صليب وإنجيل... وفي جهة الراهب قد يكون هناك قرآن وهلال... أما في قلب العسكر العصملي فلا يوجد سوى الخنجر والبلطة... أو... و... ر... فة.... هناك... اذهبي...

وأطبق شفتيه الجافتين... واستدار. وظلت واقفة معه.

كان يا ما كان بهار ونبيذ وصوت أغنيات... وبيت وأسرة ثم شموع للعيد وللعماد وللنذور، عسكر ودم وقطاع طرق، ورحيل قسري.

طفلة كانت ضالة في العراء ونسيها العابرون، ولم يسأل عنها أحد، ورجل كان عائداً من القرية المجاورة يدفع حماره الذي أثقلته حمولته من الطحين... حملها الرجل فوق كيس الطحين الحار وعاد بها إلى البيت، يقاسمها الرغيف مع أولاده سنوات الجوع والضحكة في ساعات السعادة. كبرت... عشقت، تزوجت، لكن أصواتاً غامضة وأشباحاً كانت تزورها ويوم جاء الفرنسيون يجمعون أولاد الأرمن اختبأت وراء كيس الطحين حتى رحلوا وكانت تسمي الرجل: أبي، والمرأة أمي، والأولاد أخوتي... في المساء جلست هدلة بنت ناصر... تراقب آخر موكب لأضواء الغروب، كانت وحيدة، فلقد خرج بدر إلى بعض شؤونه صلّت ثم تمدّدت على الأرض، وفي أذنيها ترن كلمات آروش الداشر.

- أورفة...

ورأت نفسها كما يرى النائم نفسه.

تعبر نقطة الحدود التركية إلى الداخل، وإلى جانبها بدر يحمل حقيبة وابتسامة ويباسط في الكلام الواقفين وهم يسألون:

- إلى أين يا بدر؟ إلى أين يا أم بدر؟

ولا تصدّق كيف تنتهي الإجراءات المعتادة لتركب السيارة وتمضي وهي تلوّح للجميع. الطريق يمتدّ طويلاً وأنفاس الركاب، وثرثراتهم، ودخان سكائرهم يملأ السيارة. جو لم تألفه، ومع ذلك تحس هدلة بنت ناصر بقلبها يرف كدجاج بري، وتعاودها الأصوات الغامضة من جديد أجراس الكنائس والتراتيل وأضواء الشموع والبيت ذو السقوف القرميد المائلة، والرجل الذي ترن أصابعه وتبرق كالذهب...

- أورفة...

يتردّد الصوت، بهار ونبيذ ورائحة ثوم وبسطرمة وشرحات عجل وأغنية كلماتها غامضة تقول:

طلعت فوق سطوح منزله العالي

تنشر الغسيل هناك ولا تخاف الله

ويلي من هذه الحاوة

دعني أسرق ما تخفيه في صدرها

- أورفة...

أيقونة وتعويذة، فلفل أحمر وكبّة نيّة. زهر الرمان وعناقيد العنب، دم وخناجر وعسكر وبلطات، وحوش وعصافير، ذئاب وخراف.

- أورفة...

لغة غامضة، غامضة. تقف السيارة، وتنزل مع بدر، وكأنها عائدة إلى بيتها بعد غيبة. تمشي في الشوارع بألفة وريبة. تغسل يديها ووجهها من بحيرة الخليل ثم تلتفت باحثة عن أشياء مضت.

وتتابع سيرها. ترقى المرتفع مع بدر ثم تتوقف أمام المنزل بسقوفه المائلة وممرّه الطويل، وباحته الواسعة. تقرع الباب... فينفتح عن وجه مألوف يلبس

رداءه الكهنوتي ويحمل صليبه...

تود أن تصرخ: آروش. لكنه يشير عليها بالتزام السكوت، ويستدير فتتبعه وحين يعبر الممر، يفتح لها الباب ويطلب من البدر البقاء.

وتدخل الغرفة. تغرق في ظلام الشموع وثمّة رجل حين رآها رفع أصابعه فرنَّ صوت الذهب منها وهمس بصوت خافت:

– كوهار...

– كوهار...

– كوهار... يا صغيرتي لقد تأخرت كثيراً.

وأغفى كطفل متعب... ولم تعد اللغة الغامضة غامضة في سمع كوهار بدروسيان...

مقتطف من رواية الهدس:

إبراهيم الخليل

في الخمارة يفقد العالم ترابطه وأشكاله.

ينفرط كحبات رمانة، ويطل البرج الأثري القديم بأثقاله وتاريخه ونوافذه الحربية على المكان فيزيد في غموضه وبهامته. وبطيئاً... بطيئاً تدبّ النشوة، ترفع راياتها وأبواقها وضلالاتها وتبرق في أقداحها ورائحة حريفة اعتادتها خياشم الشاربين، تمتد تستقبلها المسام والعروق وجدران الخمارة، والذباب والضوء يذوب، الضوء الكاشف والوقت يذوب، والليل يذوب، واللحظة من رند وبان وفخار مغسول برقراق الماء.

عيناها النوريتان دثتا فـي الأمس مطراً رخياً في داخله، وسنابل، وأسماكاً،

وأوقدتا داخل العتم دفئاً، وبصيصاً من ضوء قدسي لم يعرفه منذ موت فلورا.

– آه زهرة أرمينيا.

من دهن القلب الحصر وروّى العروق بالنبض والماي؟ سريعاً... سريعاً، تجأ الأشواق والذكرى مكامن النسيان، فتتدفق الأيام والساعات، تسدّ عليه كل المنافذ، تلوح قوافل الأرمن تأتي من كل مكان، من حلب إلى أورفة، ومن بره جيك؛ أرمن تقذفهم القطارات في محطة بير دناي في الشمال، أو تحملهم أطواف بدائية في النهر فيتقاسم الأحياء منهم شيوخ العشائر يوزعون الصبايا زوجات لرجالهم والكهول رعاة أو فلاحين في أراضيهم، وفي مواسم الحصاد يتساقطون تحت الشمس صرعى وهم الذين لم يعتادوا شكل الحياة هذه.

قوافل يأكلها العمل وحمى التيفوس. يسري بهم الجندرمة، والسعيد من يجد مأوى لطفله أو طفلته عند البدو العابرين أو الفلاليح. يذوبون في البراري حتى لا تجيف بهم المدن والحواضر. يتبعهم الطاعون وقطاع الطرق وحثالات العشائر. عبروا في سفينة، ضايقه بكاؤهم وحزنهم. ص (103 – 104).

أنا، أنا أحمد... أحمد الفياض. قال لها في الصباح. ابتسمت بخجل وقالت بالأرمنية: أنا... فلورا. وفهم أنها فلوراء آه فلورا.

تحمّل جسدك الغض شمس البراري، وسياط الجلادين، وشوك الدروب، وجوع التراحيل. وحين آواك عشي ودبت فيه الحياة والحركة، والدفء الغامر السعيد فاجأك الموت. سيء الحظ يعضه الكلب وهو على ظهر البعير.

من أين يأتي الموت؟ دائماً هازم اللذات هذا ومفرق الجماعات، فهل أمهلك ليسخر مني؟ ويدوف المرارة في حلقي؟ أه يا جنية الفرات المعذبة، جئت غريبة ومت غريبة، لم تتركي شيئاً غير طائف لا يفارق، ووجع مستديم كالعطابات، فلورا. ص (105 – 106).

صباحاً استيقظ آرو... كحل عينيه من نور الشمس والبلد القريب.

ولون العصافير والحيوانـات، والرعـاة، وصدمـة منظر المهجرين ينطرحون على الأرض كالقتلى، ولما لم يجد أحداً من الحرس عرف أن الإقامة قد تطول بانتظـار أفـواج أخرى قـادمة. ص (165 – 166).

وعاد آرو، وساكو من القرى، وأخبار المذابح تطاردهم من الحمرات إلى الزرزوري وبندر خان، حيث أخرج أحد المزارعين وهو يريد تنظيف قاع بير دنّاي وإعادة استعماله أكثر من تسعين جثة أرمنية لا زالت في بطون بعضها هيـاكل عظمـية لأجـنة صغيرة، كـان قد ألقاها حـارس المحطة وهو يستقبل شحنـات القـادمين في قطارات الترحيل. ص (170).

سلّم ساكو ومضى وراء حماره والشمس لم تطلع بعد. كان يستمع إلى خطواته ويشم رائحة الليل، ونبض الأرض، كانت الأرض تنبض والحدود تقترب، تفتح الأرض ذراعيها امرأة أرمنية، تفر من شعرها الأرانب والطيور والثعالب، ويسيل من نهديها النبيذ والخوخ، وتزيَّن بالنجوم والزهور البرية تبزغ الوجـوه القـديمة، وصور الأسواق والبيوت وأجراس الكنـائس، يدفع حماره مسلوباً، كل الجهـات أرمينيا. بعد أمتـار، يعبر الحدود ثملاً نشوان ويلمع ضوء، ويصحو خوشناف على صوت يعرفه جيداً ويخافه كل من يسكن أو يعبر الحـدود، صوت انفجـار لغم. ساكو هذا الأرمني المجنون ماذا فعل؟ ص (245).

ثلاث مرات حزن حزناً يهدّ الجبل: الأولى يوم ماتت جدته، وعشيرته، وصديقته العجوز، شعر يومها أنه وحيد وحزين ويائس.

والثانية يوم ماتت فلورا.

والثالثة يوم فقد ساكو. ساكو الطيب الوادع تمزقه الألغام على الحدود كأي دابة ضالة والحرس يتفرج. بشهامة قال لآزنيف: أم ديكران أنا أخوك يشهد الله، وساكو صديقي، لا تكسري نفسك لابن أنثى، اطلبي ما تريدين ولا تخجلي.

- الله تخليك أخا حلوة. ص (250).

الصهريج
قصة إبراهيم الخليل

- هل أغضبتك أم هاروت مرة أخرى بطلب الهجرة إلى بيروت أو إلى كندا؟

- لا أبداً. لن أترك حلب إلا إلى القبر أو إلى بيت جدي في موش. هذا الأمر لا يقبل الجدل أبداً وهي تعرف ذلك. ص (49-50)

وماذا بعد يا أرتين؟

أيها الأرمني الطائر، ثلاثون عاماً مرت عليك، وأنت في صهريجك المجنون بين الجزيرة والفراتين وحلب لا تعرف معنى الراحة والهدوء.

تحمل الوقود إلى المحطات المتناثرة في ذلك الفضاء الهائل، وتشرب الشاي الأسود والعرق والنبيذ وتستمع لثرثرات العمال بثيابهم الزرقاء الملطخة بالشحوم والزيوت المعدنية، وتنام في الغرف الضيقة أو وراء مقود السيارة، تستمع لأشرطة التسجيل، وتنفخ أسى أو تضحك مع خيالاتك كالمخبل.

ولا جديد. عراء الجزيرة وطيورها وأرانبها وقطعان الأغنام والرعاة، والمدن الرثة الطالعة من السل والغبار، ومواويل الواردات على السواقي. لا شيء.

الطريق الطويل والصهريج الحديد اللامع ورائحة النفط. لقد تحوّل قلبك نفسه إلى محطة معزولة وضائعة في الحماد، تلفّها زوابع العجاج في الصيف حتى الاختناق، ويحجر قلبها الجليد في الشتاء.

هذا أنت يا أرتين؟ تحرق سنوات عمرك كالهشيم...

... وماذا بعد

هل أصبحت مجنوناً بالحديد؟

لقد أكل المقود لحم أصابعك، دخل إلى عظامك، تخلل دمك، وماذا بعد؟

هل هو هروب. أم ماذا؟ من سفر إلى سفر، ومن محطة إلى محطة، وحيد ومفرد تختنق في البيوت والمطاعم الأنيقة، وتهفو إلى الرحيل دائماً. لماذا؟ هل تستطيع أن تجيب يا أرتين؟ ص (57 – 58).

مدارات الشرق- الأشرعة

نبيل سليمان

لا يعرف العم حاتم كيف استفاق عهده القديم المنسي، ولا كيف نكث العهد، فاشترى خلسة بطحة من العرق، وأتى عليها في وحدة ليله وبيته ووحشتهما، بعد أن انصرف جاره الشيخ رزق. كان آخر عهده بالشراب حين شارف العشرين أو تجاوزها بقليل وكانت شمًّا قد ذُبحت، وغاب عن عينيه- ولسنين تلو السنين- البيت الصغير والسوق الصغير والنهر الصغير. ص (395)

... تَمَلَّى وجه نجوم فتراءى له أنه قد رآها من قبل. جلست أمامه ثم نهضت ومشت، ثم عادت وجلست فأيقن أنه رآها مرّة على الأقل من قبل. هجمت عليه شمًّا بدمها الشاخب. من تذكره بشمّا. كان لها وحدها، من بين النساء أجمعين، وقعها الكامن في أعماق القلب. كان لوجهها رسومه المحفورة في الصميم. هي ولا شبه. ثمة نساء من عرف بعدها أو رأى لهن شقرة الشعر إيّاها. خضرة العينين، دقة الوجه، الخصلة الملازمة للجبين، القوام اللين أو الصلب مثل الخيزرانة التي أعجزت شبابه. لكن أي ثمن عرف أو رأى لم تكن تذكره بشمّا. وحدها كانت تطلع من الأعماق المنسية. ص (399)

- كيف لم يذبحوا زوجة عربي غيرها؟ مئات غيري، بل آلاف من العبيد حتى الأمراء تزوجوا من أرمنيات. مئات غيري تزوجوا منهن ليحموهن، لا ليضاجعوهن، ولا لينجبوا منهن. كيف كانت شمًّا وحدها؟ ص (401)

كانت شمًّا تهدل مثل الحمامة البيضاء التي توشك أن تطير. كانت استراحتها الأولى قرب أحد الغدران. جمع الحطب وأوقد النار، دون الحاجة إلى الدفء توقدت وجنتاها وصهل وصل في عروقها الحصان.

على العشب استلقيا يلتحفان السماء أتت النار على إحدى الصرتين وهما يتمرغان. أيقظتهما رائحة النسيس بعد حين، فنهضا يضحكان وإذا بالخيالة والبواريد، تلوح شرقي الغدير. توقفا ريثما يعبرون، لكن الخيالة تسوروا حولهما، وفي ومضة عين كان كل شيء قد انتهى.

أمره أحدهم أن يرمي بما يحمله من نقود. أمر آخر بأن يناوله الصرة التي لم تحترق. أقسم ثالث أن البنت أرمنية وقفز عن حصانه مشرعاً السكين. قفز آخرون يكتّفون العم حاتم، وأشرعت سكين فوق رقبته وجعرت الأصوات:

– انطق بالحقيقة يا كلب.

اندفعت شمّا إليه مولولة تصيح:

– اتركوه كرمه لله... أنا أرمنية فما ذنبه؟

رماها أحدهم على الأرض، وحزَّ رقبتها فيما دفعه الآخرون:

– لا تنظر خلفك. اجرِ. اجرِ.

وحين جرؤ على أن يلتفت إلى الوراء كانت الشمس قد غابت. كان قد نأى عن الغدير، والذبيحة، ولم يُجده أن يعود ويبحث عنهما طوال الليل وهو موثق. ص (406)

مدارات الشرق- بنات نعش

نبيل سليمان

وتقدمت نحو البيت المواجه الذي دخله الشابان، ومنذ تلك اللحظة صارت هي التي تقوده. هلل البيت لهما، وعرفت هند قبل ياسين أن القرية أرمنية. ص (116)

تلك القرى التي لم يلبث أن ضربها الجفاف الذي ضرب تلدف أيضاً سوى أن الجفاف جعل جَد هذا الطفل الذي أغفى بين هند والعجوز الأرمنية، يبيع آخر قطعة له من الأرض، ويوشك أن يدفن ملتزم الضرائب حيّاً. ص (118)

حمّلت العجوز ياسين صرة صغيرة من الخبز والتين اليابس، وشيّعت الطفل متضرعة للعذراء وابنها. ص (137)

ولكن الحرب هدّتهم. الحرب هي التي ساقت إليهم الأرمن، والواحد منهم كان يلبس ثوب الأرمنية الميتة... من كان يعرف أن التيفوس في ثياب الأرمن؟ ص (157)

حسرتي لو كان لي أولاد. والد الأمير زوجني أول مرة عبده وماتت. الوصي زوجني أرمنية وماتت. واحدة تركت لي ولداً وماتت، وواحدة ماتت قبل أن تحبل. ص (296)

كانت عيناه تغزلان صفقة دسمة في الغداة، تكفيه مؤونة الشتاء كله، إلا أن صورة تلك البلدة شرعت تنبق من شقوق الجحر الذي يكفنه. ينكر أنها كانت يوماً كما تنجلي له الآن. يُخشى أنها حقاً هي التي رآها تغصّ ببقايا الأرمن النازحين من أقصى الشمال؛ صماء مثل هذا الحجر. مثل القطار الذي استعصى عطله وطالت وقفته، فلم يعد راغب قادراً على أن يتفرج، ولا على أن يظل جالساً في مقعده مثل الآخرين، فغادر القطار مفكراً. تاه بين المحطة والبلدة القريبة، أغرقته الأشباح الهزيلة العادية، لا يقوى العجوز منها على الحراك، وليس في صدر المرأة منها ما تنفخ به العشب والحطب، حتى يتّقد فيحمل راغب العجوز على ظهره، ينفخ في الموقد الحجري حتى تتأجج النار، يملا صفيحة التنك بكل ما تخلو منه هذه الخربة. يستجدي من أولاد البشر بساطاً ممزقاً أو شقفة من حصير، حتى لا تنام دهيبة على الأرض. يتحاشى الأمهات اللواتي تكأكأت بناتهن حولهن فيأتي سواه مدججاً، يرمى بالصرة على رأس الام أو البنت، يتلمس الكتف العاري، يطلب من الطفلة التي

قد تكون بلغت هذه الليلة أن تشهد أن لا إله إلا الله وأن محمداً رسول الله،
حتى يركبها حلالاً زلالاً فتفعل الطفلة. غير أن مدججاً آخر أخف يداً وأكبر
عجلة، ينتزع الطفلة الثانية، ويطرحها خلف عمود أو في زاوية هذه الخربة،
وراغب يتلوى متلمظاً وقرفاً يهم أن ينقذ الطفلة الثالثة، ويأتي بها إلى أمه،
أو إلى دهيبة، لتخدمها حتى تكبر، لولا أن هولو التكلي قد أصلح القطار
وأطلق صفارته فصهل الحصان، وصهلت السامرية، وتقلبت دهيبة، وتسلل
الغجر من فتحات الخربة، وشقوق الحجر فأغمض راغب عينيه، مؤملاً
أن يكون الله قد هدّ إزرع على من فيها فذلك أرحم للأرمن، وبعض ما
ينبغي أن يناله من جعلهم أو جعله هو كذلك. ص (157)

... وقد عدّ ذلك ياسين امتيازاً له، فراح يتقرّى كل ما يصادف يومه المديد.
ينأى عن السوس إلى تفاصيل الرقّة وأشتاتها. يتأمل السور المتهالك، يكتم
الخشية من أن تطلع له جنية، يشيح عن خيال السور الزنبقلي يداهمه.

يدور حول مقام أويس بقلب خاشع، يقترب من الفرات. يتقرّى آثار
الصيابيط والفيضان الماضي، وفي وجوه الناس كان يمعن ويخمّن: هذا تركي
جاء من براجيك، وذاك أرمني فرّ من أورفة، وصار يشهد أن لا إله إلا الله،
وذلك شركسي فرّ من الروس، والآخر كردي والرابع الله أعلم. ص (206)

سألت وهي تمسح دموعها وتأمر بالإسراع والحذر، وما إن تجاوزا
ذلك المكان، حتى قالت:

- ليس لنا إلا القزلي. قلت آرو مسيحي وأرمني، والناس تكفرنا إذا قصدنا
آغا غير مسلم. نسيت؟

قال عزيز، ثم قال عثمان:

- نسيت كلام الآغا؟ لن يبحث عنا إلا عند الأغوات المسيحيين، والأرمن.
قالت أم عثمان:

- لن يؤوينا أحـد غيرهم. واحـدهم يعطي الفـلاح حتى النصف، وفي قلبـهم إيـمان، تعالوا نتفق معه سراً. السرّ واجب بعدما وصلت إلى الرصاص. ص (249)

لآرو آغا القزلي صمدان. أما بقية صمود القرية الصغيرة فتتوزع على أفندي لاذقاني، وآخر أرمني من كسب.

ووحده آرو، دون الآخرين، ما كان له خارج القزلي سوى القليل، ولذا راح يسعى منذ دخل الفرنسيون، ووطد صلته بهم، إلى أن يوسع ملكه، على حساب الأحراش. ص (249 – 250)

- والله يـا إبني، يـا عزيـز عمري، مـا شبهت لك العرب إلا بالأرمن في هذه الأيـام. ص (256)

... وليف يمكن يعرف أكثر مني عن الأرمن، وعن العرب، ولكن لا يروق له كلامي. الأرمن اتفقوا مع الفرنسيين قبل الحرب، ونحن اتفقنا مع الإنكليز.

ما هكـذا فعل سلطـان مكة وبعث لنا ابنه سلطانـاً؟ فرنسـا وعـدت الأرمن بكليـكيا كلها، لا بنصفها ولا بربعها. لعبت فيهم وقالت لهم أرجـع لك سلطانكـم وسـاعدوهـا في الحرب، ساعدوا الحلفـاء. كـان مع الجيـوش الزاحفة على الشام مئات، بل آلاف من الأرمن جمعوا بعضهم في قبرص وقالوا يا مسيح.

طيب. مئات منهم، قل آلاف، لاقوا للزاحفين على الشام من هذه الجهة نزلوا في مرسين ومن مرسين إلى أضنة، ويد بيد مع فرنسا، ولكن فرنسا بدأت تماطل. من ضرب، ضرب، ومن هرب، هرب. ومصطفى كمال كان بدأ، وكما لحس الإنكليز كلامهم المدهون بزبدة وعسل، لحست فرنسا. طلعت برأس الأرمن وعملوا حكومة في أضنة. يا حرام! حكومة عمرها ساعة؟

جاءت فرنسا وقالت:

بره. حبست الحكومة ونفتها. وجماعتنا طلعت برأسهم وعملوا مملكة. فرنسا تركت الأرمن للأتراك. والإنكليز تركونا لفرنسا يجوز مصيبتهم أكبر من مصيبتنا، روسيا بعد فرنسا اتفقت مع مصطفى كمال عليهم. ومن عشرين سنة والذبح بأعناقهم ما وقف. المهم يا عزيز ليس من مصيبة أهون، منا ومنهم. كلنا في البلاء سواء. ص (256).

- سمعت وقرأت. النداء ليس للأرمن. النداء للمسيحيين كلهم حتى يردعوا من تطوع من شباب الأرمن مع الفرنسيين. لماذا سألتني؟ وسمعت بمن قطع منهم أصابع النساء الميتات في العامود حتى يخلصوا منها الخواتم. ص (491).

مدارات الشرق- التيجان

نبيل سليمان

... لذلك ارتبك حين دعاه المعلم سركيس إلى أن يتردد عليه علّه يتعلم صنعة جديدة ما زالت نادرة في المدينة. كان المعلم سركيس سيباً من أسباب ألفته للمطعم، ليس لأنه زبون مداوم كل ظهيرة، بل لأنه وحده من كان يثني عليه. ووحده من خمّن أن لهذا الخادم صنعة أخرى قبل المطعم، وربما بعده. وصار ينظف الدكان برموشه؛ يحفر أشكال القطع ومواقعها في صدره، يحفظ أسماءها ووصايا المعلم سركيس مثلما كان يحفظ السور القصيرة في الكتّاب. ص (52)

ومن هو هذا الصديق؟ عمك مادويان ينكش لك بيته. بيروت أحفظها يا بنتي مثل أبانا الذي... سمعت بشاب اسمه بديع الطارة؟

صمت مادويان قليلاً وهو يتمعن في ترياق، ثم قال وهو يعبث برزمة الأكياس الورقية أمامه: من الخواجة إلى بديع الطارة يا بنتي؟ ما قصتك؟

- عرفته إذن؟

- عرفته. ادعي له حتى تنفدرج كربته. ألا تعرفين أنه محكوم؟ هذا نفي في الرقّة يا ترياق. هذا شيوعي ما أوصلك إليه؟ أه لو سمع الخواجة. ص (187)

مدارات الشرق- الشقائق

نبيل سليمان

... ولعل ذلك ما دفع وليفاً عن مقهى الدب إلى مقهى المحطة، أو جعله بعد قليل يعزف عن أي مقهى، ويلجأ إلى ضفة قويق كلما كبر اليأس من نجاتي، حتى باغته نداء ابن المعلم سركيس: صاحب مديح الجقلة سأل عنك أمس، وقال لي: أمسكه حتى أعود. عندئذٍ اغتسل وجه المدينة من الكلح، ومضى النهار مروقاً بين المعلم سركيس وابنه. ص (64)

أوصدت الشركات والمعامل الأخرى أبوابها دونه ومن سُرّح معه. فقال لحرفته كما قال سواه: مع السلامة. وراح يذرع المدينة كما ذرعها وليف مراراً حتى آواه المعلم سركيس وبرعت أصابعه في لف المحركات الصغيرة.

خاف وليف وهو يقترب من الجميلية من أن يكون صديقه انفلش منذ ودع حرفته. فلولا ذلك لما كان شرّق إلى الرقة، أو لما انتقل من أرمني إلى أرمني حتى استقر بين يدي المستر نرن. ص (64 - 65)

وضحكت وهي تسأل العم مادويان عن صديق اسمه بديع الطارة، وتركت العجوز يتذكر، ووقفت تسوّي شعرها وفستانها. لكن العم مادويان،

باغتها: بديع ارتحم. مات في الشام. ما اجتمعتما فيها؟ نفت بهزة من رأسها. واستعادت العجوز ما قال، وجزمت أنه يخرف. وعندما صدقته سألت: هل تعرف أين دفنوه؟ وقال العجوز: سمعت في الشام، وسمعت في زحلة. ص (380 – 381)

مدن الملح- التيه

عبد الرحمن منيف

هذا هو النمط الغالب من مسافري «مكتب سفريات البادية». فبعد أن يجمعهم عبود واحداً واحداً، ويؤجل سفرهم يوماً بعد آخر، وقد يمتد هذا التأجيل إلى أسبوع أو عشرة أيام، متذرعاً مرّة أن السيارة انكسرت أو راحت تحمّل، ومرّة أخرى أن الأرمني جاءته السودا وما يريد يتحرك فإذا سافر بدون رضاه يمكن يذبح الركاب. ص (434)

وآكوب الذي كان يدور حول السيارة، ويتفقد أجزاءها بعناية وصمت، لا بدّ أن تخرجه عن طوره تلك الفوضى والأخطاء التي يرتكبها عبود والركاب. فإذا استجاب الجميع لما يطلبه، بوضع الأحمال الثقيلة في أمكنة يحددها بشكل يضمن توازن السيارة وإمكانية تفريغها في حالة التغريز، فعندئذٍ يواصل إعطاء تعليماته باختصار شديد ويشارك مشاركة فعالة في وضع الأشياء في أماكنها. أما إذا لم يُستجب للتعليمات التي يصدرها، أو انشغل عبود بالقطع المعدنية التي وزعها على الركاب يجمعها مرّة أخرى، تاركاً هؤلاء يفعلون ما يشاؤون، فلا بد أن يتصرف آكوب بطريقة أخرى؛ يقول لعبود وقد اشتعل غضباً: اتعبوا... اتعبوا حبيب، لكن الحمل كله لازم ينزل، ويستدير آكوب ذاهباً إلى المقهى. ص (434)

... وآكوب الذي يشرف على كل شيء بصمت، عليه بعد ذلك واجبات

أخرى كثيرة: الأشياء التي يحملها إلى دار الإمارة، أو إلى دحام وإلى آخرين كثيرين كانوا قد أوصوه عليها في سفراته الماضية، أو أرسلها أحد من عجره، بما في ذلك الرسائل وبعض المبالغ، كل ذلك لا بدّ أن يصل إلى أصحابه. هذا الكهل المتين، الذي لا يمكن لإنسان أن يحزر عمره، الصامت أغلب الوقت، إلا عندما تنتابه لعنة الغناء، فيخرج صوته من منخريه ولا يعرف ما إذا كان غناؤه تعبيراً عن فرح أم حزن، ولا يميز في هذا الغناء سوى كلمة واحدة تتردد باستمرار: آمان... آمان.

هذا الإنسان لا أحد يعرف على وجه الدقة لماذا جاء، أو من أين. قال مرة إنه من حلب، وقال مرة أخرى إن أصله من مكان أبعد بكثير. وقال ذات مرّة في إحدى لحظات النشوة والتحدي، إنه جاء من أجمل مكان في الدنيا وإنه لا بدّ أن يعود إليه في يوم من الأيام.

آكوب أصبح جزءًا من حرّان. إذا لم يكن في حرّان نفسها فهو في طريقه إليها. ولا بد أن يصل بين يوم وآخر. ومثلما كانت تصل القوافل من قبل ومعها المؤن والأقمشة والرسائل، أصبحت «سفينة نوح»، كما أطلق الأمير على سيارة آكوب، تصل مرتين أو ثلاث مرات في الشهر، وعليها كل شيء.

الناس ينتظرونها بلهفة واهتمام. إذ إضافة إلى ما تحمله من المؤن والأقمشة والرسائل، كان آكوب يحمل معه أشياء جديدة باستمرار، وهذه الأشياء هي التي لفتت نظر الأمير وجعلت آكوب شخصاً مقرباً إليه. فبعد أن ضعفت بطارية الراديو، ولم يأت حسن رضائي بواحدة جديدة لأنه كان مسافراً وأصبح صوت الراديو لا يكاد يسمع إلا في الليل المتأخر وعلى شكل حشرجة غير مفهومة، كان آكوب هو المنقذ. إذ شحن البطارية وأبدى استعداده أن يفعل ذلك كل مرّة، وقال إن البطارية، حتى لو ماتت، يمكن إعادة الحياة إليها. وقد أدهش هذا الأمر الكثيرين، خاصة الأمير ولم يصدق في البداية، لكن حين سمع صوت الراديو يهدر أثنى على هذا الأرمني الإبليس. أما بابور

الكـاز الـذي كان يستعمله آكوب في إعـداد طعـامه، فقّد كـان شيئاً عجيباً في بدايـة الأمر، وعندمـا أبـدى استعداده أن يُحضر إلى حرّان ثلاثة أو أربعة من هذه البوابير، وأن يبيعها بأسعار معقولة، فقد رغب الكثيرون في اقتنائها. ص (436)

أما حين أحضر آكوب ماكينة يدوية لفرم اللحم وبدأ أبا كامل استعمالها في حرّان، فقد أدهشت الجميع وهم يراقبون آكوب يثبتها على دف قوي أولاً ثم وهم يراقبون أبا كامل يضع قطع اللحم الكبيرة في ناحية، وتخرج قطعاً صغيرة من الناحية الثانية. والترمس الذي آكوب يشرب منه ظل سراً مستعصياً على الكثيرين، لأن أحداً لم يستطع أن يفسر الحرارة التي تنبعث منه؛ كما لم يشأ هو أن يتكلم عن ذلك لأن هذا الترمس إذا عرف به الأمير فلا بد أن يطلبه أو يأخذه بشكل ما. ولأن آكوب لا يستطيع أن يستغني عنه أبداً كان يحتفظ به في مكان صعب الوصول إليه، وهذا ما فسر الإشاعات أن آكوب يشرب «بول إبليس»، أي أنه يشرب الخمر. وعشرات الأشياء المتنوعة المثيرة كانت تصل أيضاً على سيارة أكوب: أمشاط العظم القوية المصقولة، المرايا، المحاقين الصغيرة، الأحذية المصنوعة من مطاط السيارات، ثم المسلات، والخيوط القوية. ما تكاد هذه الأشياء تصل ويراها الناس حتى تنهال الطلبات عليها. كل واحد يريد حاجة أو أكثر. وفي حالات كثيرة لم يكن في ظن آكوب أو تخطيطه أن يبيع هذه الحاجات. فالمصباح الذي يعمل على البطارية الجافة كان يستعمله في تفقد محرك السيارة، أو حين ينزل تحتها لمراقبة بعض أجزائها لكن ما إن يراه الناس، فيبدأوا بإشعاله وإطفائه، حتى يروق لهم. وإذ بكل واحد منهم يرغب بالحصول على مثله. وآكوب الذي يستجيب لهذه الرغبات ويهز رأسه، لم يكن قادراً على ردّ الكثير من الطلبات. فما يكاد يوافق حتى يجرّ من وراء إذنه قلماً وعلى كرتونة موضوعة في باب السيارة، من الداخل يخط خطوطاً تثير الدهشة والعجب معاً. والذين كانوا يراقبون بمقدار ما يحرصون على تأكيد طلباتهم، يعجبون لهذه الخطوط الغامضة المتداخلة التي يخطها. إنهم لا يحسّون أبداً أن ما

يفعله آكوب هو الكتابة، إنها أقرب إلى الرسوم البدائية المضحكة: فإذا سألوه عنها يجيب بعصبية: «العسكر العصملي لا يسأل مثلكم». فإذا صمتوا وهدأ آكوب يقول بلهجة لا تكاد تفهم: «حبيبي... أنت بدك حاجة أو بدك شي تاني؟» فإذا هزّ صاحب الحاجة رأسه، أو قال إنه يريد الحاجة يضحك آكوب ويضيف: «خلي آكوب يعمل اللي في راسه!». ص (436 – 437)

ومثلما كان آكوب مهماً لحرّان، كان راجي كذلك لكن كل بطريقته. فإن لدى راجي دائماً ما يقوله عن آكوب: «طوله طول الشبر. طول الفتر. الدركسيون أطول منه. مساكين الركاب يمكن في كل للحظة يقتلهم، لأنه قصير ولا يرى الطريق. قصير وأعمى، وإذا عتّمت العين... خطوتين ما يشوف قدامه. مساكين الركاب». فإن راجي يتابع: «صحيح أن الطول والنظر من الله، هذا الشيء معروف، الله سبحانه وتعالى خلق واحد طويل وخلق الثاني قصير، لكن المصيبة أنه لا يعرف السواقة، سواقته شيش بيش، وعامل نفسه أبو السواقة ورب الميكانيك... هذه هي المصيبة». ص (440 – 441)

إذا وصل هذا الكلام أو بعضه إلى آكوب يبتسم ابتسامة صغيرة ولا يتكلم. إنه شديد الثقة بنفسه وبإمكانياته، وحتى الأشياء التي لا يعرفها يقول إنه لا يعرفها، ومع ذلك يحاول وكثيراً ما انتهت محاولاته إلى النجاح. فالمدحلة التي توقفت عند الكيلو مائة وستين، وفشل حتى المهندس الأميركي في إصلاحها وقال إنها تحتاج إلى قطعة غيار، وما لم تتأمن هذه القطعة لا يمكن أن تتحرك من أرضها. ظل آكوب يحاول ويعالج إلى أن أصلحها.

وكذلك ماتور الماء في الطريق، أصلحه بعد أن رفع الجميع أيديهم وأعلنوا عجزهم، ونفس الكلام يقال عن التراكتور. وبعد أن حمّل آكوب وعاد مرّة أخرى وجد راجي في الكيلو مائة وستين لم يتحرك: السيارة مكسورة. ص (441-442)

... وبعد عدّة محاولات، خلال ساعة أو أكثر قليلاً، يقول آكوب بثقة:

خلص... كل شيء تمام. شغّل وأمش وأنا وراءك. هذه الواقعة التي جرحت راجي جرحاً بالغاً لم تغيّر في سلوكه تجاه آكوب إلا تغيراً بسيطاً إذ لم يتوقف عن التعريض به كلما وجد مناسبة لذلك. لكن رغم أن راجي لم يغير موقفه من آكوب، ولم يتوقف عن التعريض والشتم فإن شيئاً جديداً قد حصل: أصبح يثور إذا سمع أحداً يشتم آكوب أو يتكلم ضده كلمة واحدة. من حقه وحده أن يفعل ذلك، أما إذا أبدى إنسان ملاحظة، مجرد ملاحظة على آكوب، حتى لو كان يردد ما قاله راجي، فإنه يصبح عدواً. من أنت يا أجرب، إذا حكى راجي، راجي معلم وآكوب معلم، وأنت، من أنت؟ فإذا تجاسر أحد وقال إن آكوب بخيل، أو يشرب بول إبليس، فكان راجي يصرخ «تفضلوا حاتم الطائي يتكلم... أحمد بن حنبل يفتي... تفضلوا»، ويلتفت إلى الذي تكلم من أنت يا من تأكله البراغيث ويأكل القمل، أنت تساوي قرادة، فإذا لم تترك الناس الأشراف أساوي عظامك بأرض الطريق. ص (443)

وفي هذه الفترة عرف أن آكوب جاء من حلب، لكنه ولد وراء الجبال، إلى جانب بحيرة لم يخلق الرب أجمل منها. هكذا كان يقول. وفي تلك الفترة القاسية، ومع التبدلات الكبرى التي حصلت في أوائل القرن، إثر المذابح التي حلت بالأرمن، جاءت به جدته بعد أن فقد أباه وأمه وأكثر أفراد عائلته في تلك المذابح. جاءت به إلى حلب وفيها عاش. وأن هذه السيارة حصيلة عمر بأكمله، ورغم أنه تقدم في العمر ولم يعترف بعمره أبداً، إلا أنه سيرجع خلال فترة قريبة، سنتين أو ثلاث سنوات إلى حلب. وبعد أن يتزوج سيذهب هو وزوجته إلى تلك البحيرة، وسيعيشان هناك، لأنه يريد لأولاده كلهم أن يولدوا على تلك الأرض. أما إذا تقدم به العمر، فسوف يتفرغ لنظم الشعر! كان آكوب يتوقع خلال سنة واحدة، إذا استمر العمل كما هو الآن، وبعد أن بيع «القرقيعة» ويضيف ثمنها إلى ما جمعه، أن يشتري سيارة أخرى، سيارة أحدث. ولن تمر بعد ذلك سنة واحدة، وعلى أبعد تقدير سنتان، إلا ويقول لحرّان وللخط كله: كولا... كولا، ويقفل عائداً أولاً إلى حلب ثم بعد ذلك

إلى أرمينيا. ص (450 – 451)

ذلك اليوم من أواخر الربيع كان يوماً حزيناً مروعاً في حرّان. لم تشهد مثله من قبل، وقد تمر سنوات لا يخلع قلبها مثل ذلك الحزن. امتلأت البيوت في حرّان العرب بالصمت وفي الليل المتأخر بكت النساء. ومقهى أبو أسعد لأول مرّة من ثلاث سنوات لا يستقبل أحداً. ولا يجلس فيه أحد، رغم أنه ظل مفتوحاً وعبده محمد الذي لم يكن في التشييع، وراجت في البداية إشاعة قوية أنه ترك حرّان، لم يشارك لأنه لم يستطع احتمال ذلك، بل رفض أن يصدق أن آكوب يمكن أن يموت. أما عبد الله الزامل وعشرات، بل مئات، من العمال فقد تركوا المعسكر دون خوف ودون إجازة أيضاً. فقط اكتفوا بأن أبلغوا إدارة الأفراد أن أحد زملائهم قد توفي ويجب أن يشاركوا في تشييعه. وإدارة الأفراد التي لم توافق ولم ترفض، رفعت الأمر إلى الإدارة العامة. ولم يكتف الزامل وابن هذال والعمال الآخرون بهذا القدر من المشاركة، فقد فعل كل واحد منهم شيئاً للتعبير عن الاحترام والحب الذي يكنه لآكوب. لكن رغم هذا فإن موت آكوب ولد عصبية لدى الجميع في حرّان، لم يكن مثل أي موت آخر. ص (468)

وشُيعت الجنازة من مقهى أبو أسعد. كانت الجنازة حزينة ولم يسمع على خطو الرجال الصامتين السائرين سوى كلمات الله يرحمه ولا إله إلا الله. وعند القبر، وبعد أن صلى ابن نفاع على الميت وجاء وقت تلقينه لم يعرف اسمه كاملاً ولم يعرف اسم أمه وبعد أن نظر ابن نفاع في الوجوه التي حوله، واصل دون أن يسأل أحداً ودون أن يتردد:

- يا يعقوب ابن فاطمة إذا جاءك الملكان الصالحان وسألاك من ربك قل الله ربي والإسلام ديني والكعبة قبلتي والمسلمون أخوتي وأشهد أن لا إله إلا الله وأن محمداً عبده ورسوله... وبصمت قاس أُنزل آكوب إلى القبر وسوّي القبر مع التراب عدا حجر صغير وضع كشاهدة. ونامت حرّان

تلك الليلة والليالي التالية بحزن لم تعرف مثله من قبل... بعد بضعة أيام كتب فواز بن متعب الهذال على الشاهدة بمسمار كبير: الفاتحة هنا يرقد المرحوم يعقوب الحرّاني! ص (469 – 470)

بيت الخلد

وليد اخلاصي

أحببته حقاً ولقـد زودني بخبرة كبيرة في إصلاح وترقيـع مـا هـو مهترئ فظلت تلك الخبرة دليلي في الحيـاة إلى أن ظهر الشيخ بير ليجعلني أفكر بالتغيير. ص (73)

اضطهدتُ في قريتي ثم هاجرت. وأما الآن فأحاول أن أبقى متماسكاً لا أغادر موقعي. ولقد حاولت بيني وبين نفسي أن أجد للقيادة مبرراً في اتخاذ قرارها الصاعق ذاك، فلم أجد سبباً واحداً له، ففزعت. ولو أن الشيخ بير كان على قيد الحياة، لكان وجد لي العزاء... ص (85)

وقـد بلغني صوت الشيـخ بير في اللحظـات الأخيرة خشناً، وممتلئاً بالمعاناة في أقصى حالاتها، ثم توقف. سكن كل شيء، ولكن الموت لم يكن في البال. ص (97)

من قتل بير؟ من قتل الشيخ الوديع؟ من قتل الزنبقلي يداهمه في الذين يمتهنون القتل مجرد خوفهم من حياة الآخرين. ذنب عظيم، أن تخرج من المعركة وقد سقط رفيقك ومعلمك من خلفك، ولست بقادر أن ترثيه إلا في سرك. ولم يكن هناك جثمان ليدفن. علمت أن الشيخ لم يخرج على الأكتاف، فهل أذابه حمض الكراهية، أم أنه حمض حقيقي يذيب الخصوم. وكان يعزيني في لحظات هجمة الحزن أن أتصوره قد تبخر في الهواء لرقته، فأقول لنفسي ها قد عاد صافياً كما أتى. ص (98)

ويقف بيننا الشيخ بير سدّاً شفافاً، تساؤلاً مفزعاً، ولكنه لا يملك الإفصاح عن نفسه. ما علاقة الكلسي بتصفية الشيخ بير. وأستجمع كل الجرأة المختبئة بذعر أمام ذكرياتي مع الكلسي وأتمتم بنوع من الخجل «أين دفن الشيخ بير». فيطرق الكلسي كواقف على ضريح، حزيناً آسفاً ويتمتم «ير حمه الله».

ولشد ما يؤلمني أني كنت في إجازة، فلم أودعه. ص (103)

المصابيح الزرق

حنا مينه

وتوقف أرتين الخمّار عن غسيل الكؤوس وقال بلغة عربية محطمة:

- يا هو فارس «محبوسية» خلاص؟ وقاطعه الحلبي كأن له ثأراً معه من أمس، وانتهره بنفس لغته المحطمة:

- «محبوسية خلاص» هات عرق... أجاب أرتين متظاهراً بالكياسة:

- على رأسي... على رأسي بس...

والتفت حواليه وإذ وجد الشارع مقفراً من الشرطة أسرع فملأ كأساً وضعها على طربوشه وحملها إلى دكان الحلبي التي كان فارس قد وصل اليها. ص (185)

المستنقع

حنا مينه

وكان (كيدون للأرمن[1]) يقوم قريباً من المزرعة، على مدخل اسكندرونة. مؤلف من أكواخ خشبية وفيه بعض الحوانيت، وإلى هناك كان الوالد يذهب

---

[1] الكيدون: أشبه بحوش كبير، يتجمع فيه الأرمن وبينون أكواخاً يعيشون فيها.

في الليالي، فيشرب ويعود ثملاً وكانت الوالدة تخاف من ذلك لا لأنه يسكر، بل لأنه قد يتحرش بامرأة ما والأرمن لا يتساهلون في هذه الأمور. ص (26).

وكان الوالد قد أخذني قبل يوم إلى حلاق في (كيدون الأرمن) فقصّ لي شعري قَصّة ضحك عليها الأولاد وأبكوني لأجلها. ص (37)

... ذهبت الأم إلى كيدون الأرمن واشترت ذروراً من حبر الكوبيا أذابته في فنجان القهوة، ووضعت لوحاً من خشب فوق وسادة سميكة، وتربعت أنا أمام هذه الطاولة الغريبة وشرعت أكتب. ص (41)

وكانت امرأته ظريفة سيدة في مثل عمره. تقول إنها من أصل أرمني، لكنها عربية، فإذا اقتضت الضرورة أن تنتسب إلى الأرمن رجاء مغنم، قلبت اسمها إلى زاروتين. وقد فعلت ذلك خلال الهجرة من اللواء، فاستطاعت أن تؤمن لعائلتها مكاناً مجانياً في الباخرة التي نقلت أرمن لواء الإسكندرونة إلى سورية ولبنان، أما إذا لم يكن ثمة داع لذلك حافظت على اسمها العربي، وزعمت أنها رأت العذراء في منامها وأنها طلبت منها كذا وكذا من الأشياء فيصدق أهل الحي، ويتسابقون إلى تلبية طلباتها ودعوتها للصلاة على رؤوس أولادهم المرضى. ويبدو أنها كانت تعتمد لائحة بأسماء القديسين، فهم يظهرون عليها بالتناوب، وكل منهم له مزاج وطلب ووصية، وكانت واسعة الخيال فيها يبدو فهي لا تكرر قصة ظهور قديسين مرتين، بل تخترع كل مرّة قصة جديدة. ص (131 – 132)

وفي عرض البحر وقفت السفن. كان الأرمن يهاجرون بكثرة، جماعات، جماعات، وكان المينا يزدحم بهم وتراهم منتشرين على طول الشاطئ هم وأطفالهم وأغراضهم بانتظار دورهم في الرحيل. ينامون في العراء، ويقضون أيامهم تحت الشمس المحرقة ويتزاحمون في النزول إلى البحر، والفرار إلى جهات مختلفة، ناجين بأرواحهم، وهذا ما نشر الذعر، وبث الاضطراب في المدينة، وزاد من الإقبال على الهجرة وعلى الحصول على وسائل النقل، وأدى

إلى ارتفاع أسعارها وندرتها بحيث أن العائلة المهاجرة كانت تنتظر الأسابيع وأغراضها محزمة، قبل أن تحصل على واسطة، تتنقل بها إلى خارج حدود اللواء تاركة بعد ذلك للأيام أن تتدبر أمرها. ص (434-435)

النخلة والجيران

غائب طعمة فرمان

قالت بيأس: والخبازة منين تجيب الفرن؟ ينراد له دنانير.

- ثلاثين دينار... إذا عندج ثلاثين ديناره هسه أسويج ويه واحداً أرمني عنده أحسن فرن بذاك الصوب. ص (26)

- والفلوس منين؟ ... ومعقولة الأرمني يتحنن على مسلم؟

- مضطر! وخوش أدمي تريدين الصدك؟

- لو آني عندي فلوس جان اطيته واشتركت وياه. ص (27)

وخـامرهـا شكَّ به. قـالت لنفسهـا أني بزواجي مـا تهنيت، عـاد من ورا أرمني؟ ص (32)

جلست سليمة الخبازة على الحصير. كان الحصير حاراً. هزّت عجيزتها عليه بخفة الفرح، ولذة الانتصار، وكذلك كان خاجيك خفيفاً مرحاً رجلاً قصير القامة ضئيل الجسم أرمنياً ابن أرمني.

تكلم بصوت عصفوري عسر عليها أن تفهمه. ولكنها فهمت حين تحدث عن الأفران والإنجليز. ولاح الرضا على وجهها. ونسيت حرارة الحصير الذي فخرته الشمس. وفكرت بخاجيك. كان عاقلاً وخجلت أن تكون «معيدية» ومشايفة أمامه، وهو جالس وراء الطاولة وأمامه دفاتر طويلة، وأقلام، مثل أحسن مأمور بلدية. وسلمته الثلاثين ديناراً. فتناولها مصطفى بسرعة:

261

- اشو اكتب سند للخاتون.

قال خاجيك بصوته العصفوري:

- أني يكتب بالأرمني... شيعرف عربي!

اعترض مصطفى «الله يرضى عليه» لا لازم بالعربي. الخـاتون متعرف إلا بالعربي.

قالت:

- لعد شتريدني أعرف، مسقوفي؟ ص (62-63)

وعانى البطالة مرة أخرى، ولكن عمله في الجيش البريطاني دلّه على تجارة رابحة لا تكلف غير رأسمال متواضع واستخدام ذكي لبعض ذوي الصلات والخبرة بالجيش الحليف، وكان خاجيك من هؤلاء. ص (65)

ورفع كأسه، ورأى عيني خاجيك الحزينتين، كان خاجيك عابس السحنة، ينظر إليه وهو يعب الخمرة اللاذعة بيسر فقال:

- عبالك يشرب ماي. ص (69)

- سليمة، أني من قهري.

- لو السكر يداوي من القهر جان شربت قرابة!

- وشكو عليج مقهورة؟ أنت تخليه يلعب عليج.

- وليش وحده له اللي يلعب علي.

- شنو مقصودك...؟ كَولي!

- اسكت عني، ما عندي كل مقصود أي... شكو بيه؟

- لا أنت تقصدين خاجيك... هذي مو بيديه الإنكليز راح يمشون.

- من الأول أنت ناوي تلعب علي..

- تتذكر الوصل يلي كتبته؟

- أي شكو بيه.

- ....

- اش مكتوب بيه غير بسم الله الرحمن الرحيم؟ ص (171 – 172)

أوراق الليل والياسمين
فيصل خرتش

لم تنزلق رجل مكرديج، ولم يضرب ضربة في غير مكانها، لكنه لم يعرف كيف حصل معه ذلك؟. فجأة وجد نفسه فوق كومة من الحجارة، والحجارة كانت حادة من تلك التي توضع في أساسات البيوت.

وقفز خليل معاونه وحمله وخرج به إلى الظل أمام البناء المقابل. أسند ظهره على الجـدار وركض يبحث عن أي شيء. اجتمع بعض من النـاس حـول مكرديـج مسحـوا له الدم الذي انسال من أعلى رأسه وسقوه ماءً... عاد خليل وحمله وانطلق به إلى البيت. ص (7)

منذ طفولته لا يعرف، لنقل إنه لم ينتبه لذلك منذ مات أبوه وسلمه مسؤولية البيت وهو بعد صغير لم يتجـاوز الخامسة عشر من عمره أغمض عينيه واستسلم لهـذا الخـدر اللذيـذ الذي مسح عيونه بشيء من العذوبة فرأى نفسه وحيداً في حديقة واسعة مليئة بأزهار البنفسج والياسمين والقرنفل ورأى عند طرف الحديقة الغربي بحيرة ماء واسعة تقدم إليها وجلس عند حافتها.

كان الوقت مساء والشمس تقبض من نور الماء آخر قبضاتها وتلصقها في نهاية الأنف المشبع برائحة دماء البرتقال وأخرج نايه وراح يعزف ذلك اللحن الذي شق البحيرة وأخرج منها حورية الماء. سبحت باتجاهه ووقفت أمامه

مدت يدها وقالت له «تعال إلي». تقدم منها ومشى؛ مشى فوق الماء وهي أخذته إلى بعيد حيث كان السكون ينوح بأطراف الحطاب، وهناك اضجعته فوق بساط من الماء الأخضر ومست وجهه ورأسه وغسلته بهاء النهر ونشفت جلده بأوراق الورد مسحت وراء أذنيه وتحت ابطيه ثم حملته على ظهرها وعادت إلى حديقة الورد ففتح عينية فكان كل شي ء جاهراً. ص (9 – 10)

كانت مارو تدور حوله وتقول كل شيء وتسأل عن أي شيء فأنت تعرف أنني أطيعك في كل ما تريد. لماذا؟ لأنني زوجتك وعليّ أن أطيعك كخادمة. نعم كخادمة وتريد أن تتركني مع هذه البنت وتذهب إلى أين وماذا فعلنا لك إننا نداريك مثل العين المريضة وأسرعت تدخله إلى البيت وتمسك به من كتفيه وتطلب منه أن يخبرها بوجهة سفره. وهنا ضحك مكر قليلاً وقال لا تخافي:

- أنا اشتقت إلى آني... إلى تلك الابنة الجاحدة. فأنا لم أسمع خبراً عنها منذ ستة أشهر.

وركضت تدور في المنزل وعادت بأكياس الجوز واللوز والبندق، ثم ذهبت وعادت وقد ارتدت ثوباً بسيطاً بأكمام يسترها من رقبتها إلى ما تحت، وارتدت في ساقيها جورباً سميكاً ومنتعلة (قندره) ذات كعب عال وفاتحة على راسها وشاحاً أسود اللون مثلث الشكل وقد أرست خلفها زاويته الوسطى لتستر بها ظهرها وضفيرتها وهي تردد في أرض الدار: لا يمكن أبداً، كيف تذهب وحدك وتتركنا وحدنا ألا تخاف علينا؟

قال مكرديج أنت أيضاً لا تخافي. سيمر عليكما خليل كل وقت. ثم أنني لن أتأخر كثيراً وهي ابنتي أيضاً اشتقت إليها كثيراً. ص (13 – 14)

ثم أطلق بصره في فضاء الجبال، وتذكر ما بدأه السلطان عبد الحميد. فقال في نفسه هذه هي نهاية تلك البداية. صرّت العربات بهم في الطريق الجبلية تتمايل على جنبيها، وتتوجع على الصامتين الذين يتأرجحون في داخلها... سارت العربات مسيرة ساعة واحدة ثم توقفت. قال السائقون إن أجرتهم

قليلة والحكومة لم تعطهم إلا القليل. فعلى من يريد من الأرمن استئجار عربة فليدفع الآن ليرة ذهبية واحدة، ووافق اليوزباشي على ما جاء في قول السائقين، وأضاف: إن جلودكم محشوّة بالليرات.

قال أحد الركاب: إنهم لم يستعدوا لذلك، لقد تركوا بيوتهم وأموالهم دون أن يحسبوا حساباً للسفر... وهو يرجو، هكذا قال إن يعرفوا وجهة سيرهم على الأقل. صفعه اليوزباشي برصاصة واحدة، وتابعت العربات طريقها راجعة إلى الوراء، بينما سارت جموع رجال الأرمن مشياً على الأقدام باتجاه لم يكن أحد يعرف الاتجاه. فتش اثنان من العسكر الرجل المرمي على الأرض وجلبوا محتويات جيوبه إلى اليوزباشي. ص (35)

... وعند نبع ماء صغير توقفت البغال للشرب، وللغسيل وشرب العسكر وغسلوا وجوههم ورؤوسهم... وسمحوا لواحد من قافلة المبعدين أن يتقدم الرجل خطوة وأخرى ثم ألقى نفسه في النبع، فتناولته رصاصة في رأسه، وضحك العسكر الأتراك، وأشاروا لآخر أن يتقدم، فلم تستجب رجلاه، وطرطق الخوف بأسنانه وأوصاله، وأشاروا إليه أن يتقدم، فما تقدم، قال الجاويش (عصيان أوامر) فأطلق جميع العسكر النار عليه... وسقط على بعد ثلاث خطوات من الماء، واستعدت القافلة للسير، وركب العسكر على بغالهم، وكانت عيون السائرين معلقة بنداوة الماء... ورددت الوديان حرقة العطش التي تجتاح حرارة الأفئدة. ص (41)

أشار الضابط العسكري لمانوش أن تتقدم إليه فلم تدر ماذا تفعل؟ هل تتقدم أم تبقى في مكانها؟ نظرت إلى أمها فأمرتها أن تبقى.

الضابط: أشار مرّة أخرى لمانوش أن تحضر إليه كي تنظف له غرفته، مارو هاجمته بصوت مرتفع وهي تقول، إنهم أولاد أناس محترمون ومن يظن نفسه؟ إننا لم نأت إلى هنا لنخدمك أنت وغيرك، لو كان أبوها هنا لما استطعت أن تطلب منها شيئاً... عسكرك هم المكلفون بنظافتك وليس بنات الناس إننا من

عائلة محترمة أيها السيد لكن الضابط اصرَ على مانوش أن تأتي إليه جرتها أمها إليها وخبأت رأسها في صدرها تقدم الضابط وجر شعر الفتاة فما كان من مارو إلا أن دفعته برأسها وصدرها، ثم أمسكت برأس مانوش وكتفيها تغطيها برأسها وصدرها، الضابط... اندفع يمسك شعر مانوش فسقط غطاؤها عن رأسها. مارو بصقت على الأرض ثم دفعته بعيداً اختل توازنه وسقط على قفاه، ضحك المحيطون بهم، فاندفع كالأفعى، وضرب مارو على رأسها ثم صفعها عدة صفعات، وأبعد مانوش عنها وجرها محاولاً إدخالها بالقوة إلى غرفته. اندفعت مارو إليه، وأمسكت بيده وعضته فصرخ ألماً وأمر العساكر بأخذها فأخذوها وطرحوها أرضاً وصفقها أحد العسكر بكعب بارودته، فسال الدم على وجهها، وصرخت مانوش وأفلتت من يدي الضابط واندفعت إلى أمها تمسح دمها وتبكي عليها ومارو تعول وتنتحب وهي تصرخ: أين كان كل هذا؟ أين كان كل هذا مخبأ لنا؟ أين أنت يا مكرديج؟ ص (55 – 56)

... الرجل قال من أنت؟ لهاشم أفندي... وهنا بدأ هاشم أفندي بتركية قوية ينطلق ليقدم تاريخ حياته حتى وصل إلى جمال باشا وذهابه مع فرق المتطوعين إلى راجو وطردهم منها وخوفه من العودة إلى حلب. وأخيراً قال إنه كان يفكر بكتابة تحقيق صحفي عن ثورة الأرمن، ثم أنه غير فكرته، وسوف يجعل ذلك في كتاب إذا قيض الله له العودة إلى حلب والاستقرار فيها مرّة ثانية، وهو الآن يجمع معلومات في دفتر خاص تركه في الخان من أجل عمله هذا.

مد آرام يده تحت مسنده وأخرج الدفتر الصغير وقال، هل هـذا هو دفترك؟ فأجاب هـاشم أفنـدي نعم وظل ساكتاً. قال آرام: نحن لا نريد منك إلا أن تكون منصفاً وأن تكتب ما تراه دون أن تزيد حرفاً وسوف يحاسبك التاريخ عن كل كلمة تكتبها. ص (65)

... شدُّوا رؤوس الفتيات إلى خلف، ومن أعجبته واحدة أخذها إلى وراء صخرة، وراح يضربها حتى يغمى عليها ثم يعود وهو يقهقه ويشد دكة

سرواله... وكانت تُسمع من حين إلى آخر طلقات رصاص قريبة، ربما قتلت واحدة لم تدعهم يمسّوا جسدها من يدري؟ ص (86)

رأت كل شيء. رأت الموت متربصاً وراء كل حجر. رأت الجثث المنتفخة في الطرقات الجبلية، ورأت الجثث التي فرقتها الطيور في الوديان. رأت الصغيرات وهن يُخطفن ليصبحن زوجات المستقبل. رأت الأولاد وهم يجمعون ويؤخذون إلى الوديان تطلق عليهم النيران ويبقى صوتهم، وبكاؤهم في أذنيها... ورأت النساء العاريات تحت شمس حزيران المحرقة، وتظل أجسادهن البيضاء مرتسمة على الصخور التي تكويها الشمس بحرارتها... رأت السكاكين وهي تشق البطون بحثاً عن الذهب. رأت كل ذلك حتى فقدت اخضرار عينيها... ظلت تتهدج وعورة الدروب وحرارة حزيران... وكان ذلك المساء... عندما جرها من شعرها العسكري، وأخذها إلى طرف صخرة كبيرة لم تفعل شيئاً لم تصرخ لم تقاوم لقد أصابها الخبل... سارت وراءه مستلبة؛ جثة بدون روح، وحين رأت سيرانوش ذلك اندفعت كاللبوة التي فقدت شبلها قذفت نفسها عليه وراحت تضربه وتعضه وتسبه، ترك مانوش وراح يحاول أن يخلص نفسه من يدي سيرانوش. حاول أن يمد يده إلى خنجره ولكن سيرانوش كانت أقوى منه فرمته أرضاً ووقف جميع من في القافلة ينظرون إلى سيرانوش وهي تخرج خنجره العسكري من وسطه وترفعه عالياً وتضربه. ص (124)

موجز تاريخ الباشا الصغير

فيصل خرتش

... ربما يبدأ حربه في هذه المرة. يسحق فرنسا بكامل جيوشها، وكذلك يفعل بجمال الراعي الذي يبعده عن أهله. شدّ رأسه إلى الأعلى مرتين. من يعرف ماذا سيفعل هذه المرّة؟ هو يعرف أن العجوز الأرمنية أم جميل وصلت

إلى هذا القَصر الكبير رممت فيه غرفتين، وسكنت وسط هذا الخراب. أدرك أنه سوف يرعبها إن هو تسلل إليها. ربما تكون نائمة. صرخ، صفَّر، ضرب الحجارة بقدمه. سمعت صوته آتياً من بعيد هذا يكفي... تعال... أين كنت منذ زمن؟ تقول إليه فاتحة يديها مرّغت رأسها فوق صدره شمت رائحته سبقته لترفع فتيل لمبة الكاز. ادخل... ادخل... أنت متعب يا ولدي... إلى متى تظل تتعذب في هذه الحياة؟

كانت تمسح دموعها بالكلام الكثير الذي تقوله. أنت جائع. وفعلاً أحسّ بالجوع والتعب المتراكم والبرد. إنها باردة. أخذت شقف النار إلى مدخل الباب. وضعت فوقه كمية من الخشب. نفخت النار، امتلأت عيناها بالدخان. راحت تسعل والدموع تشرّ فوق وجهها كله. قل لي من أين أنت قادم؟ إنهم يلاحقونك حتى الآن. أليس كذلك؟ أنت مطرود اليوم. وهي تنفخ وتسعل. قل يا بن الحرام ألست أمك التي ربتك؟ ص (16)

... الحق على أبيه الذي لم يعلمه صنعة لا بأس بها عندما أخذته يوم وفاة أمه أيضاً وربته. لم يكن لها أطفال أحبته ورعته. ولم تعطه إلى أي أحد من أهله. قالت: الباشا هو ابنتي. لا أحد يأخذه مني. أنا ربيتها.

كانت جارتهم، ومنذ كان صغيراً أسمته الباشا، «جاءت باشا. راحت باشا». تشتري له من عند دكان الحاج خليل «تعالى باشا كلي». وهكذا أصبح الباشا لقبه الطاغي عليه واسمه أيضاً. ص (42)

كانت مريم الأرمنية هي الوحيدة المسموح لها بأخذه والجلوس معه والبقاء عندها في البيت لأنها تزوجت من حسن الشامي ولم تنجب أولاداً لعدة سنوات. فقد جاءت صغيرة أحضرتها أمها، دارت بها كل الحارة، دقت البيوت بيتاً بيتاً حتى وصلت إلى بيت علي الشامي رأت هيبته وشكله الذي يدل على معرفة الله وإيمانه كبير. هكذا قالت: «ابني أمانة يا حاج عندك. ابني ابنتك... مثل ابنك وأكثر. أنت تعرفي الله...».

بكت كثيراً ثم قالت الفتاة الصغيرة، وحضنتها إلى صدرها كانت تعرف هذا القدر الذي ركب عليها... ثم عاشت مع أهلها الجدد، تلعب مع أبنائهم وتأكل وتنام معهم. لكنها ظلت مميزة بشدة بياضها وحلتها السوداء. وظل بالإمكان تمييزها وبسرعة عن البقية رغم الدقات البدوية التي وشمت بها يدها ووجهها ثم حين نضج صدرها وأصبحت تستحي من رؤية الرجال، دعا علي الشامي أمها من قرية اعزاز فجاءت هي وأخوها وابنها الصغير. خطبها منها لابنه حسين فوافقت وانتظرت حتى بنى بها الولد. ص (42 – 43)

الباشا الذي خرج من بيته مشتملاً بالليل، رأى أشباح قشلة الأتراك مترامية الظلال كأنها حشد خاشع في صلاة جماعية. قال: اليوم سفر والمال ذهب، بعضه عند الزوجة والباقي لهاروت والديجين الأرمنية. هل يخرج من حلب فارغ اليدين؟ استطالت أمام عينيه هذه القشلة التي يعرفها شبراً شبراً، كأنما هو الذي بناها. هو عمل فيها فترة من الوقت، وخبر كل زاوية فيها وأدار أماكن ضعفها في ذاكرته. ص (75)

الجندب الحديدي

سليم بركات

إننا نحب (كيفورك) لأنه تغلب على ستة رجال مسلحين. ص (21)

... كان وقتاً ليس لنا، مثل الأوقات كلها التي تعاقبت على الأرض. بيد أن المكسورين مثلنا لم يكن ليأبهوا لانكسار جديد، ولم يكن لأحد أن يأخذ منهم ما لا يملكونه. لذا وضعنا الدبابيس في علف بقرات (سيروب) وفتحنا سدود المياه على حقول (غربيت) حتى اختفت، ثم مضينا إلى مخادعنا لننهب ليلاً ما لم نقدر على نهبه نهاراً. ص (83)

الضاحك الباكي (ثروت)

فكري أباظة

وأخذ يبحث عن الحب فدله أحد أصحابه على المنزل نمرة «19» في بنسيون، أربأ بقرائي أن أسميه... ما لكم واسم البنسيون وموقعه والحب لا علاقة به بالقصور ولا بالأكواخ. والحب لا صلة له بالجوامع ولا بالكنائس ولا بالمواخير. ص (18)

هذه المخلوقة الغريبة تستقبل الأستاذ الولهان وعليها قميص عادي من نوع ما يرتديه الجنس اللطيف لنفسه وحده، للمعجبين ولا للعشاق... وقدماها هاتان عاريتان. وهذه البودرة وهذا الأحمر لم يقوما بواجب استقبال الضيف العزيز...

يستعرض الشاب هذه المظاهر في نفسه وقد استلقت هي على الوسادة وسبحت في جو الأفكار. وطالت لحظة السكوت فحدق الأستاذ في عينيها وإذا به يظفر بدمعة!

- تبكي...؟

ثروت! أتبكين؟

هذه دمعة أخرى. وهذه ثالثة. ثم هي تخفي وجهها بين الوسادتين فيقترب بيديه نحو وجهها فيلمس ماء الدموع! والشاب عواطفي فهو يطبع على ثغرها المبلل قبلة ولا يتمالك أن يحكم قلبه الطيب فتتساقط على وجهها من عينيه قطرات الدموع... وإذا تحس الفتاة دموع الفتى تنهض مأخوذة وتهتف بصوت حافت.

- تبكي؟

فيقول: نعم!

- ومن أجلي؟

فيقول: نعم!

- ومن غير أن تعلم لِمَ بكائي؟

فيقول: نعم!

فتحدّق آسفة، ثم تقول: يا لك من تعس!

ثم تتناول منديلها فتمسح دموعه بعطف وأسى. ثم بغتة تستوي جالسة في سريرها، وتحدجه بنظرة ثائرة، ثم تشرع في هذه الأسئلة:

أنا أسمي؟ ثروت...كذب... ما جنسيتي؟ مصرية... كذب!...

وتمر فترة قصيرة من سكوت في نظر الفتى الطويل. وتقفز الفتاة من سريرها وتتجه نحو الدولاب فتخرج ملفاً فيه أوراق. ثم تعود إلى سريرها وتخرج صوراً فوتوغرافية تحدق فيها ثم تعرضها عليه: «وهذه صورة أبي... وهذه صورة أمي... وهذه صورة أخوتي... وهذه صورة منزلنا في أرمينيا». ويصيح «شكري» بدهشة قائلاً: «أرمينيا»؟

فتضحك ضحكة عنيفة وتقول: نعم أرمينيا. ألم تفهم للآن أنني «أرمنية»؟

فيتمتم هامساً: ثروت!

فتقول: ثروت! ثم تجهش بالبكاء وقد قبضت على ملف الأوراق... وتنتابها إذ ذاك حركة تشنجية ثم يستولي عليها فجأة: طارئ جنوني فتطوق بذراعيها عنق «شكري» بشدة وقوة، ثم تصيح فزعة مأخوذة وهي ترتعد ارتعاداً واضحاً: أنقذني من الوحوش... إنهم ذبحوه! أتوسل إليك أنقذني. جاء دوري. احمني من السكين. ص (25 – 26 – 27 – 28)

صخرة طانيوس

أمين معلوف

لذا سلمت بعد يومين، بأن أوكل هذه المهمّة الدقيقة إلى رجل على قدر كبير من البراعة هو السيد هوفسيبيان، ترجمان قنصليتنا الأرمني، قبل أن أتابع سفري. «وغداة رحيلي بالذات، عَثر على طانيوس، لا في ليماسول حيث كنت قد بحثت عنه، بل في فاماغوستا، وأوصاه السيد هوفسيبيان ألا يترك المنزل الذي كان يقيم فيه، واعداً إياه بأن يبلغني رسالة في شأنه. وقد وصلتني الرسالة فعلاً بعد ثلاثة أسابيع، على يد سكرتير اللورد بونسونبي». ص (237 – 238)

بعد ساعتين تقلع سفينة صاحب الجلالة كورادجز (باسلة)، فإذا كان لديك أغراض تركتها في فاماغوستا، أو أية فاتورة غير مدفوعة، قل لي؛ فصديقنا هوفسيبيان سيرسل من يتكلف الأمر. ص (267)

حدائق النور

أمين معلوف

وفي أقصى الشمال، حيث منبعه، ينحدر «دجلة» الجموح بين الصخور. والوحيدون الذين يجسرون على امتطائه، هم بضعة نوتيّة من الأرمن وعيونهم شاخصة إلى فوران الماء المخادع. ص (7)

وتروي ملاحم «الأرمن» القديمة في أية ظروف استدرج ملكهم الأجل (حسرو) في السنة التاسعة والأربعين من حكمه خارج قصره في «خَلخل» بحجة الصيد بالكلاب وعلى ظهور الخيل. وطعن غدرا بيد عميلين لحساب

(المدائن) وأية تمزقات استتبعت ذلك وكيف أن «شاهبور»، وكانت جيوشه قد أصبحت بشكل غير متوقع على الحدود، رأى نفسه مضطراً إلى اجتياح المنطقة لوضع حل للفوضى التي لا تطاق، وكيف أصبحت الأسرة الحاكمة صفر اليدين وألحق إقطاعها على عجل بالأملاك الساسانية، وكيف دخل كذلك البلاد كهنة «أتروباتين» مزودين ببيوت نار مقدسة متجولة منصوبة على عربات للصلاة خلف الخيالة وجالوا على الولايات الأرمنية واحدة واحدة واستماتوا في إخماد المعتقدات المحلية وإهانة الأرباب المنشقين. وكيف اختارت أعرق أسر البلاد عند ذلك المنفى، منتقلة بادئ الأمر إلى «ميليتين» ثم إلى «البحر الأسود» و«روما» نفسها، ساعية إلى إثارة قادة الجيوش والشيوخ بحكاية ما قاسته من آلام، واستمع إليهم وتعاطف معهم، واستنكر ما حدث وقطعت الوعود. بيد أن أحداً لم يحرك رمحاً واحداً. ص (224)

في سبيل الحرية

عبد الرحمن فهمي

أبي...!.... أبي... لا تقل هذا....! لا تقل إنك تخليت عن قضية وطننا... لا تقل إنك نسيت أرمينيا... إنك تعيش من أجلها لا من أجلي...! أنا أيضاً أعيش من أجلها... إنني أتدرب على الفروسية لأكون بجانبك حين تعود إليها... ألم تعدني بأننا سنعود عندما أبلغ سن الرشد لنحرر الوطن ونتابع الكفاح للهدف الذي سقطت أمي في سبيله...؟ ص (51)

عندما نعود إلى أرمينيا... ونذهب إلى الأب أصلانيان، ونقول له إنك لم تزل حياً... سيسري الخبر في سهول أرمينيا كلها... سيتوافد الفلاحون إليك في الدير حاملين أسلحتهم ضد الترك من جديد... سيجتمعون حولك هاتفين... فأكمل قطان حديثها قائلاً في مرارة: اشنقوا هذا الرجل... إنه

273

كاذب! ص (57)

لم يكن ثمة مفر من اتباع هذا الطريق، ثم عاد يطرق في أسى قبل أن يقول: كان أرتين معي في الخيمة...

وكنا وحدنا عندما فوجئنا بالأتراك يقتحمون المعسكر من ناحية، وحاول أرتين أن يخرج ليعيد تنظيم صفوف رجالنا فصرعته رصاصة على باب الخيمة، وسقط تحت أقدامي يتخبط في دمه... وفي هذه اللحظة وصلت أمك إلى المعسكر... كانت قد علمت بأمر هذا الكمين ولم تجد أحداً ترسله لتحذيرنا... فجاءت بنفسها... ولكنها وصلت بعد فوات الأوان.

ورأيتها بعيني هاتين ورصاص الأتراك يمزق رأسها وصدرها! كان الموقف عصيباً... ولكني تذكرت وجهك البريء في هذه اللحظة نحيت صورة أمك وصورة أرتين جانباً، وأخذت أفكر في مصيرك. لم يكن بد من أن أعيش لك بعد أن قتلت أمك فاتخذت هذا القرار الخطير...

كان أرتين يشبهني في القامة ولون الشعر فأسرعت أخلع ملابسه وأرتديها بعد أن ألبسته ملابسي، وهكذا تبادلت معه الشخصية. وكانت العقبة الكبرى هي ملامح الوجه فأقدمت على عمل لا أزال حتى الآن من نفسي كلما تذكرته. لقد أمسكت بسيفي وأخذت أشوه ملامحه حتى استحال على أقرب المقربين إليه تميزه...! ص (58)

فأخذت تتطلع من باب الدكان إلى الشارع المائج بالجموع، ورأت في وجوههم السمراء قلقهم وتوتر أعصابهم فأحست بالرثاء لهم. إن بلدهم توشك أن تطأها أقدام غزاة جبابرة، وهي لم تكد تتخلّص بعد من آثار أقدام غزاة جبابرة آخرين منذ تسع سنوات.

وشردت بخواطرها إلى وطنها الذي لم تره منذ كانت في الثانية من عمرها. إنها تحب وطنها ذلك البعيد، وقد وهبت حياتها لتحريره من أقدام الغزاة

الجبابرة.

وتذكرت في هذه اللحظة أن من يطؤون وطنها بأقدامهم هم أنفسهم أولئك الترك الذين يحكمون هؤلاء الفلاحين ذوي الوجوه السمراء والعيون السوداء والملامح النبيلة. أجل...الملامح النبيلة التي رأتها في ذلك الغروب الأغبش على شاطئ البحر.

لقد كان فوق الجبين ضربة سوط وفي العينين دمعة قلب جريح، ولكنهما لم تحجبا النبل الذي تنطق به هاتيك الملامح، بل زادتاه جلاء واتضاحاً. ترى أين هو الآن؟ وماذا يفعل؟ أنسيها؟ أم لا يزال يخرج كل أصيل إلى الشاطئ الرملي يترقبها؟ ص (189)

رياح الشمال- (سوق الصغير)

نهاد سيرس

- كيف هي أحوال البلد؟

- سيئة. قال ذلك وهو يلف سيجارة. ناولها إياها، وأشعلها لها. نفثت الدخان عدة مرات.

ثم قالت: هل أخبرك أرتين؟

- بماذا؟

- سيخبرك هو بنفسه. لقد قررنا أن نهرب من حلب. أبقى سيجارته غير مشعولة وهو ينظر إلى سانتوس:

- ولماذا؟

قال لنا أحد الجيران إن رجال الدرك سألوا عن أرتين. لقد أصبحنا على يقين إنهم يعرفون شيئاً عنه أحدهم ضعف وحكى. أشعل سيجارته، ثم سألها: من أحدهم؟ من الحلقة مثلاً؟ خلوق أفندي أو الآخرين اللذين قُبض عليهما؟

أنا لا أقول خلوق أفندي، قد يكون أحد الاثنين. ثم... هناك خبر سيء آخر يقولون إن الأتراك سيعيدون جميع الأرمن الذي هجّروا إلى الصحراء، وهربوا إلى حلب سيعيدونهم إلى دير الزور من جديد. وقد تحدث مذابح هنا أيضاً على غرار مذابح 24 أب من العام الماضي. إن المسالة الأرمنية تزعجهم، وكذلك قررنا أنا وأرتين أن نهرب إلى بيروت. هناك الوضع تجاه الأرمن أفضل من هنا، فهي مدينة كبيرة ونستطيع ان نختبئ فيها بسهولة. ص (232)

رياح الشمال- (1917)

نهاد سيريس

قال الشيخ مشعل وهو يطيل الأحرف الصوتية:

- إن ما رأيته أنت وحرمتك في الطريق، هو أمر عادي.

- ماذا... عادي؟ وكيف هو أمر عادي؟

- إنهم من الأرمن. إن الأتراك يقومون منذ عام بتهجير الأرمن من أرضروم إلى صحراء سورية والعراق، وأثناء سوقهم يقومون بقتلهم والخلاص منهم.

صمت عمر وجعل يحك قذاله. اللعنة. وهذا الأمر لم يخطر بباله قط. كيف يمكن أن تتحول الدنيا كلها إلى ذبح ونحر. أي عصر ابن حرام هذا. وماذا فعل الأرمن؟ إن كان ذبح الناس شيئاً عادياً فإن كلام الشيخ هذا غير عادي... أغاظه طلب مشعل، إلا أنه فهم نواياه فإن كان الرجل أرمنياً فإنهم سيرفضون بقاءه لديهم هذا الشيء هو من الأمور التي يصعب فهمها. قال عمر:

- إنه عربي فهو يتحدث بالعربية أفضل مني.

- هذا ليس عذراً. فهناك من الأرمن رجال يتحدثون بالعربية أفضل من الرصافي. ص (112)

قال لهم إنهم على علم بهذه الجثث وأن رائحة نتنة تبعد قطاع الطرق عن المغارة. وأنهم على علم بأمر الذئاب وأن الجثث هي لعائلة هربت من قوافل التهجير واختبأت في المغارة وفي أحد الأيام جاءت قوة من الأتراك تبحث عن الضبع فوجدت هؤلاء المساكين فذبحوهم وتركوهم طعاماً للذئاب. ص (307)

الخميس الحزين

وديع أسمندر

تنفس عبد الله بارتياح وهو يدخل الخمارة. كانت رائحة المشروبات المميزة والتي يحبها تملأ المكان كالعادة.

– مرحباً... خواجا أرتين!

– أهلا وسهلا يا مرحبا بالأستاذ عبد الله.

جلس عبد الله وراء طاولة صغيرة. وتقدّم الخواجا أرتين يمسح الغبار من أمامه.

– أين أنت يا رجل؟

سأله الخواجا بمودة ثم قال بسرعة من يكتشف شيئاً:

– يبدو أنك وقعت على الأرض قبل أن تشرب، أرى ثيابك ملوثة بالغبار؟

نقر عبد الله بسبابته فوق حنجرته وقال باسماً:

– ريقي ناشف يا خواجا.

– كل الذين يأتون إليّ هكذا. ولكن أخبرني ماذا حدث معك؟

– هات بطحة أولاً وبعدها أحكي لك.

في ختام القصة قال أرتين ضاحكاً:

– أتقول إن كلب السيدة قد شتمك؟

– هذا ما حدث.

– ولكن شتمك بالعربي أم بالفرنسي؟

كان الخواجا أرتين مربوع القامة. متين البنية. وشعره الأبيض ينسدل

فوق جبينه العريض. وكان وجهه المستدير يحتقن بالاحمرار الدائم. كانت ملامحه توحي بالقوة والطيبة.

وبعد لحظات هبط من السيارة رجل نحيل كالجرادة يرتدي دشداشة بيضاء، وربما هي الشيء الوحيد النظيف الذي يملكه. كان الخواجا يروي الحادثة لاثنين من الزبائن يجلسان في زاوية الخمارة. ويشير بأصبعه إلى عبد الله: الأستاذ كان موجوداً. دخل السائح يترنح ونظر إلي صائحاً: ليتر ويسكي. قلت له تكرم عيونك. كانت ذرات الغبار ما تزال تتطاير داخل الخمارة، وبين يدي زجاجة بيرة طلبها الأستاذ عبد الله. نظر الرجلان إلى عبد الله فهز رأسه موافقاً، بينما كان أرتين يتابع روايته: يبدو أن السائح كان في عجلة من أمره. فصرخ بي: هات ويسكي ولك. فأشرت له بيدي أن ينتظر لحظة: لكنه عاد إلى لهجته الآمرة المهينة. فقلت: ليس لدي ويسكي. تطلع الرجل إلى زجاجات الويسكي، وصرخ بغيظ: وتلك الزجاجات ماذا تفعل هنا؟ أجبته بهدوء ليست للبيع وهنا جنّ جنونه وزعق: أنت حمار. كم تريد ثمناً للخمارة بكل ما فيها؟

نظر الخواجا أرتين إلى عبد الله، ثم التفت إلى الرجلين وقد ازداد وجهه احمراراً: أنا حمار؟ وبصفعة واحدة رميته بين أحضان الأستاذ عبد الله. أليس كذلك يا أستاذ؟

ضحك الثلاثة. وقال عبد الله:

- ولكنك لم تكتف بتلك الصفعة يا خواجا.

- الحمد لله على السلامة. أنت قد ولدت من جديد.

كانت خمارة الخواجا أرتين لا تتسع لأكثر من أربع طاولات، ولها مشرب خشبي فيه باب صغير يدخل ويخرج منه الخواجا لخدمة الزبائن.

كان بعض الزبائن يفضلون الوقوف وتناول مشروبهم على السريع، في

حين كانت الطاولات تزدحم بما يشبه الأصدقاء، زبائن اعتادوا المجيء إلى الخمارة، وأحبهم أرتين وأحبوه فكانوا يجلسون في سهرات جماعية، وفي كثير من الأحيان يشتركون في حديث واحد. كان يوجد في الخمارة ثلاثة رفوف ترتصف فوقها زجاجات الخمر بمهابة. وخلف ما يشبه الطاولة الرسمية، يوجد كرسي الخواجا أرتين. ومن ورائه يظهر براد مستطيل قليل الارتفاع يحتوي على بعض المازاوات الخفيفة، وقوالب الثلج وزجاجات البيرة. لم تكن الخمارة تقدم الأطعمة، لكن الخواجا يكرم الزبائن الذين يحبهم، فيطلب لهم المشاوي من المطعم المجاور.

كان يقوم بالخدمة بروح مرحة ووجه بشوش، وهو يدري أن مرابحه الأساسية تأتيه عن طريق بيع الخمور إلى خارج المحل وليس عن طريق حفنة من الأصحاب يجلسون داخل الخمارة يتناقشون، ويتشاجرون، وفي نهاية الجلسة يقبلون شوارب بعضهم ويرحلون.

– أتذكر في الصيف الماضي ماذا قال لي أحد السياح؟

سأله الخواجا، ثم أضاف باسماً:

– قال لي حمار! حمار مثلما قالت لك المرأة!

هز عبد الله برأسه لأن الحادثة جرت أمام عينيه.

– فجأة توقف السائح بسيارته هنا على الباب، ودخلت زوبعة من الغبار. لحقت به إلى سيارته وأنا أصفعه. كنت أضربه وأنا أصرخ بأن كل بترول الدنيا لا يشتري بطحة من خمارتي،

تمتم عبد الله كمن يخاطب نفسه:

– كان على أن أصفع قائد السرية وتلك المرأة صاحبة الكلب!

تراجع الخواجا أرتين إلى مقعده وتناول سيجارة من وراء اذنه وأشعلها ثم راح يراقب المارة من خلف واجهة الخمارة الزجاجية.

- أرتين رد على الإهانة أما أنا فقد بلعتها. ص (97 – 98 – 99 – 100).

- أهذه حياة يا خواجا أرتين؟

ابتسم الخواجا دون أن يسمع شيئاً. كانت عينه قد وقعت في عين عبد الله، فأجابه بابتسامة مماثلة.

ترى هل يفكر أو يحلم الخواجا؟

تخيل عبد الله نفسه يحمل رأس الخواجا أرتين بدلاً من رأسه. وراح يفكر كيف ستكون أحلامه في تلك الحالة. أضحكته صورة حلم أرتين. جاءته سريعاً. تراءت له الكرة الأرضية وقد أصبحت بكاملها خمارة، وهو يقدم المشروبات لجميع الشعوب، ثم راح يتصور الأمم وهي في حالة سكر. مزامير آسيا وطبول أفريقيا، وصخب أمريكا اللاتينية، ورقصات الفلامنكو وآخر صرعات الديسكو خمارة تتسع لأبناء الأرض.

الكل يرقص ويغني. وقد تقع مشاجرة أو أكثر بين الشعوب السكرى، لكنها لن تصل إلى حدّ أن تقصف بعضها بالقنابل الذرية، وبالنابالم.

كان يثق أن تلك المشاجرات ستنتهي بأن تقبل الشعوب المتخاصمة شوارب بعضها، وعند تسديد الفواتير ستدفع شعوب كثيرة الحساب عن شعوب أخرى. كم من العداوات ستموت.

- أية خمارة عجيبة تدور في رأسك يا خواجا أرتين؟

تنهد عبد الله بحسرة وهو يشتهي أن يسكر العالم ويرقص في خاتمة أيام الشغل، بدلاً من ممارسة القتل والسرقة وحياكة الدسائس وصنع الحروب.

- كأس أحلامك يا خواجا.

للمرة الثانية ابتسم الخواجا دون أن يسمع شيئاً. ثم سحب كأسه من داخل درج الطاولة ومد رأسه باتجاه عبد الله وقال:

- نخب صديقنا أمجد.

صعق عبد الله. إذن لم يكن الخواجا يحلم بتحويل الكرة الأرضية إلى خمارة، بل كان يحلم بأمجد، استرجع عبد الله رأسه من بين كتفي الخواجا وتمتم يخجل:

- كأس أمجد.

سأله الخواجا عما إذا كان أمجد خارج البلد أو لا. هز كتفيه بأنه لا يدري. كان أمجد من الزبائن الذين يحبهم خواجا أرتين.

- يبدو أنه لا يعلم ماذا حدث لأمجد. مرت في خاطر عبد الله فكرة خبيئة لعله يختبئ عنده؟ ألا يحتمل أن يكون الخواجا نفسه من رفاق أمجد؟ كل شيء ممكن في هذه الأيام.

من كان يصدق أن صاحب عربة مثل أبي محمد يتعاطى المحظورات؟

صبّ عبد الله آخر كأس في البطحة... والتفت إلى الخواجا باسماً. نهض الخواجا على دفعات. فتح بطحة جديدة وجاء بها مع صحن من البزر والفستق وقال:

- أتريد أن أطلب لك شيئاً من المطعم؟

- الدنيا آخر الشهر يا خواجا.

ضحك الخواجا بصفاء:

- على حسابك يا أستاذ. ما رأيك بالشرحات مع البطاطا؟

- كما تشاء.

هرول الخواجا نحو المطعم المجاور. وبعد لحظات عاد وعلى وجهه علامات الرضا.

- كل شيء على التمام... ص (103 – 104 – 105)

«آفو»

الياس فركوح

هو الأرمني «أواديس»!

لغته مع الأيام المكررة، تتعلمها... وعندما يتخلق التواصل معه نفهمه مع الزمن، ثم تفاجأ أنك بالكاد التقيته! حضوره متجدد. مباغت كصباح كل صباح. من الثابت، ومن المتغيّر... يا صاحبي؟

كالمدينة هو. يعبرها مسافرون، وقاطنون، وغبارٍ، وطين وبرد... وتبقى هي. تزيح ما علق على عينيها من قذى... وتعيش! متأبد في المكان، متواصل مع الوقت. لأنه هكذا كأن جسده جلد متكيف وبروزات العظم تحته. وما شكر!

صعب أن تضع يدك في يد «أواديس»... وتنساها. قد لا تختلف عن سواها، ولكنها في العمق من الإحساس، تتسرب كالنمل في المجرى. ص (38 - 39)

لا ليس من فرق بين الحرب والتشويه الأول. ولكن، أهي الحرب في الحكايات الطقوسية لبنى قومه: يسمعها «آفو» ليتحصن ضد الظلم... وما عرفها؟ أم تلك التي نتشت رغيف الزعتر منه وحوّلت قضم التفاحة إلى اشتهاء يشبع باليدين؟

يا صاحبي... إن الحربين لون خاكي، وبين «آفو» و«أواديس» موت أخذ جده بالسيف، ونار خطفت الجلد فأحرقته، وجدار سرق النطق والتفاحة. ص (42)

المارشال

وليد معماري

... كنت ما أزال صغيرة... ساقنا الجنود تحت تهديد البنادق والحراب إلى

حفرة كبيرة خارج البلدة.

والحراب لم تكن للتهديد فقط؛ لقد استعملت وتلوثت بدم العجائز الذين لم يستطيعوا مواكبة الركب. كان جدي معنا وحين وصلنا إلى الحفرة لم يكن بين الذين دحرجهم الجنود إلى الأسفل. أما الذين وصلوا فقد حوصروا من جميع الجهات... أصبحت الحراب لا تطالهم، فقط الرصاص. والرصاص كان ينهمر كمطر تسوقه الريح... كنت أمسك بثوب أمي حين اخترقتها الرصاصة وسقطت...

لم تسقط مباشرة، التوت للخلف، وترنحت قليلاً وهي ترفع يدها بصعوبة نحو صدرها ثم هوت إلى الأمام فوق جثة أخرى كانت تحت قدميها... ارتميت فوقها صارخة... صرخت وصرخت. لكن صراخي كان يضيع في خضم البكاء والعويل والأنين.

لم أعد أعي ما حولي، وبقيت ملتصقة بظهر أمي الدامي فترة طويلة. الليل بكامله، وربما ليال كثيرة لأني استيقظت في بيت أعرابي. وعند الأعرابي عشت سنوات مطمئنة لا يخيفني شيء سوى ذكرى حفرة الموت.

حين سألوني عن اسمي قلت لهم ماريا. فأطلقوا عليّ اسم مريم... ذات يوم قال لي منقذي: يا مريم صرت كبيرة والشباب يطلبون يدك مني فماذا تريدين؟ قلت له أريد أن أبحث عن أهلي. قال أهلك ماتوا في الحفرة. قلت جدي مات في الطريق إليها وأمي ماتت فيها بقي أخي وأختي وكثيرون. قال كما تشائين. ص (51 – 52)

ملايين الخوري زينوب

عبد السلام العجيلي

وصاحبي الخوري زينوب ليس شخصاً عادياً ولا شخصية مجهولة. فقامته الطويلة المستقيمة على تقدمه في السن وبزته السوداء، وعصاه الغليظة العقداء،

معالم معروفة لسكان دمشق اليوم ولسكان مدن أخرى غير دمشق قبل اليوم.

إلا أن قلة من الناس تعرفه باسمه الذي سميته به. أما أنا فقد كنت أسمع بهذا الاسم في صباي من كان صاحبه في ميعة شبابه رئيساً دينياً لطائفته في بلدتي الصغيرة والمنطقة المحيطة بها. وتتابعت الأيام فإذا بي التقى بالراهب القديم في مصائف لبنان، ثم مقاهي دمشق وقد خلع ثوب الكهنوت بعد أزمـة عاطفـية مرّت به وتخلى مع ذلك الثـوب عن اسمه القـديم. فـأصبح يدعى بعـد الخـوري زينوب، البـارون أو البروفسـور كريكـور واهانيان. قلت للخوري الذي أصبح اسمه كريكور واهانيان محاولاً أن أخرجه من سهوبه:

اسمع يا صديقي. لنترك الأبحاث العلمية والاختراعات جانباً في هذه الساعة. لقد مللت حديث العلم من طول ما عشت في جوه في عيادتي وبين كتبي في بلدتي. اقرأ لي بعض مقطوعات تعرفني أحبها من شعرك. فأمحى الأسى وأخذ ينشدني من نظمه بلغة عربية فصيحة محطمة برطانته الأرمنية ترجمة أشعار أثبت منها هنا المقطوعتين التاليتين:

يا حبيبي إني أتوسل إليك لا تتمش في ضياء الشمس

أخاف على ظلك أن يقع على الأرض فيتعفر بالتراب.

عندما دخلت بيت التنور يا حبيبي

وجدت فيه ألف رغيف طازج لم ألقَ بينها واحداً أشقر مثل خدّك

ولا واحداً محروقاً مثل قلبي! ص (113 – 114)

الجدب والطوفان

عبد السلام العجيلي

في الظهيرة المحرقة كان كرنيك همبرسوميان ومساعده مصلح العواد تلفها

غبرة جرار الفوردسن الخانقة، متجهين بجرارهما نحو الطريق العام، الطريق المتجه إلى حلب، فصاح مصلح فجأة: أنظر إليه يا معلم... إنه يشير إلينا ويقاطعنا على الدرب. ص (21)

أوقف المعلم الجرار عن السير دون أن يطفئ المحرك، وقال بلكنته الأرمنية التي تغيب فيها مخارج بعض الحروف: أعطه القربة. الله يعلم من أين أتى، ربما من الرصافة. ص (22) فتقدم الرجل من موقف الجرار مستديراً حوله حتى بلغ مقعد السائق في المؤخرة، ووضع يده على ركبة المعلم كرنيك ثم انحنى عليها ليقبلها وهو يقول: دخيلك أنا... أقتلها. اعفسها. عجّل. كان صوته كصوت الباكي، فأدار المعلم وجهه إلى مساعده وقال: هذا البدوي ذوبت الشمس نخاع رأسه! ص (24)

فسأل البدوي:

– وإلى أين أنت ذاهب بهذه الغنيمات الآن؟

– لا إلى مكـان. أريـدك أن تعفسهـا بهـذا التراكتور حتى تسـوّي بها الأرض. ص (26)

قال البدوي: لا أقدر... لا أقدر... تراكتورك حديـد وخشب، وهذه النعجات أرواح تتطلع إليّ بعيونها. وتظنها لا تفهم؟

هي تدري أن ما بيدي شيئاً ينفعها. ربيتها مثل أولادي وصرفت عليها كل ما عندي وغرقت في الدين وأنا أعلفها... في انتظار المطر. تدري؟ بنتي نشمية ماتت بالحصبة لأني لم اخذها إلى الحكيم الذي بالسخنة... كنت أشتري للغنم كسبة من البلد، وكنت بين أن اشتري الكسبة وبين أن أطبب البنت، ماتت البنت. وبعدها ماتت الغنم إلا هذه الست نعجات لا أقدر على أن أتركها... لا أقدر. خلصني منها والله يخليك! ص (27 – 28)

إذن جمّع النعجـات الواحـدة بجانب الأخرى وابتعـد... ابتعد كثيراً

وأدر وجهـك. أخاف أن ينكسر قلبك عند رؤيتهن تحت دواليب التراكتور. فاستدار البدوي مسرعاً، كأنه لم يصدق ما يسمعه. وأخذ يجر النعاج حتى خالف برؤوس بعضهن أعناق الأخرى. ص (28)

عندئذ قال المعلم كرنيك لمساعده: مصلح. عندك تنكة لا يزال نصفها مملوءًا ماء. إنزل بها وضعها على الأرض ثم الحقني. أخاف على الرجل أن ينفجر من العطش ومن القهر. ففعل ذلك مصلح. وحين عاد فأخذ مكانه من جناح الجرار أعطى كرنيك همبرسوميان كل السرعة للمحرك إلا أنه بدلاً من أن يسير بدواليب الكاوتشوك المخيفة، على الأجساد الضاوية لتلك النعجات، مرّ إلى جانبهن مسرعاً في اتجاهه إلى الطريق العام. ص (20)

سال الدم

عبد السلام العجيلي

... وكـان سِتْراك المعلـم الأرمني الذي جـاء به الحـاج صالـح من المدينة ليركب آلته العجيبة حـائراً في السـبب الـذي يحـول بينها، وبين العمل المنتظم. ص (76)

آلة هائلة يا شيخ علي. ستريح ثيران أبناء عمي من السقاية وتكفيها مؤونة جرّ الدلاء فقال الشيخ علي في رفق: قل إن شاء الله وأصلح نيتك يا حاج صالح. وإذا أردت أن ييسر الله لك أمرك، ويضاعف. فضحك الحاج صالح ضحكته الماكرة وقال: منذ كم ما ذقت لحم الذبائح يا سيدنا الشيخ؟

- استغفر الله وأعوذ به. والذبيحة يا حاج صالح تدفع القضاء والبلاء عن مالك وعيالك وتستر بناتك وتقي ولدك الوحيد الشرور. ص (79 – 80)

- كيف دار المحرك يا شيخ علي؟ هل سال الدم؟

فمـدّ الشيـخ علي يديه فبدتـا ملوثتـين ببقـع حمراء قانية، وقـال بصوت خفيض ونغم أجش:

- نعم يا حاج صالح فقد سال الدم... ص (83)

- تجبّر الله يـا حـاج صالح بابنك حميد. علق ثويه بدولاب الآلة فقتلته...
ص (84)

ما قالته لوحة جمشيد

عبد الرحمن سيدو

أهل الجبل قالوا: (جمشيد) ما هذه الدمعة...

آكـوب الميكـانيكي الأرمني قـال: في (آرارات) لم أذق مثل هـذه الخمـرة. يـا يسـوع. ص (222)

أوسيب يذهب إلى المدرسة، يجتهد يتفوق، يغطى جدران البيت بأوراق يقولـون عنها إنها ثناءات... أنا لا أعرف ما هن هذه (الثناءات). ينبطح نهاراً كاملاً أمام كتاب، يلتهم حروفه، يتقلب، يمسح جبينه بيده ثم يزفر بنزق... أنا جائع.

تصرخ أمه: ناقصنا آغوات في هذا البيت. ص (223)

هذا ابني... ابني (أوسيب)... ها هو يحمل شهادة كبيرة... الحكومة حتى تقول عنه إنه مؤهل وفهيم.

أنـا التي ربت. أنـا أمه (كينيكي) هل تصدقون، قذاراته تحت أظافري.
(224) ص

قرب البحر

حسن حميد

كنا نمشي قرب البحر متجاورين على الرمـل، والشمس غـاربـة، ورذاذ البحر بنداوته الرهيفة يطفئ حرور جسدينا. خطوتي توازي خطوته، وأصوات موجـات البحر تلفنا في تخـافت ورتابة أليفين. كنا نتبـادل الحديث والصمت، والذكريات.

كان يأخذني إلى ماضيه وآخذه إلى ماضيّ. فلا نجد وقد فرغنا من الحديث، إلا وقد تجمع أساي فوق أساه فتغتم الروح وتنغلق. ص (6)

ويسألني هل رأيت أنف رمانة يا بشتاوي؟

فأجيبه بهزة موافقة من رأسي فيضيف:

– هذه البنت أخذت قلبي. أمامها أنسى نفسي. وهي تحدثني أطرب لرنة صوتها. وتعذبني. قلت لها بصراحة: يا بنت الناس، أنتِ غريبة وأنا غريب خذيني إليك أو تعالي إليّ... ونَفَس على نَفَس وندأ معاً. ص (8)

ذلك الصديق

دياب عيد

للأرمني رائحـة مميـزة وأنتـم أحـرار في أن تصـدقوا أو لا تصدقوا ذلك. ص (20)

انقضت عدة مشاوير قبل أن يفتح سركيس نفسه أمامي... كان صديقي يحب... ويكابد العشق. يحب يرفان التي يسمعها ويقرأ عنها... ص (23)

مرة واحدة كتب إلينا سركيس. قال لنا جميعاً:

– إن ظللت أتذكركم فلن أهنأ بالعيش هنا.

– ... أسمّي أولادي وأحفادي بأسمائكم. إنها اخرجوا من رأسي... اتركوني كرمى المودة والصحبة. تركناه... قلنا سيأتي وقت ويكتب. ص (27)

ألم أقل لكم إنه ينبت أمامي مذكراً إياي بتلك الأيام... بالشياب... بالمعلمة الحسناء... بفرجيني الجزيرة... يبدو أيها الصحب أنني لن أتخلص من سركيس. ص (28)

رسالة إلى (آزو)

محسن يوسف

أنا أحب آزو، فقل لها أن تتزوجني. ص (32)

أنا موافقة، إذا كان...

وأشارت إلي وهي تمد يدها وتتحسس رأسي وأناملها الدافئة تتخلل شعري.

– إنه هو... منذ ذلك اليوم، امتد بين منزلي على أطراف حي القلعة، وبين منزل (ليفون) و(آزو).

في حي الأرمن طريق لم أسلك سواه على مدى سنين، ولم يكن الحب يربطني بالشقيقين ليشبه حباً آخر عرفته من قبل أو من بعد ولم تكن علاقتي بهما لتوصف بالصداقة، أو الاخوة، أو علاقة فتى بأنثى يعشقها فتلهو به أو يسعى إليها لينال وطراً يناله من أخرى. كنا أكثر من أصدقاء أو أشقاء أو عشاق، وربما كل هذا معاً أو أكثر قليلاً. ص (33-34)

أرتين

عبد الرحمن سيدو

ولا نشعر بدموعك المنحدرة من ينابيع عينيك؛ لا نشعر إلا بعد أنْ ترفع يدك عن المقود، ترفع وتمسح وجهك المبلل بكمّك، ثم تسعل، تتمخط، وتدوس على داعسة البزين. وإذ تعبرنا القرى القريبة، تبدأ حكايتك الجميلة عن قرية في (أرارات) كان لكم فيها مدرسة، كان لكم فيها معلمة جميلة اسمها مـارال طـويلة سمراء البشـرة لها عيـنـان ذابحتان، وشفتان ثريتان. كانت تعلمكم بالأرمنية وتمرنكم على السلّم الموسيقي. وحينها كان وجهك يتهلل ويشرق فتردد بصوتك الحاد... دو... ري... مي...؟ ص (42)

أرتين... لمن كنت تغني... لآرارات... للمعلمة الجميلة... لهذه السهول التي آوتك بحب وود... لا يمكن إلا أن أكتب عنك فأنت ماثل في عيني، وقلبي، والمفارز العميقة من الروح. ص (40)

صورة يبرم كورديان

ميشيل حبيب خياطة

وحدي لم أكن أدرك سبب هذه الصورة.

سألت مدير التحرير فأشار إلى سيدة أنيقة كانت تجلس في إحدى زوايا المكتب، وقال لي هل عرفتها...؟ صرخت: إنها أم رافي. ولم يدرك أحد سواي سرّ صراخي. أشرق وجه تلك السيدة بابتسامة تشع فرحاً وبهجة وسألتني بلهفة: كيف «حزرت»...؟ قلت: لأنني لا أنسى بيرم أبداً كان له الفضل الكبير على حياتي الصحفية وعلى جريدتنا. ولكن أين هو...؟ لماذا لم

يأت معك...؟

- في كاليفورنيا.

- كاليفورنيا...؟

هكذا أراد ابننا رافي أن نمضي معه آخر أيامنا. قلت لها: لقد اشتقت إليه كثيراً. أجابتني: وهو أيضاً اشتاق إليكم أكثر. لم يستطع أن يأتي معي هذه المرة. جئت لوحدي وأقمت عند أهلي بحلب. وأصرّ بيرم أن أزوركم وأن أحصل لكم على صورة جماعية تضم كل أصدقائه ومعارفه في الجريدة. ص (80 – 81)

الحساب الصحيح

خليل الجرادي

... جلس أبو ساكو ذو السحنة الشبيهة بالأرض اليباس والثياب الرثة الواسعة، ويده ما فتئت تداعب قطع النقد المعدنية برقة وحنان، يغمره شعور بالسعادة، حالماً بغرفة تتكدس فيها صناديق حديدية مليئة بالنقود، موصدة بأقفال لا يعلم ما فيها سواه.

- صباح الخير أستاذ!

- أهلاً أبا ساكو!

- إنك جائع كما أظن، لذا جئت أذكرك بذلك!... فالبطن الخاوية لا تعمل جيداً والجوع كما تعلم يسبب مرض القرحة.

- شكراً على اهتمامك يا أبا ساكو لقد أكلت في البيت طعاماً دسماً...

تتحسس بأصابعك القطع النقدية... تذهب إلى غرفتك الخاصة وبحرص وأناة تعدها خشية أن تفرّ من بين يديك... تمتع ناظرك بها. تقبلها كعاشق محروم.

تتنصّت إليها ثم تترنم بهسهستها وهي تتحدث فيما بينها وعن الأيدي التي أمسكتها، والجيوب التي احتضنتها، وعن محبيها وأعدائها... تمسح بيدك على بطونها معزياً لأنها لن ترى النور بعد. فجيوبك سجون محصنة مسيجة بالحديد والنار... ص (35)

أغنية إلى صاصون
الشاعر عامر الدبك

دمي شجر

وأوراق الخريف

تصلّي

في دوار الماء

ناسكة

خلعت قميصي

على جسد المذابح

عارياً

كان المدى

قلت: من أوحى لعينيك

بذاكرة السواد؟

وأوصى المدن اليتيمة بالحداد

بالحداد. ص (84)

«صاصون»

عارية

ومجزرة

تلهو فوق مجزرة.

ونيسان يمر

مربوطاً بمنديلين

قديسة تلك الموانئ

«صاصون». ص (86 – 87)

زنبقة الإباء

الشاعر محمد وحيد علي

شفقٌ

على كفين

من ذهب وماء

البحر يطلق مهرة

ونبيذ موسيقا

ويصعد

في قناديل البهاء

والأرض ترفع رأسها

لتراكِ زاهية

على جنح الغمام

لا تصعدي

أو تهبطي

ظلي هناك

على مدى قلب

وغبطة ياسمين

هل تستطيع فراشة الحب المولَّهِ

أن تطير بعاشقين!

أفق تضاءل

خلف أروقة السراب

والأرض قبرة جريحة...

نزلت إلى كفيكِ

زنبقة السحاب

فتوضىء من دمعها وأبكي على قمر الغياب

أفق أراه

ولا أراه

كأنما جسد يشف

أمام مرآةٍ ذبيحة. ص (92 – 93)

خريفيات:

الدم

أنا

وقاحة الجلنار

أنا

راودني النعمان عن بهجة الحناء فلونت شقائقه

أنا

ثلج المسامير في جسد المسيح

أنا

غارت وقلدتني منحنيات ومجداً الجبال، آرارات الأطلس وقامات أحبابي.

أنا

خطوي النار وقهقراي جمر

أنا

الأقمار في دورة الأنثى

أنا

المدبوغ بلونُ ليس لي لا أنافس نهراً على مجراه ولا حليباً على نهدٍ

انا

حين تكورت الأرض نطعاً لست فحيح النحاس يلم باقات من رؤوسٍ

ويلج الفاصل بين عجوز أرمني يتكئ على حفيدته
وخاتم من تراب. ص (101 – 102).

مسرحية: الرجل الذي حارب نفسه
لؤي عيادة

(الفصل الثاني المشهد الأول)

دير الزور- منزل التاجر سليمان

«يدخل التاجر سليمان فيجد ابنته فاطمة تحمل طشتاً».

سليمان: أين أمك يا بنت؟

فاطمة: عند الأرمني يا أبي.

سليمان متأففاً: عند الأرمني... عند الأرمني.

فاطمة: إنها تستخرج له الرصاصة الثانية..

سليمان: وأنت ماذا تفعلين؟

فاطمة: أحمل الماء الساخن إليها...

سليمان: كي تساعديها باستخراج الرصاصة الثانية «باستهتار».

فاطمة: ولماذا تتكلم هكذا يا أبي؟

سليمان: وكيف تريدين أن أتكلم؟

فاطمة: لم أنت بهذه القسوة يا أبي؟

سليمان: لأن بيتي سيخرب من أجل أمك وأفعالها وشهامتها...

سليمان: اسمعي نعيقها...

فاطمة: أنت تكبّر الأمور أكثر مما تستحق...

سليمان: وبيتك سيخرب أيضاً.

فاطمة: فليخرب...

سليمان: أيام ويرمي أحمد وجهك بالخاتم... ولتعض أمك أصابعها ندامة فيما بعد.

فاطمة: فليرم... وماذا يهم... «سليمان يقترب من ابنته ويصفعها».

فاطمة: أمي.

زهرة: «من الداخل» استعجلي يا فاطمة.

سليمان: «يهجم عليها ويمسكها تقريعاً من أذنها». إن أجبتِ مرة أخرى (فسأكسر رأسك).

«تطل زهرة من شق الباب فتجد زوجها على هذا الوضع من تقريع ابنته... تسرع وتخلصها من بين يديه».

زهرة: اترك البنت... اذهبي يا فاطمة بالماء الساخن إلى سيلفا... (تذهب فاطمة) لماذا ضربتها؟

سليمان: لأنها تستحق... اجلسي ولنتناقش بشكل هادئ...

زهرة: وماذا تريد من النقاش؟

سليمان: يا زهرة كم سنة (صار لنا) معاً؟

زهرة: كثير... «بعنجهية».

سليمان: بهدوء... بهدوء.

زهرة: ماذا تريد...؟ قل وخلصني.

سليمان: يجب أن نسلم الأرمني...

زهرة: نجوم الظهر أقرب إليك.

سليمان: يا مجنونة أنت تخربين بيتك بيدك.

زهرة: يا سليمان (يا عيوني) لا تجهد نفسك بهذا الكلام واذهب إلى عملك.

سليمان: ولكني وعدت أحمد بتسليمه...

زهرة: وما علاقتي أنا؟...

سليمان: زهرة... أنت امرأة تقية وحرة ويشهد بذلك جميع أبناء دير الزور.

زهرة: «بضجر» وما علاقة التقى بالمواضيع التي نتحادث بها. ص (63
– 64 – 65 – 66)

سليمان: ضعيه هنا وأغلقي الباب.

سيلفا: أغلق الباب...؟

سليمان: نعم فعندي رغبة في أن أحادثك... على انفراد.

سيلفا: قل يا عمي دون إغلاق الباب «ينزعج ويذهب بنفسه لإغلاقه».

سليمان: اسمعي... أنت صبية كبيرة وينبغي أن تفهميني...

سيلفا: بماذا أفهمك يا عمي؟

سليمان: لا تقولي عمي... اسمعي جيداً... أنا بصراحة ومنذ أن رأيتك للوهلة
الأولى أعجبت بك وبجمالك وأرغب في أن تكوني لي... «تحاول الهرب نحو
الباب المغلق».

«فيستوقفها». لا تخافي لن أؤذيك... دعيني أكمل كلامي...

سيلفا: يا عمي أنت رجل كبير ومقدّر... أما أنا فطفلة ضائعة تهدها مصيبتها.

سليمان: مصيبتك آغوب... سيشفى...

سيلفا: لا... مصيبتي هي مصيبة أهلي وأسرتي وأقاربي... وكل من طرد
من بلده.

وآغوب منهم. مثلاً أنا فقدت أخي الصغير وأمي وابنة عمي في المغارة التي وضعوهم فيها وأشعلوا النار في بوابتها ومن مات من ذكرت اختناقاً بداخلها...

سليمان: لا تثيري شفقتي أرجوك... إني أحادثك عن عقل... أنا أعرض عليك الزواج.

فهل فهمت معنى ذلك؟ إنه شرف كبير بالنسبة لك..

سيلفا: طبعاً أنا أرفض ذلك... ولكني أستغرب هذا العرض لا لشيء، وانما لأن من يتزوج امرأة مثل الخالة زهرة لا يصح له أن يطلب الزواج من أية امرأة أخرى...

سليمان: أسمعي... لا أتفاوض معك... أنا آمرك... ولذلك سأعطيك مهلة يومين فإن لم توافقي فسأسلم آغوب للأتراك... هل فهمت. ص (94-95-96)

سليمان: ها هم الجنود الأتراك يقبعون خارج البيت ويطلبون رأس أخيك..

سيلفا: تهددنا؟

سليمان: نعم... فإما أن تكوني زوجة لي... أو أن أصير عشيقك أو أسلم آغوب للأتراك..

سيلفا: عشيقة لك؟

سليمان: نعم... وأنا أعدك بأنه لن يدري أحد بذلك

«يحاول التقرب إليها فتتراجع»

سيلفا: ماذا تفعل؟

سليمان: أنا أرغبك يا سيلفا... أرغبك حلالاً أو حراماً...

سيلفا: ابتعد عني... «يحاول مسكها فتفلت منه». ابتعد عني قلت لك... «سيلفا تصرخ».

سيلفا: يا خالة زهرة... فاطمة... «سليمان يضحك». ص (134)

مسرحية: (سفربرلك) أيام الجوع
ممدوح عدوان

أرتين: انا أرمني من تفليس. هفانا العصملية وهججونا، ما وصل منا لبر الشام غير كل طويل عمر. خليها على الله. اللي مات بالطريق، واللي انقتل، واللي طفش بالصحرا. (يظهر الراوي) صطوف: (للراوي) شو ها لقصة؟

الراوي:

الأرمن ترى أهل القلات سبعين ألف خانة مثبتات

طردوهم إلى بر الفلات يسوقونهم إلى نهر الفرات

يرمونهم به يا سامعينا

ماتوا كتير منهم بالطريق ووصلت عندنا فرقة طليقي

إلى يم الجنوب بكل ضيق تشوف إذا مشيت بكل طريقي

رمم ورجال ونساء ديننا

جاؤوا لحلب والشام جمعا وارموا في قلوب الناس وجعا

وحافتنا ترى يا ناس صرعه وفقراهم كثيرة ما بتوعى

يبيعوا لانساهم والبنينا

أرتين: (يقف محتجاً) لاء مو يبيع، نحن مابعنا أولادنا ونسواننا، ما فيه بني آدم يبيع أولاده.

صطوف: يعني يا اللي متلنا تعال عنا لا منسحتي منك ولا بتستحي منا.

أرتين: (بحزن) معكم حق، سموها شو ما سميتوها اللي الله كتب له عمر وصل ع القامشلي أو الدير التقى شوية بدو لفونا وطعمونا. فيه ناس منهم

أخذوا الأولاد يربوهم واللي شاف بنت ع وجهها ضو، تجوزها وستر عليها...
أشرف من اللي عملوه فينا الدرك بالطريق...ونحن شردونا من جديد.

جفلة: يعني متل ما قلنا الحال من بعضه. ص (232-233)

صطوف: هلق مانك مرتاح معنا هون؟

أرتين: مرتاح، مرتاح (دون حماس) بس لا تصدق حدا بيرتاح وهو مفارق. أنا مفارق أهلي وأولادي وبلادي. ص (264)

أرتين: يُخرب بيت هالإنجليز خلوا حدا ما وعدوه بدولة؟ هاي واعدين اليهود وواعدين العرب وكانوا واعدين الأرمن والأكراد والموارنة. كم دولة راح يعملوا بها المنطقة؟

عامر: خدها مني، ولا دولة. عم يضحكوا ع الكل (يخرج).

أرتين: يعني هالعصملية اللي دبحوا كل هالعالم لازم ندفعهم الثمن غالي، بس من غير ما تطلع الشغلة من حظ الإنكليز والفرنساوي. ص (317 - 318)

من كتاب: المذابح في أرمينيا

فائز الغصين

وقد رأيت كما رأى غيري، كثيراً من الأرمنيات والأرمن ضمن عجلات نقل السكة الحديد بين حلب وحماه مكدسين بعضهم فوق بعض بصورة تجلب الشفقة والرحمة.

فسِرنا ماشيين على الأقدام من ذلك المحل إلى سروج، فنزلنا خاناً كان ملآناً من نساء الأرمن واطفالها وقليل من الرجال المرضى، وكانت تلك النساء بحالة يرثى لها إذ أنهم جئن من أرضروم ماشيات على أقدامهن إلى سروج، وقد وصلنا بعد مدة طويلة.

وقد قلن لي إنه كان يوجد بينهن من لم تكن تعتاد المشي ساعة على أقدامها إذ أنها نشأت بالدلال بين رجال تخدمها ونساء تناديها، فأصبحن بين أيدي الأكراد الذين لا يفقهون حديثاً ولا يعيشون إلا في الجبال الشاهقة، وبين الأحراش الكثيفة، كالوحوش المفترسة يهتك أعراضهن فيمتن قسراً وقهراً. ص (16)

فمشيت قليلاً نحو منبع الماء وإذ بمنظر تقشعر منه الأبدان، وترتعد من رؤيته الفرائص وتتألم منه النفوس، وإذا بامرأة ملقاة على ظهرها بدون لباس، وقميصها أحمر من الدم مطلق عليها أربع عيارات نارية أصبنها في صدرها وتحت ثديها.

ونظرت نحو رفاقي لأرى هل أحد منهم شعر بي أم لا، إذ رأيت طفلاً لا يتجاوز الثامنة من عمره مضروباً بفاس على أم رأسه وملقى على وجهه، فزدت بالنحيب ولكن رفاقي قطعوا بكائي. فقد سمعت الضابط عارف أفندي ينادي الخوري إسحاق ويقول: تعال إلى هنا بالعجل، فعلمت أنه رأى

شيئاً أدهشه. فذهبت نحوه فماذا أرى أيها القراء! ثلاثة أطفال نائمين في الماء خوفاً على أرواحهم من الأكراد الذين سلبوهم ثيابهم بعد أن أذاقوهم من العذاب أنواعاً وأبواباً. ص (8)

أما في موش فقسم كبير من الأرمن أتلف بالمتابن والقسم العظيم أتلف رمياً بالرصاص وطعنا بالسكاكين. وكانت الحكومة تستأجر قصابين، تعطى لكل واحد منهم ليرة عثمانية يومياً. وذهبت فوجدت أربعة من القصابين، بيد كل واحد منهم مدية طويلة وأفراد الدرك يفرقون كل عشرة من الأرمن على حدة ويرسلون الواحد بعد الآخر لعند القصابين فيقول القصاب للأرمني: مد رقبتك، فيمدها فيذبحه ذبح الغنم. ص (35)

قال لي أحد الثقات، من دير الزور، أن أحد مأموريها اشترى من الدرك ثلاث بنات كل واحدة بربع مجدية. وحدثني آخر أنه اشترى شابة جميلة جداً بليرة واحدة. ص (12)

ثبت بالأعمال الأدبية

رواية، قصة قصيرة، شعر، مسرحية

الرواية

مدارات الشرق، نبيل سليمان:

1- الأشرعة ط أولى 1990 دار الحوار، سوريا.

2- بنات نعش ط أولى 1990 دار الحوار، سوريا.

3- التيجان ط أولى 1993 دار الحوار، سوريا.

4- الشقائق ط أولى 1993 دار الحوار، سوريا.

- الهدس، إبراهيم الخليل. ط أولى 1987 – دار التنوير للطباعة والنشر، بيروت.

- مدن الملح (التيه)، عبد الرحمن منيف. ط ثانية 1986 المؤسسة العربية، بيروت.

- المستنقع، حنا مينه. ط ثالثة 1983 – دار الآداب، بيروت.

- المصابيح الزرق، حنا مينه. ط ثانية 1977 دار الآداب بيروت.

- النخلة والجيران، غائب طعمة فرمان. ط أولى 1988 – دار الفارابي، بيروت.

- بيت الخلد، وليد إخلاصي. ط أولى 1982 – اتحاد الكتاب العرب، دمشق.

- رياح الشمال، نهاد سيريس:

1- (سوق الصغير) ط أولى 1989 دار الحوار، سوريا

2- (1917) ط أولى 1993 مركز الإنماء الحضاري، سوريا.

- الجندب الحديدي، سليم بركات. ط أولى 1980 دار الطليعة، بيروت.

- موجز تاريخ الباشا الصغير، فيصل خرتش. ط أولى 1991 دار الريس، لندن.

- أوراق الليل والياسمين، فيصل خرتش. ط أولى 1994 – دار النافذة، أثينا.

- الضاحك الباكي (ثروت)، فكري أباظة. ط ثانية 1933 دار الهلال، القاهرة.

- في سبيل الحرية، عبد الرحمن فهمي. ط أولى 1380 هـ – وزارة التربية والتعليم،الجمهورية العربية المتحدة.

- صخرة طانيوس، أمين معلوف. ط أولى 1994 تعريب جورج أبي صالح – منشورات ملف العالم العربي،بيروت.

- حدائق النور، أمين معلوف. ط أولى 1993 ترجمة د. عفيف دمشقية –دار الفارابي، بيروت.

- الخميس الحزين، وديع اسمندر. ط أولى 1993 دار الحصاد، سوريا.

القصة القصيرة

- آفو، الياس فركوح. مجلة اللوتس العدد 68– 1989.

- ملايين الخوري، العجيلي (في كل واد عصا) ط أولى 1984 – دار

الحوار، سوريا.

- سال الدم، العجيلي (ساعة الملازم) مجموعة قصصية ط 1979 2 – دار الشروق، بيروت.

- الجدب والطوفان، عبد السلام العجيلي (حكاية مجانين) مجموعة قصصية ط 2 1983 دار الشروق، بيروت.

- رحيل اللقالق (أغنيات حب إلى آرارات). النصوص الفائزة بمسابقة نادي الشبيبة السوري ط أولى 1993 – دار الحوار، سوريا:

1- قرب البحر، حسن حميد.

2- ذلك الصديق، دياب عيد.

3- رسالة إلى آزو، محسن يوسف.

4- أرتين، عبد الرحمن سيدو.

5- صورة بيرم كورديان، ميشيل حبيب خياطة.

6- بائع التماثيل، فاتح المدرس.

7- حرائق صغيرة، حسين ورور.

- كوهار أو الطريق إلى أورفة، إبراهيم الخليل. نشرت لأول مرة ضمن هذا الكتاب.

- مارشال، وليد معماري. مجموعة قصصية: اشتياق لأجل مدينة مسافرة – 1976 وزارة الثقافة، دمشق.

- ما قالته لوحة جمشيد، عبد الرحمن سيدو. دراسات اشتراكية– عدد خاص بالقصة، 6 – 7 :1989، سوريا.

- الحساب الصحيح، خليل الجرادي. الموقف الأدبي– العدد 177: 1986.

الشعر

- من كتاب رحيل اللقالق (أغنيات حب إلى آرارات). النصوص الفائزة بمسابقة نادي الشبيبة السوري ط أولى 1993 – دار الحوار، سوريا.

1- أغنية إلى صاصون، عامر الدبك.

2- زنبقة الإباء، محمد وحيد علي.

3- خريفيات، عبد السلام حلوم.

المسرح

- الرجل الذي حارب نفسه، لؤي عبادة. ط أولى 1983 – وزارة الثقافة، سوريا.

- (سفر برلك) أيام الجوع، ممدوح عدوان. سلسلة مسرحيات مجلة الحياة المسرحية رقم 5: 1994 وزارة الثقافة، سوريا.

النصوص التي يمكن الرجوع إليها

1- مقامات بديع الهمذاني، دار الأفاق ط أولى 1982.

2- سلسلة روايات تاريخ الإسلام، جرجي زيدان. المكتبة الأدبية، بيروت.

3- شجرة الدر.

٤- عروس فرغانة.

٥- الانقلاب العثماني.

٦- قلعة الأبطال، عبد الحميد جودة السحار. الكتاب الذهبي العدد
22 1954.

المراجع

١- المذابح في أرمينيا، فائز الغصين. حلب 1991.

٢- مجازر الأرمن وموقف الرأي العام العربي منها، د. نعيم اليافي. ط
أولى 1992- دار الحوار، سوريا.

٣- الأرمن عبر التاريخ مروان مدور دار نوبل سوريا ط ثانية.

٤- مجلة دراسات اشتراكية، العدد 96: 1989 والعدد 1: 1993.

الفهرس